Christoph Strünck

Pflegeversicherung – Barmherzigkeit mit beschränkter Haftung

Forschung
Politikwissenschaft

Band 68

Christoph Strünck

Pflegeversicherung – Barmherzigkeit mit beschränkter Haftung

Institutioneller Wandel, Machtbeziehungen und organisatorische Anpassungsprozesse

Springer Fachmedien Wiesbaden GmbH 2000

Gedruckt auf säurefreiem und alterungsbeständigem Papier.

Zugl. Dissertation, Ruhr-Universität Bochum, 1998

Die Deutsche Bibliothek – CIP-Einheitsaufnahme

ISBN 978-3-8100-2629-3 ISBN 978-3-663-11036-1 (eBook)
DOI 10.1007/978-3-663-11036-1

Einbandgestaltung: disegno, Wuppertal

Inhalt

Abkürzungen

AGH	Arbeitsgemeinschaft Hauskrankenpflege
AOK	Allgemeine Ortskrankenkasse
AVAP	Arbeitgeber Verband Ambulanter Pflegedienste
AWO	Arbeiterwohlfahrt
BAD	Bundesverband Ambulante Dienste
BAGFW	Bundesarbeitsgemeinschaft der Freien Wohlfahrtspflege
BFS	Bank für Sozialwirtschaft
BHD	Berufsverband Hauskrankenpflege in Deutschland
BMA	Bundesministerium für Arbeit und Sozialordnung
BMG	Bundesministerium für Gesundheit
BPA	Bundesverband Privater Alten- und Pflegeheime
BSHG	Bundessozialhilfegesetz
CBT	Caritas Betriebsführungs- und Trägergesellschaft
DBfK	Deutscher Berufsverband für Alten- und Krankenpflege
DBVA	Deutscher Berufsverband für Altenpflege
DCV	Deutscher Caritasverband
DPWV	Deutscher Paritätischer Wohlfahrtsverband
DRK	Deutsches Rotes Kreuz
DW	Diakonisches Werk
GKV	Gesetzliche Krankenversicherung
GPV	Gesetzliche Pflegeversicherung
GRG	Gesundheitsreformgesetz
KBV	Kassenärztliche Bundesvereinigung

KDA	Kuratorium Deutsche Altershilfe
KJHG	Kinder- und Jugendhilfegesetz
KV	Kassenärztliche Vereinigung
MDK	Medizinischer Dienst der Krankenversicherung
PBV	Pflege-Buchführungsverordnung
PfG NW	Landespflegegesetz Nordrhein-Westfalen
SGB	Sozialgesetzbuch
SHK	Spitzenverband Häuslicher Krankenpflege in Deutschland
SPM	Standard-Pflegesatz-Modell
VDAB	Verband Deutscher Alten- und Behindertenhilfe
VdAK	Verband der Angestellten- und Arbeiterersatzkassen
VKSB	Verband der kommunalen Senioren- und Behinderteneinrichtungen in NRW
ZWSt	Zentrale Wohlfahrtsstelle der Juden in Deutschland

Abbildungsverzeichnis

Vorwort

Der Stellenwert organisierter Interessen in der Sozialpolitik ist meist anhand von Gewerkschaften und Arbeitsbeziehungen analysiert oder am politischen Einfluß von Sozialverbänden gemessen worden. Doch auch in anderen Feldern haben sich Mechanismen der Interessenvermittlung eingespielt, in denen nicht-staatliche Organisationen und Verbände zugleich als Träger staatlich organisierter Sozialpolitik wirken. Die Pflegeversicherung ist dafür ein besonders instruktiver Fall, weil mit ihr ein bedeutsamer Teil sozialer Dienste in die Institutionen der Sozialversicherung überführt worden ist. Interessenvermittlung läßt sich hier allerdings nicht ausschließlich in den klassischen Formen von Lobbyismus gegenüber Parteien, Parlamenten oder Regierungen fassen, sondern auch als die Institutionalisierung neuer Machtbeziehungen, also zugleich als Interessenregulierung.

Die Umsetzung der Pflegeversicherung auf der Ebene der Bundesländer läuft weiter und wird wohl auch nicht anhalten. Diesem Aspekt muß jede Forschungsarbeit ins Auge sehen, die sich nicht auf Längsschnittuntersuchungen, sondern eine punktuelle Querschnitts-Analyse wie die vorliegende stützt. Umso eher können und sollten die hier vorgestellten Hypothesen neben anderen als ein Prüfstein für den Fortgang dieses Politikfeldes dienen.

Der Titel der Arbeit – „Barmherzigkeit mit beschränkter Haftung" – ist durchaus doppelsinnig gemeint. Einerseits nimmt er einen symbolisch aufgeladenen Wandlungstrend der Wohlfahrtsverbände als wichtigen Akteuren der Pflegeversicherung auf. Denn viele der gemeinnützigen Träger schaffen sich in den letzten Jahren über die Gründungen von GmbHs neue Binnenstrukturen. Privat-gewerbliche Anbieter haben sich schon länger in dieser Rechtsform eingelebt, auch wenn es schon seit den 60er Jahren einzelne freigemeinnützige Träger als GmbHs gibt. Andererseits führt gerade die Pflegeversicherung mit ihren teilweise widersprüchlichen Kompetenz-Verteilungen dazu, daß die Verantwortung für Konzepte der Altenhilfe hinter einem Geflecht von vertragsrechtlichen Regulierungen, verbandlichen Empfehlungen und finanziellen Verschiebungen versteckt liegt.

Der vorliegende Text ist die unwesentlich überarbeitete Fassung meiner Dissertation, die im Wintersemester 1998/99 von der Fakultät für Sozialwissenschaft der Ruhr-Universität Bochum angenommen worden ist. Da bei jeder Danksagung das Risiko der Ungerechtigkeit durch Auslassung groß ist, hoffe ich, es zumindest einigermaßen gering halten zu können. Neben den vielen Helfern in Sachen Logistik und ausdauernder Aufmunterung möchte ich mich vor allem bei Prof. Dr. Rolf G. Heinze, Barbara Oetelshofen und dem gesamten Lehrstuhl bedanken, für die inspirierenden und motivierenden Bochumer Jahre. Prof. Dr. Wilhelm Bleek hat in einem überaus komprimierten Zeitrahmen sein Zweitgutachten erstellt, wofür ich mich nochmals ausdrücklich bedanken möchte. Katrin Schneiders wiederum hat mit großer Leidensfähigkeit und ebenso großer Zuverlässigkeit Korrektur gelesen; alle weiterhin existierenden Fehler gehen auf das Konto meiner Überarbeitung.

Natürlich wäre eine solche Arbeit nahezu unmöglich, wenn nicht zahlreiche Experten mitten im Tagesgeschäft wertvolle Zeit für Interviews abzweigen würden. Gerade in einer Phase sozialpolitischer Turbulenzen ist dies alles andere als selbstverständlich. Ihnen allen sei dafür herzlich gedankt. Meine Familie und Freunde haben mir – meist unbewußt – den bisweilen nötigen Abstand zur Sache vor Augen gehalten. Auch das war eine wertvolle Stütze.

Düsseldorf, im August 1999 — Christoph Strünck

1. Fragestellung und Arbeitshypothesen

Sozialpolitik hat sich von einer politischen Antwort auf die soziale Frage zu einem teilweise eigendynamischen Prozess der Institutionen-Bildung entwickelt. Dies macht sie für Implementationsforschung und Theoriebildung gleichermaßen attraktiv. Die Verflechtungen von Organisationen, Professionen, Staat und Bürokratien sind dort besonders ausgeprägt, wo neben den – für den deutschen Sozialstaat charakteristischen – Geldtransfers auch Sachleistungen von der Sozialpolitik finanziert werden. Denn hier weitet sich das Feld der beteiligten Organisationen, weil Qualitätsstandards der Leistungen, Kontrollansprüche der Kostenträger und advokatorische Interessenvertretung der Klienten den Boden für Professionen und Verbände bereiten. In der jüngsten Sozialpolitik-Geschichte der Bundesrepublik komplettierte die Einführung der Pflegeversicherung zum 1. Juli 1994 die Architektur der Sozialversicherung mit einer fünften Säule, die ähnlich wie im Gesundheitswesen eine Vielzahl von Organisationen neu miteinander in Beziehung setzt.

Dieses Datum ist der Auftakt zu einer höchst aufwendigen und ungewissen Implementations-Phase, in der die Interessenlagen unterschiedlichster Organisationen wie Bundes- und Landesministerien, Kranken- und Pflegekassen, Medizinischen Diensten, Wohlfahrtsverbänden und privat-gewerblichen Anbietern, Landschaftsverbänden, Kommunen, Heimaufsichtsbehörden, Ärzten, Krankenhäusern und anderen Organisationen miteinander verwoben sind und unterschiedliche Rationalitäten aufeinanderprallen.

Vertreter sozialwissenschaftlicher Rational-Choice-Ansätze erklären die Existenz politischer Institutionen häufig damit, daß diese Ungewißheit reduzierten und damit die Dilemmata kollektiven Handelns aushebelten bzw. Transaktionskosten reduzierten (vgl. Hall/Taylor 1996; Wiesenthal 1990). Ähnliche Argumentationsweisen finden sich auch in institutionalistischen Varianten der Wirtschaftssoziologie (vgl. Beckert 1996): Normen, Routinen, Institutionen seien Mechanismen, die innerhalb des Subsystems Wirtschaft Ungewißheit reduzierten und über die Stabilisierung von Erwartungs-Sicherheit das alte Parsons-Problem der doppelten Kontingenz sozialer Handlungen „lösten".

Die Implementation sozialpolitischer Institutionen wie der Pflegeversicherung mag damit verglichen auf einer generalisierten Ebene ebenfalls Ungewißheiten reduziert haben, auf der Ebene der Umsetzung in den Bundesländern schafft sie jedoch eine Reihe von Ungewißheits-Zonen, die von den zahlreichen Akteuren gefüllt oder im Vakuum gelassen werden. Die Institution „Pflegeversicherung" läßt sich in ihrer weiteren Umsetzung auch deshalb nicht funktionalistisch als Reduktion von Ungewißheit interpretieren, weil die beteiligten Akteure gerade in Ungewißheits-Zonen versuchen, über Einfluß auf die Spielregeln des politischen Tausches in Machtbeziehungen aktiv zu werden (vgl. Crozier/Friedberg 1993).

Macht ist – in der Terminologie nicht-essentialistischer Ansätze – nicht die Eigenschaft eines individuellen oder kollektiven Akteurs, sondern Merkmal einer sozialen Beziehung. Ausmaß und Auswirkung von Macht hängen an dieser Beziehung, nicht an den beteiligten Akteuren (vgl. Emerson 1964). Neue Arten von Machtbeziehungen werden in der Umsetzung der Pflegeversicherung vor allem zwischen Kostenträgern (Bundesländer, Landschaftsverbände, Pflegekassen, Kommunen) und Leistungserbringern (Wohlfahrtsverbände und ihre Träger, privat-gewerbliche Anbieter) sichtbar.

Und das Gerüst dieses fünften Zweigs der Sozialversicherung schafft auch Raum für die Ausbildung neuer Interessenlagen der Akteure. Verglichen mit der eigentlichen „Blaupause" der Pflegeversicherung – der Gesetzlichen Krankenversicherung, dem Krankenhauswesen und der ärztlichen Einzelleistungsvergütung – gestaltet sich die Umsetzung hier komplexer, weil ein zentraler Mechanismus der Komplexitäts-Reduktion ausfällt: die Sonderstellung einer Profession wie der Ärzteschaft mit einem hohen Grad an Selbstkontrolle, Autonomie und Definitionsmacht.[1]

Pflege als Beruf ist hingegen erst am Beginn ihrer Professionalisierung, und die Pflegeversicherung beeinflußt diesen Prozeß in widersprüchlicher Weise: Sie stützt einerseits die Institutionalisierung der Pflege über neue Diskurse, Aufmerksamkeit und wissenschaftliche Verankerung, andererseits markiert die Bedarfs-Bestimmung über die Medizinischen Dienste auf Kostenträgerseite eindeutig die Grenzen der Autonomie dieser Profession. Anders als die Ärzte können die Pflegenden in Einrichtungen und Diensten den Bedarf an Pflegeleistungen nicht selbst regulieren: eine entscheidende Voraussetzung für die Professionalisierung wird durch die Pflegeversicherung stärker versperrt als je zuvor.

Die Pflegeversicherung markiert die Grenzen der Autonomie weitaus deutlicher als es das System der sozialhilfefinanzierten Selbstkostendeckung zuvor getan hatte. Allerdings offenbart sich hier auch ein analytisches Dilemma: Pflege als Profession ist auch in den Medizinischen Diensten und deren pflegerischem Fachpersonal repräsentiert. Doch der Bewegungsspielraum der „Kollegen von der anderen Seite" ist durch Begutachtungs-Richtlinien und informelle Absprachen der Pflegekassen stark eingeengt. Dennoch haben sich durch die Pflegeversicherung sowohl professionspolitische als auch organisatorische Arenen geöffnet, was auch einen Teil der unterschiedlichen Bewertungen ihres bisherigen „Erfolges" erklärt. Verschiebt man die Perspektive von den Professionen auf die Dimension der Organisation, so bietet

1 Vgl. zur berufssoziologischen Verortung der Ärzteschaft insbesondere Andersen/Schulenburg 1990; Larson 1977; Naschold 1967; Torstendahl/Burrage 1990 sowie weiterhin die klassischen Beiträge von Freidson 1970a,b, 1975.

die Pflegeversicherung ein Bild, das sich ähnlich analysieren läßt wie Entwicklungstendenzen in der Rentenpolitik: es formen sich Eigen-Zyklen aus, die sich auf fiskalische Argumentationen zurückziehen und diese als Angelpunkt der Reform stabilisieren (vgl. Nullmeier/Rüb 1993). Auf die Dominanz der fiskalischen Argumentation im parlamentarischen Verhandlungs-Prozeß und die Rolle der Kommunen und Bundesländer haben politikwissenschaftliche Untersuchungen eindrücklich hingewiesen (vgl. Götting/Hinrichs 1993; Haug 1994; Haug/Rothgang 1994; Meyer 1996; Pabst 1997; Pihan 1996; siehe auch Kap. 4.1).

Auf Länderebene – in den Debatten und Ausführungsbestimmungen der Landespflegegesetze – wiederholen sich diese Verengungen, was auch im parlamentarischen Raum deutlich zur Sprache kommt. Im Rahmen der vorliegenden Arbeit wird jedoch weniger eine policy-Analyse auf Mesoebene angestrengt, als vielmehr eine Verbändestudie mit analytischem Schwerpunkt auf der Anbieterseite. Denn auf der Seite der Leistungserbringer und ihrer Verbände und Organisationen zeigen sich Entwicklungen, die auf eine stärkere Ökonomisierung der Binnenstrukturen von gemeinnützigen Verbänden und ihren Einrichtungen und Diensten hindeuten. Ausgehend von Analysen der Wohlfahrtsverbände als Träger sozialer Dienstleistungen steht seit einiger Zeit die sozialwissenschaftliche These im Raum, die in der Bundesrepublik dominanten Träger sozialer Hilfen und sozialer Arbeit würden sich stärker „verbetrieblichen" (vgl. Backhaus-Maul/Olk 1994, 1996; Klug 1995, 1997; Kulbach/Wohlfahrt 1996) bzw. stärker unternehmerisch diversifizieren (vgl. Heinze/Schmid/Strünck 1997). Trennen sollte man hier allerdings den anschwellenden Diskurs über betriebswirtschaftliche Instrumente von realen Organisationsreformen.[2]

Die vorliegende Arbeit geht ebenfalls davon aus, daß gerade in der Altenhilfe als ökonomisch bedeutsamstem Part der sozialen Dienste neben dem Gesundheitswesen der Druck auf betriebswirtschaftliche Parameter auch durch die Pflegeversicherung erhöht wird. Der im Pflegeversicherungs-Gesetz und in der tagespolitischen Profilierung so zentrale Punkt des Wettbewerbs zwischen den Leistungserbringern spielt hier eine zentrale Rolle. Denn – so wird in der vorliegenden Arbeit argumentiert – der Wettbewerb findet nicht wie vom Gesetz intendiert in erster Linie um die Klienten statt, womit

2 Als Indikatoren für Diskurse wie Organisationsreformen dienen unter anderem das starke Wachstum von Unternehmensberatungen im sozialen Bereich, die Flut von Publikationen über „Sozialmanagement" sowie eine Ausgründungswelle von GmbHs bei den Wohlfahrtsverbänden. Zur Management-Literatur in bezug auf Wohlfahrtsverbände vgl. u.a. Öhlschläger 1995; Reiss 1993; Schrader 1995. Kritisch zur Übertragung von Managementkonzepten verhalten sich Kurz/Veit (1994) sowie Merchel (1995), die vermuten, daß mit Zeitverzug eigentlich schon veraltete Konzepte aus der gewerblichen Wirtschaft nun den Wohlfahrtsverbänden implantiert werden. Seibel (1989, 1992a,b) argumentiert zudem, daß der politische Status der Wohlfahrtsverbände bestimmte Management-Risiken hervorruft, die mit herkömmlichen Management-Lehren nicht in den Griff zu bekommen seien.

deren Rolle gestärkt würde. Dafür gibt es verschiedene Gründe, die in späteren Kapiteln näher ausgeleuchtet werden.

Dennoch haben die bedarfsunabhängige Zulassung von Einrichtungen und Diensten, die Gleichstellung privat-gewerblicher und frei-gemeinnütziger Anbieter sowie die neuen Vertragsbeziehungen zwischen Kostenträgern und Leistungserbringern einen zentralen intendierten Effekt, nämlich den erwähnten breitflächigen Kostendruck auf die Anbieter durch das Ausnutzen von Konkurrenzen in Preisverhandlungen. Daneben sind jedoch auch die nicht-intendierten Effekte interessant. Die gesellschaftliche Einbettung ökonomischen Handelns, und sei es in der Form sozialpolitisch regulierter sozialer Dienste, bedingt, daß eine stärkere „Ökonomisierung"[3] dieses Handelns nicht ohne politische Effekte denkbar ist. Das gilt insbesondere, wenn dieses Handeln von einer Vielzahl von Organisationen ausgeht.

Hauptthese der Arbeit ist, daß gerade der Kosten-Druck und die nicht-intendierten Effekte der Pflegeversicherung neue Machtbeziehungen strukturieren und das Verbändesystem auf der Anbieterseite „politisieren":[4] institu-

---

3 Der Begriff der „Ökonomisierung" wird hier ebenfalls modifiziert verwendet, ähnlich wie „Politisierung" (siehe FN 4). Zumal in der Soziologie der Sozialpolitik wird unter Ökonomisierung meist eine Entwicklung verstanden, in der „das Soziale primär unter ökonomische Denkmodelle subsumiert (...)" wird, „(...) wodurch unzulänglich auf die konkrete Mannigfaltigkeit der Lebenssachverhalte reagiert wird" (Tennstedt 1976: 139). Dieser gesellschaftstheoretische und normative Aspekt scheint in der vorliegenden Analyse dort auf, wo Steuerungsprinzipien des Marktes und Wettbewerbs über die Diffusion von Organisationsmythen, wachsende Unsicherheiten in den Organisationen und andere Mechanismen auf der Mesoebene der sozialen Dienste Einzug halten. Doch in organisations- und verbändesoziologischer Perspektive greift der Terminus „Ökonomisierung" hier zusätzlich noch tiefer auf der Mikroebene an: Die intendierten wie nicht-intendierten Effekte aus neuen Vertragsbeziehungen und unterschiedlichen Rationalitäten ebenso wie strategische Modernisierungsimpulse von einzelnen Akteuren in den Verbänden und Organisationen der Leistungsanbieter, die auf eine Aufwertung der Ebene der Leistungserstellung, eine stärkere Rationalisierung und verstärktes Management von sozialen Dienstleistungsorganisationen hinauslaufen, werden hier als „Ökonomisierung" begriffen. Sowohl auf der Meso- wie auf der Mikroebene findet der Begriff vorrangig als ein analytischer Verwendung, wenige als ein normativer.

4 Auch wenn der Begriff der „Politisierung" außerwissenschaftlich „vorbelastet" ist, soll er hier in Anlehnung an die strategische Organisationsanalyse à la française bewußt wieder eingeführt werden. Crozier/Friedberg (1993) deuten sowohl die Formalstruktur innerhalb einer Organisation als auch innerhalb eines „konkreten Handlungssystems" als einen „Kampf der Rationalitäten" (226), der häufig in einen Definitionskampf um Spielregeln mündet. Dieser Begriff der „Politisierung" – etwa in Abgrenzung zu Offes staatstheoretischen Anwendungen (vgl. Offe 1972) – wird hier deshalb bevorzugt, weil er unterstreicht, daß struktureller Druck auf ein Handlungssystem nicht etwa zu Zwang im Sinne radikaler Optionen-Reduktion führt, sondern im Gegenteil die Konflikte um Spielregeln des Tausches weitere Ungewißheitszonen öffnen und damit Politik im Sinne von Optionenwahl strukturieren. Wie die Akteure dann ihre Machtbeziehungen formen, ist jedoch nicht determiniert. Die Politisierung geht von den Verhandlungsbeziehungen jedoch auch auf die einzelnen Organisationen über. Binnenorganisatorisch gibt es allerdings noch andere Quellen der Politisierung, die ebenfalls diskutiert werden (vgl. Mintzberg 1993). Diese Ü-

tionell abgesicherte Status-Positionen werden mehr und mehr aufgelöst, wodurch die gestiegene Bedeutung des „Kontrakts“ als sozialwissenschaftliche Kategorie „verhandelbarer Rechte und Pflichten“ (siehe Kap. 3.6) gleichzeitig den Stellenwert von Definitions- und Rollenkämpfen erhöht. So werden etwa bestimmte berufspolitische Praktiken der privat-gewerblichen Verbände teilweise auch von frei-gemeinnützigen Trägern adaptiert, die ihre eigenen Verbände dadurch in eine neue Konflikt-Kultur stoßen.

Es lassen sich aber auch „Diffusionsprozesse“ in umgekehrter Richtung erkennen: privat-gewerbliche Pflegeverbände verwandeln sich den gemeinnützigen Wohlfahrtsverbänden an. An dieser Stelle werden sich Thesen des Neo-Institutionalismus abprüfen lassen, die darauf abheben, daß sich Organisationen in einem „organizational field“ in ihren Strukturen schleichend angleichen; eine Variante des Weber-Theorems vom „Isomorphismus“ (vgl. diMaggio/Powell 1991).

Die Pflegeversicherung formt einen institutionellen Rahmen, in dem die Beziehungen der Akteure eine Entwicklung „von Status zu Kontrakt“ (siehe Kap. 7.4) auslösen; diese Entwicklung ist angesichts der bislang besonderen Stellung der gemeinnützigen Wohlfahrtsverbände gleichbedeutend mit „Politisierung“, auch wenn dieser Prozeß keineswegs mit einer pauschalen Entprivilegierung der Wohlfahrtsverbände gleichzusetzen ist. Den Wohlfahrtsverbänden gebürt daher in der Arbeit die meiste Aufmerksamkeit.

Die hier verwandte Leit-These von der Politisierung stützt sich auf ein analytisches Gerüst, das die französischen Organisationsforscher *Crozier* und *Friedberg* bereits in den siebziger Jahren mit ihrer „strategischen Organisationsanalyse“ errichtet haben (vgl. Crozier/Friedberg 1993). Da jedoch die Altenhilfe – wie die meisten sozialen Dienste in der Bundesrepublik – zu einem stark politisch regulierten Feld gehören, sollen die Instrumentarien der strategischen Organisationsanalyse insbesondere mit Erkenntnissen des Neo-Institutionalismus verknüpft werden (siehe Kap. 3).

Zur These von der Politisierung gehört auch, daß die starke Betonung von „Prinzipien der Funktionalität, Effektivität, Rationalität und Standardisierung“ (Giese 1995: 25) bei den Pflegeleistungen auch aus dem Blickwinkel neuer Machtbeziehungen zwischen den beteiligten Organisationen gesehen werden muß. Wie zum Beispiel die Pflegekassen den Parameter der Effektivität in Verhandlungen einsetzen, muß nicht unbedingt auf die Pflegeleistung bezogen, sondern kann viel wichtiger für Status-Auseinandersetzungen sein. Für die Analyse des Verbändesystems auf der Anbieterseite – eingebunden in neue Verhandlungs- und Austauschbeziehungen zu weiteren Organisationen wie Pflegekassen, Landschaftsverbänden oder Medizinischen Diensten – bedeutet dies, daß im Gegensatz zu neo-institu-

berlegungen sollen in der vorliegenden Arbeit auf die Umsetzung der Pflegeversicherung auf Länderebene als einem „konkreten Handlungssystem“ bezogen werden (siehe Kap. 6).

tionalistischen Analysen[5] ein stärkerer „policy-centered approach" (Selznick 1996: 277) angepeilt wird. Die besondere Umbruch-Situation durch die Pflegeversicherung ist dabei methodisch gleichermaßen riskant wie aufschlußreich. Einerseits lassen sich kaum empirisch gesicherte Erkenntnisse über die Strukturen und Probleme des Verbände-Systems und seiner Akteure gewinnen, wenn der Prozeß der Umsetzung permanent weiterläuft und wichtige Parameter erst noch substanziell ausgefüllt werden müssen. Andererseits erlaubt gerade diese Anfangsphase der Implementation, grundlegende Interessenkonflikte, organisatorische Dilemmata und strategische Handlungsfähigkeiten herauszupräparieren, die mit zukünftigen Studien abgeglichen werden können.

Für den empirischen Teil wurde ein Bundesland (Nordrhein-Westfalen) als Fallstudie gewählt, weil das primäre Erkenntnisinteresse der Arbeit nicht in der Perspektive eines föderalen Vergleichs liegt, sondern in einer exemplarischen und explorativen Analyse eines sich wandelnden Verbände-Systems auf Seite der Anbieter von Pflegeleistungen (siehe auch Kap. 2). Nordrhein-Westfalen fängt allerdings durch seine geteilten Verwaltungsregionen diejenigen Effekte ein, die ansonsten nur zwischen verschiedenen Bundesländern zu beobachten sind. Dazu gehört beispielsweise der Vergleich verschiedener Begutachtungspraktiken der Medizinischen Dienste und deren Konsequenzen, was sich im Fall von NRW innerhalb eines Bundeslandes beobachten läßt. Daher sind hier bereits Aussagen zur föderalen Umsetzung eines sozialpolitischen Programmes möglich.

Da die Implementation der Pflegeversicherung kontinuierlich verläuft, kann der behauptete Wandel nicht umfassend und retrospektiv analysiert werden; vielmehr werden Grundzüge und Logiken des sich abzeichnenden Wandlungsprozesses sowie dessen Einflußfaktoren untersucht. Ziel der Fallstudie, die sich im wesentlichen auf Dokumenten-Analyse, Daten aus der teilnehmenden Beobachtung sowie Experten-Interviews stützt, ist es, in Anlehnung an den in Kap. 3 entwickelten theoretischen Rahmen, die Leitthese der mit der Entwicklung „von Status zu Kontrakt" verknüpften Politisierung zu verdeutlichen und zu belegen. Zugleich sollen weiterführende Hypothesen entwickelt werden.

5 Vgl. insbesondere die Beiträge in Powell/diMaggio 1991 sowie Zucker 1987. Selbst Fligstein (1997), der als einer der wenigen Neo-Institutionalisten „Macht" in seinem Analyse-Rahmen zu verankern und die oftmals sehr holistischen Organisations-Konzepte des Neo-Institutionalismus handlungstheoretisch aufzubrechen versucht, erwähnt zwar Giddens, nicht aber die (frühe) organisationssoziologische Variante von Giddens (späterer) Strukturierungs-Theorie, nämlich die strategische Organisations-Analyse von Crozier und Friedberg.

2. Untersuchungsdesign, Methoden und Datenbasis

Die vorliegende Arbeit ist an einer Schnittstelle von Politischer Soziologie, Organisationstheorie und Sozialpolitik-Forschung angesiedelt. Zentrales Forschungsobjekt ist hier das Verbändesystem der Leistungserbringer in der Arena der neu eingeführten sozialen Pflegeversicherung in der Bundesrepublik. Focus der Arbeit ist nicht eine Evaluation der Wirkungen des Pflegeversicherungsgesetzes, wie sie bereits in mehreren Dimensionen präsentiert wurde (vgl. Fachinger/Rothgang 1995; Gabanyi 1997; Roth 1998; Rothgang 1997; Sbresny/Walter 1996). Im Mittelpunkt stehen vielmehr die Wechselwirkungen zwischen der Umsetzung der Pflegeversicherung und der Transformation eines Verbändesystems, das durch nicht-intendierte Effekte der Politisierung neu strukturiert wird.

Die Arbeit gliedert sich in zwei Hauptbestandteile. Am Beginn steht ein allgemeiner Teil, der auf der Basis unterschiedlicher theoretischer Ansätze den Gegenstand der Pflegeversicherung in eine politisch-soziologische Fragestellung einzubetten versucht (Kap. 3 bis 5). Den zweiten Teil bildet eine Fallstudie zur Umsetzung der Pflegeversicherung, die entlang unterschiedlicher Dimensionen (Vergütungs-Verhandlungen, Landesregelungen) die verbändesoziologischen Besonderheiten des „Pflegemarktes" analysiert (Kap. 6). Daran schließt sich eine generalisierende Betrachtung zentraler Regulierungen der Pflegeversicherung wie Qualitätssicherung und Wettbewerbsmechanismen und ihrer Konsequenzen für das Verbändesysem an (Kap. 7). Als Ansatzpunkt für eine Fallstudie kamen die Bundesländer in Betracht, weil hier die entscheidende Umsetzungsebene für die Pflegeversicherung zu finden ist (vgl. Schölkopf 1996).

Nordrhein-Westfalen wurde als exemplarisches Land gewählt, da die Wohlfahrtsverbände rund 80 Prozent aller Dienste des Pflegesektors tragen und das Land so groß ist, daß gewisse institutionelle Besonderheiten der Pflegeversicherung durch die Existenz paralleler Organisationen in den zwei Regionen Rheinland und Westfalen-Lippe besonders deutlich zum Ausdruck kommen. Repräsentativen Charakter können Verbände-Studien dieser Art nicht beanspruchen, aber es ist möglich, Wandlungstrends nachzuzeichnen und generelle Handlungslogiken und Dilemmata aufzuzeigen. Dabei wird in erster Linie eine „Konfiguration" (Miller/Mintzberg 1983) nachgezeichnet, als daß Kausalketten geknüpft werden können. Die „Logiken" der neuen Beziehungen zwischen Organisationen können – in Anlehnung an die Einsichten der strategischen Organisationsanalyse – nicht a-priori bestimmt werden, weil die Analyse konkreter Handlungssysteme auf einem begrifflichen Fortschritt beruht,

„der darin besteht, über die Strategien der Akteure innerhalb eines erst noch zu entdeckenden Spiels nachzudenken, anstatt ihr Verhalten durch sogenannte soziologische Faktoren zu erklären" (Crozier/Friedberg 1993: 177).

Da die Pflegeversicherung sich noch im Prozeß der Institutionalisierung befindet, der Wandel der Verbände im Pflegesektor aber schon etwas länger andauert, ist der Stellenwert der Hypothesen unterschiedlich. Die zentrale Hypothese, daß sich der anvisierte Wettbewerb in der Pflegeversicherung weniger im Verhältnis zwischen Pflegebedürftigen und Anbietern ausdrückt, sondern vielmehr die Strukturen des Verbändesystems über Politisierung transformiert, soll im Laufe der Fallstudie gestützt und belegt werden. Darüber hinaus werden Hypothesen generiert, die im weiteren Verlauf der Umsetzung der Pflegeversicherung getestet werden können.

Da sich die Studie größtenteils am Erkenntnisinteresse der Verbändeforschung ausrichtet, waren qualitative Methoden das geeignete Erhebungsinstrument, auch vermittelt über die integrierte Fallstudie. Es wurde ein Mix aus unterschiedlichen Instrumenten gewählt: neben der Auswertung der Sekundärliteratur und der Literatur in Pflegefachzeitschriften die Analyse von Dokumenten und Parlamentaria, von internen Papieren, die teilnehmende Beobachtung an Planungs-Sitzungen in Verbänden, Datenbank-Recherchen nach Presse-Material sowie 30 Experten-Interviews. Im Literaturverzeichnis sind Sekundärliteratur, Pflegefachliteratur, Presseartikel sowie Dokumente und Parlamentaria separat aufgelistet. Artikel aus der Pflegefachliteratur werden dabei auch als Indikatoren für die berufspolitische Einschätzung von Entwicklungen behandelt, weil sich in ihnen die Positionen von Anbietern und deren Verbänden artikulieren.

Für die Dokumentenanalyse standen nicht nur die offiziellen Gesetzestexte, Gutachten und parlamentarischen Protokolle zur Verfügung, sondern auch eine Reihe interner Papiere über die Aktenpläne von Wohlfahrtsverbänden sowie die Ergebnis-Protokolle des Landespflegeausschusses NRW. Verweise auf solche Papiere werden in der Arbeit aus Gründen der Anonymität mit „Interna" vermerkt. Als Gremien für die teilnehmende Beobachtung wurden die „Kommission Pflegeversicherung" der Arbeitsgemeinschaft der Wohlfahrtsverbände in NRW sowie die Arbeitsgruppe „Entgelte" des Diözesan-Caritasverbandes im Bistum Köln gewählt.

Neben dieser Auswertung von Dokumenten stammen die wesentlichen empirischen Daten für die Fallstudie in Kap. 6 aus 30 Experten-Interviews, die zwischen November 1996 und März 1998 geführt wurden. Auch in Kap. 7 wird auf Ergebnisse dieser Interviews zurückgegriffen. Die Experten-Interviews – die zwischen eineinhalb und vier Stunden dauerten, protokolliert und durchnumeriert wurden – sind mit Vertretern folgender Organisationen geführt worden:

- Spitzenverbänden der Wohlfahrtspflege in NRW,
- Kreisverbänden der Wohlfahrtspflege in NRW,
- Einrichtungen und Diensten von Wohlfahrtsverbänden,
- unabhängigen Diensten und Einrichtungen,
- kommunalen Altenhilfe-Trägern und deren Verbänden,
- privat-gewerblichen Pflegeverbänden,
- Verbänden der Pflegekassen,
- Landschaftsverbänden Westfalen-Lippe und Rheinland,
- Medizinischer Dienst Nordrhein und Westfalen-Lippe,
- kommunalen Sozialämtern,
- Organisationsberatern in der Altenhilfe,
- Bank für Sozialwirtschaft sowie
- Ministeriums für Arbeit, Gesundheit und Soziales NRW.

Die Interviews gliederten sich in folgende Fragekomplexe:

- Vorzüge und Nachteile der Umsetzung der Pflegeversicherung aus Sicht der Organisation,
- neue Beziehungen zu anderen Organisationen,
- entscheidende Änderungen im Pflegemarkt durch die Umsetzung der Pflegeversicherung sowie
- institutionelle Lücken bei der Umsetzung.

Die Ergebnisse der Experten-Interviews werden insbesondere in der Fallstudie des zweiten Teils in Ergänzung zu Dokumenten und Literatur sowie den protokollarischen Notizen aus der teilnehmenden Beobachtung verwendet. Im Text wird in Klammern aus Gründen der Anonymität lediglich auf die Nummer des entsprechenden Interviews verwiesen.

Die Art der Gewinnung des Datenmaterials – insbesondere bei den Experten-Interviews – unterstreicht, daß es sich bei der vorliegenden Arbeit um eine explorative Studie handelt, die in erster Linie Hypothesen generiert und nicht testet (vgl. Atteslander 1993). Schon mangels Repräsentativität und geringer Fallzahlen wäre ein Hypothesen-Test methodologisch ausgeschlossen. Der eigentliche Zweck – und zugleich die Begrenzung ihrer methodologischen Reichweite – von Experten-Interviews (oder auch Intensiv-Interviews) liegt ohnehin darin, daß sie wichtig sind „als Beitrag zur Exploration eines Problems und/oder der Bedeutung für den Befragten" (Friedrichs 1990: 236). Das Erkenntnisinteresse in bezug auf die Interviews besteht darin, daß das Deutungswissen der Akteure abgefragt und Situationsinterpretationen miteinander verglichen werden. Es kann dabei nicht die „faktische" Umsetzung der Pflegeversicherung rekonstruiert werden.

Insbesondere leitfadengestützte Experten-Interviews gelten als hochgradig kontextsensitiv, in zweierlei Hinsicht: Mit Blick auf das institutionelle Umfeld mit seinen eigenen Sprachcodes als auch mit Blick auf die konkrete Interviewsituation (vgl. Trinczek 1995). Bei der Befragung von Experten aus dem Umfeld der Pflegeversicherung bricht sich diese Kontextsensitivität in mehreren Richtungen Bahn.

Zum einen ist die gesetzliche Konstruktion der Pflegeversicherung nicht nur beim Gesetzgebungsverfahren, sondern auch während ihrer laufenden Umsetzung ein permanenter Gegenstand kontroverser Beurteilungen, weil sehr viele unterschiedliche Interessen von ihr berührt werden. Das führt bei der Verwendung von Experten-Interviews dazu, daß die Interview-Situation häufig in „Protestnoten" mündet, von denen kaum auf reale Organisationsprozesse geschlossen werden kann. Aufgrund der großen Unsicherheiten, die die Pflegeversicherung bei den beteiligten Organisationen erzeugt, werden zudem Veränderungen systematisch über- und Kontinuitäten systematisch unterschätzt. Beides kann der Interviewer nur kontrollieren, indem er gezielt nachfragt und die Ergebnisse zwischen unterschiedlichen Interviews vergleicht.

Außerdem bedeutet die laufende Umsetzung der Pflegeversicherung, daß sich in den Äußerungen der Interview-Partner abgeschlossene und hypothetisch angenommene Entwicklungen mischen. Und da der Prozeß der Umsetzung erst vor vier Jahren begonnen hat und wichtige Komponenten wie ein neues Vergütungssystem im stationären Sektor noch bevorstehen, besitzen Erkenntnisse über organisatorischen Wandel nicht den Status abgesicherter Aussagen, sondern in erster Linie den Status datengespeister Thesen.

Dies wird noch dadurch erhärtet, daß in Experten-Interviews im Kontext der Organisationsforschung in erster Linie Einstellungen und Deutungsmuster erhoben werden und nicht tatsächliches soziales Handeln und Verhalten. Da aber Interpretationen, „story-telling" (Boyce 1995) und die Bewertung von Vorgängen in den meisten Organisationen konstitutiver Bestandteil der Organisationsrealität sind, kommt ihnen in der Einschätzung organisatorischen Wandels eine große Bedeutung zu (vgl. Czarniawska-Joerges 1995; Weick 1985; Westenholz 1993). Fehlerquellen wie ein zu großes Status-Gefälle zwischen Interviewer und Interviewtem und entsprechende „paternalistische" Effekte können im vorliegenden Falle hingegen ausgeschlossen werden, weil die Interview-Partner sämtlich Leitungsfunktionen mit akademischem Bildungshintergrund ausübten (vgl. Gutjahr 1985).

Durch eine Konfrontation unterschiedlicher Organisations-Vertreter mit dem gleichen Frageraster erschließen sich für den Interviewer die verschiedenen Interessenlagen kollektiver Akteure. Der Vergleich zwischen „idealtypischer" und realer Interessenlage wird dadurch erleichtert, daß im Verlaufe der Interviews das Kontextwissen des Interviewers wächst und er damit Legitimations-Behauptungen enttarnen kann. Hierin liegt auch eine basale Rechtfertigung dafür, daß der Interview-Leitfaden lediglich ein Gerüst darstellt, weil ansonsten wesentliche Deutungsmuster und Interpretationswissen der Akteure unerkannt blieben; dies macht die Vorteile „iterativer Interviews" aus (vgl. Voelzkow 1995). Zugleich markiert es aber auch ihre

Nachteile. Denn ein systematisches Vergleichsraster kann auf diese Weise nicht zuverlässig eingehalten werden.

Um dennoch Selbst- und Fremdeinschätzungen kontrastieren zu können, wurden nicht nur Interviews mit Akteuren geführt, deren Organisationen im Zentrum der Pflegeversicherung stehen, sondern auch mit Akteuren, die einen etwas entfernteren Blickwinkel haben. Dazu zählen etwa die Bank für Sozialwirtschaft, die als „Hausbank" der Wohlfahrtsverbände und privatgewerblicher Anbieter die Organisationsstärken und -schwächen einschätzen muß, wie auch Organisationsberater in der Altenhilfe, die durch ihre Auftragsstreuung Einblicke in Organisationstrends und dominante Einstellungsmuster haben.

Nicht zuletzt wurden die Interviews zudem dazu genutzt, zusätzliche Dokumente und interne Papiere zu besorgen und Material zu sichten. Diese aus wissenssoziologischer Perspektive abzulehnende Instrumentalisierung von Leitfaden-Interviews (vgl. Meuser/Nagel 1991: 448f.) ist jedoch eine wichtige Dimension bei Interviews mit Experten, in deren Erhebungszentrum nicht die Lebenswelt, sondern die Organisationswelt stehen (vgl. Schmid 1995: 308). Da auch die Dokumente nicht nach Kriterien der Repräsentativität gesammelt werden können, bietet es sich an, die Selektionskriterien teilweise den Interview-Partnern zu überlassen, um deren Selektion wiederum zum Gegenstand von Hypothesen zu machen. Außerdem gewinnt man auf diese Weise Material, mit dessen Hilfe Nachfragen in weiteren Interviews zielgenauer strukturiert werden können, und das ansonsten kaum zugänglich wäre.

Das gesamte Datenmaterial für die vorliegende Arbeit soll dazu genutzt werden, die wenig beachtete Qualität von Machtbeziehungen zwischen korporativen Akteuren in der Sozialpolitik auszuleuchten. Insbesondere nichtintendierte Wirkungen des Pflege-Gesetzes können über einen Vergleich von Interview-Ergebnissen und Dokumenten-Inhalten rekonstruiert werden. Inwiefern sich die Akteurs-Beziehungen auf den sozialpolitischen *output* und die Qualität von Leistungen auswirken, kann im Rahmen dieser Arbeit – und auch zu diesem frühen Zeitpunkt – kein Forschungsgegenstand sein.

Anders als beispielsweise der Bereich der Tarifbeziehungen ist das der Forschung zugängliche Material in anderen Segmenten *verhandelter Sozialpolitik* nur sehr spärlich. Auf der Ebene der Organisationen sind die Zugangsbarrieren ebenfalls weitaus höher als in der Gewerkschaftsforschung und benachbarten Gebieten der Verbändeforschung. Auch deshalb wird hier keine vollständige Dokumentation des Umsetzungsprozesses auf Landesebene angeboten, sondern werden in ausgewählten Handlungsdimensionen die Transformation des Verbändesystems in Ansätzen beschrieben, in analytische Kategorien eingeordnet und weiterführende Thesen entwickelt.

3. Theoretischer Argumentationsrahmen

3.1 Neokorporatistische Ansätze in der Verbändetheorie

Erst vor kurzem hat einer der Wegbereiter des Neokorporatismus-Theorems offiziell anerkannt, daß sich die Verflechtung von Wohlfahrtsverbänden und Staat durchaus als eine Variante des „sektoralen Korporatismus“ erfassen lasse (vgl. Lehmbruch 1996: 744). Den Ausgangspunkt der Debatte, wie private Interessenvereinigungen in staatliche Politik „inkorporiert“ werden, markierten jedoch analytische Aspekte, die auf ganz andere Akteure gemünzt waren, vornehmlich die Gewerkschaften.[6] Für die Politikwissenschaft bot diese Debatte die Möglichkeit, den klassischen Gegensatz von „Interesse und Gemeinwohl“ und mögliche Vermittlungsprozesse zwischen beidem empirisch genauer zu fassen.

Das zentrale politiktheoretische Argument des Neokorporatismus zielt darauf ab, daß organisierte Interessen über die Einbindung in die staatliche Sphäre und Beteiligung an der Politik-Implementation ein stärkeres Interesse am Einfluß auf solche Sphären entwickeln und damit eine konkurrierende

6 Innerhalb der Neokorporatismus-Debatte als Auseinandersetzung mit der Pluralismustheorie verläuft eine mehrfache Differenzierungslinie. In der Verwendung des Begriffs für die Beschreibung politischer Systeme und des Staat-Verbände-Verhältnis erscheint Neokorporatismus einerseits als eine Epochenbeschreibung (vgl. Schmitter 1979), andererseits als idealtypischer Begriff, mit dessen Hilfe der Grad an verbandlicher Einbindung in unterschiedlichen Politikfeldern und Arrangements analysiert werden soll (vgl. von Alemann/Heinze 1981: 55; Schmidt 1982; Lehmbruch 1983). Außerdem findet Neokorporatismus auch als normative Kategorie Verwendung, mit deren Hilfe aus demokratietheoretischer Sicht belegt werden soll, daß neokorporatistische Arrangements die Gemeinwohlorientierung von Interessenverbänden positiv beeinflussen und auch die Steuerungsmöglichkeiten des Staates verbessern (vgl. Streeck/Schmitter 1985; Voelzkow 1993). Solche normativen Argumentationsmuster kritisieren entsprechend die neoklassische, kritische Sicht auf den Einfluß von Verbänden (vgl. Voelzkow/Hilbert 1992). Hier anschließend lassen sich die normativ argumentierenden Ansätze noch einmal unterteilen: In das Lager, das vornehmlich den *output*, also die Steuerungsleistungen neokorporatistischer Arrangements für das politische System betont, und in das Lager, das sich in kritischer Absicht der Analyse des *input*, also der Beteiligungsbreite und dem Wertberücksichtigungspotential solcher Arrangements verschreibt (vgl. Scharpf 1970). Zu letzteren gehören sowohl neoklassische Ökonomen (vgl. Gäfgen 1988) als auch Vertreter einer kritischen politischen Soziologie (vgl. Heinze 1981; Offe 1984) sowie Kritiker aus der neomarxistischen Tradition (vgl. Bauer 1978, 1991). Eine letzte Differenzierungslinie verläuft schließlich zwischen den Disziplinen. Denn Neokorporatismus wird einerseits in der Politikwissenschaft als Analyse-Raster angewandt, um das Staat-Verbände-Verhältnis zu beschreiben, andererseits in der Organisationssoziologie und der soziologischen Steuerungstheorie eingesetzt, um binnenorganisatorische Voraussetzungen verpflichtungsfähiger Verbände zu untersuchen (vgl. Streeck 1981; Traxler/Vobruba 1987; Willke 1995).

„Einfluß-Logik“ neben der eigentlich prägenden „Mitglieder-Logik“ – der Interessenwahrnehmung – entsteht (vgl. Schmitter/Streeck 1981). Aus dieser Rückwirkung in die Binnenorganisation von Verbänden hinein ergibt sich erst die Möglichkeit, organisierte Interessen „gemeinwohlverträglicher“ zu machen, indem sie Teilziele staatlichen Handelns für ihr eigenes Handeln akzeptieren (vgl. Ronge 1992; Vobruba 1992).

Die Einflußlogik bestimmt den Bewegungsspielraum, den ein Verband bei Kompromissen mit dem Staat und anderen Akteuren hat. Je besser sich ein Verband gegen Forderungen aus der Mitgliedschaft abschirmen kann, desto beweglicher ist er in seinem Handeln, und desto leichter steuerbar wird er für den Staat. Er kann sich dadurch auch gemeinwohlorientierter geben und mehr Einfluß auf staatliche Akteure ausüben. Umgekehrt gilt: Je stärker ein Verband an die Einflußsphäre des Staates angeschlossen ist, desto größer ist seine Möglichkeit – die allerdings auch in ein Risiko umschlagen kann –, sich von Mitgliedsinteressen abzukoppeln.

Die Entfaltung der Einflußlogik setzt allerdings binnenorganisatorische Entkoppelungsmechanismen voraus, wie selektive Anreize über Service und Dienstleistungen (vgl. Olson 1992) oder eine stärkere Formalisierung der Mitgliedschaftsrolle (vgl. Streeck 1981). Solche Mechanismen erlauben, Zweck und Motiv tendenziell voneinander zu entkoppeln, was sowohl für Mitgliederverbände als auch für Arbeitsorganisationen erforderlich ist, um die interne Steuerungsfähigkeit zu vergrößern (vgl. Luhmann 1972, 1991).

Die Mitgliedschaftslogik muß jedoch weiter in einer Balance zur Einflußlogik bleiben, nicht nur, um den Bestand des Verbandes nicht langfristig zu gefährden. Vielmehr beruht auch das Interesse des Staates darauf, daß der Verband seine „Verpflichtungsfähigkeit“ behält: Er muß Kompromisse auch in der Mitgliedschaft vermitteln können (vgl. Streeck/Schmitter 1985). Diese Handlungslogiken demonstrieren, daß in neokorporatistischen Arrangements Interessen und Gegeninteressen durch eine spezifische Tauschlogik transformiert werden können und dadurch der Gegensatz zwischen „Mitgliederinteressen und Gemeinwohl“ zwar nicht aufgehoben, aber produktiv verbunden wird (vgl. von Alemann/Heinze 1981).

Die Bildung von inkorporierten Organisationen wurde historisch häufig auch von den potentiellen und faktischen Mitgliedern selbst vorangetrieben, um einer drohenden staatlichen Intervention zuvorzukommen und somit eigene Handlungsspielräume zu erhalten. Dieses Muster, die präventive Gründung kammerähnlicher Organisationen gegen Dirigismus, ist ein klassisches bei der Entstehung korporatistischer Politikstrukturen.[7]

---

7 Geradezu idealtypisch läßt sich diese Entwicklung an der Enstehung der Kassenärztlichen Vereinigung in Deutschland verfolgen. Um die angedrohte Verstaatlichung des Gesundheitswesens durch Reichskanzler Brüning abzuwenden, ließen sich die Ärzte auf die Gründung einer Vereinigung mit auferlegtem Streikverbot ein (vgl. Döhler/Manow-Borgwardt 1992: 580; Webber 1992).

Die starke Verflechtung zwischen Staat und Verbänden in der Wohlfahrtspflege und die institutionell verankerten Repräsentationsmonopole haben das Theorem des Neokorporatismus auch in diesem Sektor populär gemacht (vgl. Backhaus-Maul/Olk 1994; Heinze/Olk 1981, 1984b; Thränhardt 1981, 1984). Dabei sind analytische Elemente und eine normativ orientierte Kritik an der Zurichtung von Klienteninteressen meist kombiniert.

Historisch betrachtet entstand der Wohlfahrtskorporatismus aus dem „Angst-Impuls“: Die Wohlfahrtsorganisationen fürchteten in der Weimarer Republik die Sozialisierung und Kommunalisierung der Armenfürsorge. Durch eine Strategie der Zentralisierung und Konzentration wollten sie ihrer Entmachtung zuvorkommen (vgl. Neumann 1989: FN 12). Unter der Federführung des Reichsarbeitsministeriums wurde 1924 das Subsidiaritätsprinzip in der Reichsfürsorge und Jugendwohlfahrt festgeschrieben.

Die Beamten nutzten die Finanzknappheit der Kommunen aus, um die Verbandlichung der Wohlfahrtspflege gegen den Willen der Städte und Gemeinden durchzusetzen. Aufschlußreich ist dabei, daß die Implementation des Subsidiaritätsprinzips von Beamten vorangetrieben wurde, die mehrheitlich dem katholischen Zentrum angehörten oder nahestanden (vgl. Tennstedt 1992). Gleichzeitig entstand so die spezifische Struktur des deutschen Wohlfahrtsstaates:

> „Faktisch entwickelte sich die Organisation der Freien Wohlfahrtspflege in Weimar als verbandliches Pendant zum Ausbau eines zentralisierten Wohlfahrtsstaates“ (ebenda: 352).

Exkurs: Strukturen und weltanschauliche Wurzeln der Wohlfahrtsverbände

In einer neokorporatistischen Perspektive stehen politische Funktionen und Logiken der Wohlfahrtsverbände als Spitzenverbände im Vordergrund, nicht ihre institutionellen und organisatorischen Besonderheiten als Produzenten sozialer Dienstleistungen. Bis heute prägen fünf frei-gemeinnützige Wohlfahrtsverbände den Sektor der sozialen Dienste, insbesondere auch den Bereich der Altenhilfe: der Deutsche Caritasverband (DCV), das Diakonische Werk (DW), die Arbeiterwohlfahrt (AWO), das Deutsche Rote Kreuz (DRK), der Deutsche Paritätische Wohlfahrtsverband (DPWV) und die Zentrale Wohlfahrtsstelle der Juden in Deutschland (ZWSt). Ihre wichtigsten Aufgabenfelder sind:

- Gesundheitshilfe (überwiegend Krankenhäuser),
- Jugendhilfe,
- Familienhilfe,
- Altenhilfe,

- Behindertenhilfe,
- Beratung und Betreuung von sozialen Problemgruppen (Wohnungslose, Drogensüchtige u.a.),
- Aus-, Fort- und Weiterbildung,
- sozialpolitische Lobby- und Öffentlichkeitsarbeit.

Organisationen wie die Wohlfahrtsverbände tragen im Meinungsbild der Bevölkerung dort die Hauptverantwortung, wo personenbezogene soziale Dienstleistungen im Vordergrund stehen, insbesondere bei der Betreuung und Pflege alter und hilfsbedürftiger Menschen (vgl. INFAS 1993). Tatsächlich haben die frei-gemeinnützigen Träger mit ihrem Leistungsspektrum auf diesem Gebiet enorm expandiert. Wohlfahrtsverbände als Träger sind in fast allen Feldern der sozialen Dienste zu finden, von der Drogen- und Familienberatung bis hin zu Pflegeheimen und Krankenhäusern. Konzentriert man sich auf die wichtigsten und größten Sektoren, so ergeben sich im Bundesdurchschnitt folgende Anteile der Wohlfahrtsverbände an einzelnen Einrichtungen:

Abbildung 1: *Wohlfahrtsverbände als Träger, prozentuale Angaben*

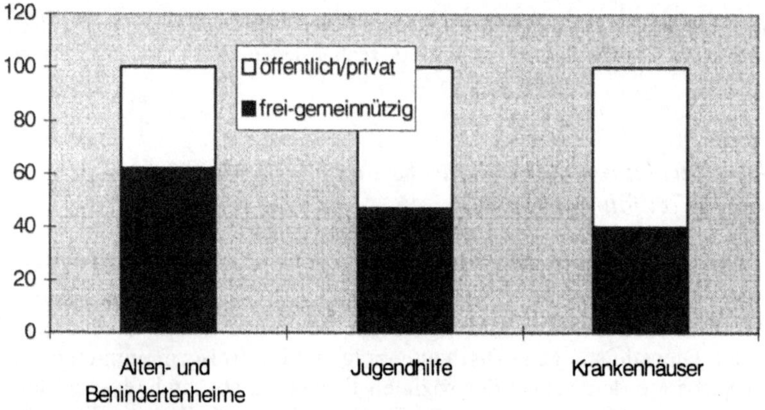

Quelle: BAGFW 1997: 8

Jeder Verband ist in der Rechtsform des gemeinnützigen, eingetragenen Vereins organisiert, mit einem ehrenamtlichen Vorstand als Lenkungsorgan. Im internationalen Vergleich ragen politische Stellung, rechtliche Absicherung und ökonomisches Fundament der Verbände in Deutschland heraus (vgl. Schmid 1996). Insbesondere die Zahl der Beschäftigten ist beeindruckend: Mit über 1,1 Mio. Beschäftigten im Jahr 1996 rangieren die Verbände als

Arbeitgeber vor Branchen wie Textil, Gastronomie oder dem Bergbau (siehe folgende Abbildung).

Abbildung 2: *Entwicklung der Beschäftigten bei Wohlfahrtsverbänden 1970-1996*

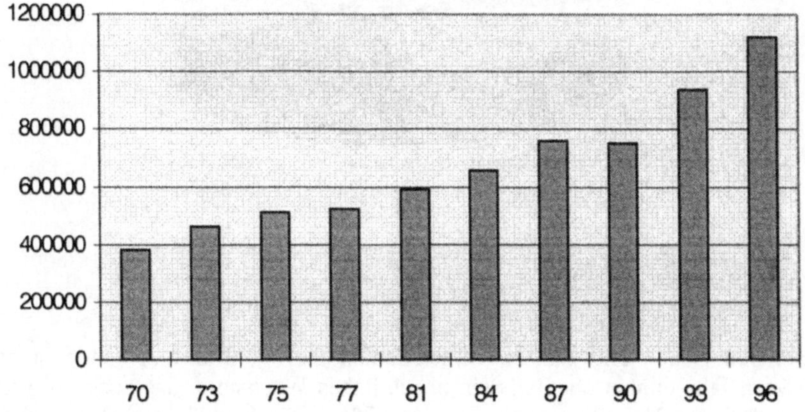

Quelle: BAGFW 1997: 11

Die Wiedervereinigung mit dem großflächigen Neuaufbau von Wohlfahrtsverbänden in den Neuen Bundesländern – im Einigungsvertrag rechtlich sanktioniert – hat die Beschäftigtenzahlen noch einmal nach oben gedrückt, wobei hier nicht nach Teilzeit- und Vollzeitstellen differenziert wird. Der Großteil der Beschäftigten arbeitet in Krankenhäusern, der Jugenhilfe und in der Altenhilfe (siehe folgende Abbildung).

Abbildung 3: *Beschäftigtenstruktur der Wohlfahrtsverbände, Stand 1996*

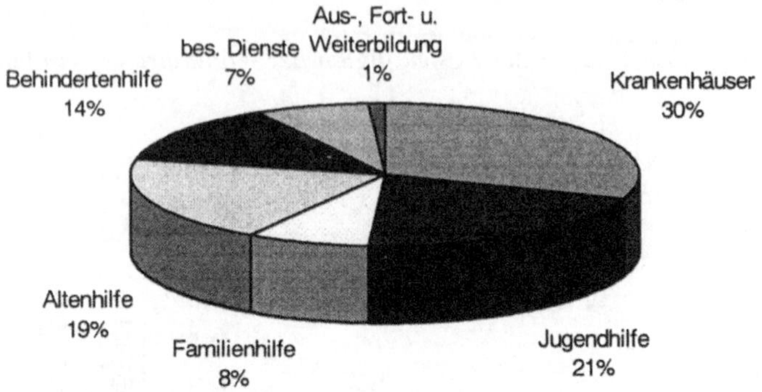

Quelle: BAGFW 1997: 10

Bei den Betten und Plätzen verzeichneten die Wohlfahrtsverbände in den letzten Jahrzehnten ebenfalls ein beachtliches Wachstum, das auch mit sozialrechtlichen Novellierungen zusammenhängt, die hier nicht nachgezeichnet werden können (siehe folgende Abbildung).

Abbildung 4: *Betten/Plätze der Wohlfahrtsverbände 1970-1996*

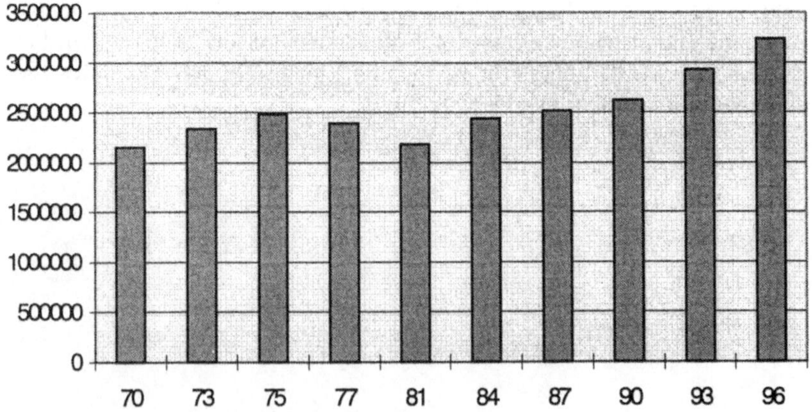

Quelle: BAGFW 1997: 11

Begrifflich und organisatorisch muß man zwischen Spitzenverbänden und Trägern differenzieren. Spitzenverbände auf Bundes- und Landesebene nehmen in erster Linie verbandspolitische Aufgaben wahr und halten nicht selbst soziale Dienstleistungen vor. Die örtlichen Wohlfahrtsverbände hingegen, selber rechtlich selbständige, korporative Mitglieder in den übergeordneten Spitzenverbänden, betreiben zwar auch Verbandspolitik, sind aber zugleich Träger von Einrichtungen und Diensten. Daneben existieren auch reine Trägerorganisationen, die rechtlich selbständige Mitglieder in einem Spitzenverband sind.

Auch in der Form der Mitgliedschaft unterscheiden sich Wohlfahrtsverbände von klassischen freiwilligen Vereinigungen. Als Spitzenverbände sind sie einerseits Interessenvereinigungen korporativer Akteure, nämlich der örtlichen Wohlfahrtsverbände. Die örtlichen Verbände wiederum versammeln in erster Linie Träger von sozialen Diensten als korporative Mitglieder. In beinahe allen Wohlfahrtsverbänden existieren auch individuelle Mitgliedschaften; sie dienen aber in erster Linie der Gewinnung von Helfern und begründen keine besondere Qualität der Interessenvereinigung einzelner Mitglieder im Vergleich zur Wahrnehmung von Interessen korporativer Akteure. Ausgehend von der Trägerebene auf der lokalen Ebene schlägt die Doppel-Logik der Wohlfahrtsverbände, Dienstleistungs-Anbieter und politische Organisation zu sein, auch auf die übergeordneten Spitzenverbände durch. Denn diese Ebene versteht sich als „Dachverband" der trägerdominierten lokalen Verbände, also als „Verband der Verbände". In dieser Eigenschaft steuern die Spitzenverbände einen Teil der Rahmenbedingungen für die Dienstleistungsarbeit auf Trägerebene.

Auch bei den Wohlfahrtsverbänden greift das Olsonsche Theorem der gesteigerten Organisationsfähigkeit durch selektive Anreize nur bedingt. Zum einen ist der „öffentliche Status" (Offe 1981) der Verbände so stark institutionalisiert, daß alle relevanten Träger sozialer Dienste bereits Mitglied in einem Verband sind. Das politische System hat die üblicherweise organisationsinternen Anreizstrukturen größtenteils adaptiert und institutionell abgesichert, so daß daraus eine feste staatliche „Organisationshilfe" resultiert. Am deutlichsten wird dieser Mechanismus in der Zuweisung staatlicher Fördergelder – etwa aus den Landeslotterien – ausschließlich an die Spitzenverbände der Wohlfahrtspflege (vgl. Thamm 1995). Diese Organisationshilfe vermittelt den Verbänden einen sehr hohen Organisationsgrad, weil die Träger nur über die Mitgliedschaft in einem Spitzenverband an zusätzliche Ressourcen kommen. Die verbandsinterne Kohäsion wird noch verstärkt – insbesondere in den konfessionellen Wohlfahrtsverbänden – durch die weiterhin starke normative Absicherung der Verbandsbasis über weltanschauliche Prinzipien, die etwaige Dissidenten unter starken Rechtfertigungsdruck innerhalb der „Dienstgemeinschaft" der Träger setzt. Allerdings zeichnet sich bei dieser engen Koppelung von „Zweck und Motiv" (Luhmann 1991: 130) bereits ein Strukturwandel ab (vgl. Heinze/Schmid/Strünck 1997). Den korporativen Mitgliedern steht dennoch in der Regel keine echte „Exit-Option" (Hirschman 1974) zur Verfügung, weil die Abwanderung eben mit erheblichen Finanzeinbußen und nicht zuletzt mit Status-Verlusten und Informations-Sperren verbunden wäre. „Voice" als Alternativ-Option des Widerspruchs ist organisationsintern allerdings nur dann eine wirksame Sanktion, wenn „Exit" als realistische ultima ratio zur Verfügung steht. Somit ist die Stellung der korporativen Mitglieder relativ schwach, die Stellung der lokalen Verbände und Spitzenverbände auf Landes- und Bundesebene hingegen relativ stark.

Zum anderen entsprechen die Wohlfahrtsverbände in ihrer Entwicklung „vom Verein zum Verband" (Wegener 1978) mit der Ausbildung großer Trägereinheiten in der Alten-, Jugend- und Behindertenhilfe sowie im Gesundheitswesen nicht einer klassischen freiwilligen Vereinigung, die den Dienstleistungssektor in erster Linie als selektiven Anreiz zur Gewinnung neuer Mitglieder und zur Konsolidierung des Mitgliederstammes entwickelt. Selektive Anreize finden sich zwar auch in Wohlfahrtsverbänden, und zwar als Beratung und Lobbying des Dachverbandes für die Träger. Sie sind jedoch nicht von einer so großen organisationsexistentiellen Bedeutung wie etwa die Rechtsberatung für die Gewerkschaften, bedenkt man die Überlegungen zu Abwanderung und Widerspruch. Dagegen formen die sozialen Dienstleistungen und ihre Träger mittlerweile die zentrale ökonomische Basis der Wohlfahrtsverbände; diese *konstitutiven* Dienstleistungen stellen die *selektiven* Dienstleistungen der Dachverbände weit in den Schatten.

Ihre starke rechtliche und politische Position verdanken die Verbände dem Subsidiaritätsprinzip, das formalrechtlich im Bundessozialhilfegesetz von 1961 verankert ist. In der bundesdeutschen Sozialpolitik hat das Subsidiaritätsprinzip eine zweifache Bedeutung: Es deklariert zum einen die Nachrangigkeit der Sozialhilfe, die erst dann eingreifen soll, wenn andere Sicherungssysteme und das eigene Vermögen nicht mehr die Existenz sichern können (§ 2 BSHG). Und es wies bis zur letzten Sozialhilfereform der Freien Wohlfahrtspflege als nachgeordnetem Träger eine privilegierte Stellung im Bereich der sozialen Dienste zu (§ 93 BSHG).

Das Subsidiaritätsprinzip regelt in erster Linie das Verhältnis von freigemeinnützigen und öffentlichen Trägern sozialer Dienste. Danach haben die Wohlfahrtsverbände einen bedingten Vorrang gegenüber den öffentlichen Einrichtungen. Zugleich trifft die öffentlichen Träger eine grundsätzliche Förderverpflichtung. Die Kommunen können Pflichtaufgaben des BSHG und KJHG an frei-gemeinnützige Träger delegieren, was sie in vielen Bereichen auch getan haben.

In der Praxis bedeutet das Subsidiaritätsprinzip (bislang) sogar, daß die öffentlichen Träger davon absehen müssen, eigene Einrichtungen zu etablieren, wenn geeignete Angebote der Wohlfahrtsverbände vorhanden sind. Das

Subsidiaritätsprinzip sichert somit die Vorrangstellung der Wohlfahrtsverbände in einem weiten Bereich der sozialen Dienste, wobei die Letztverantwortung beim Staat bleibt (§ 93 BSHG). Das wurde 1967 vom Bundesverfassungsgericht bestätigt (vgl. Heinze/Olk 1984: 173).

Weltanschaulich gehen die Verbände (noch) getrennte Wege, was sich auch im Selbstverständnis ihrer Angebote, etwa in der Familien- oder Drogenhilfe, und damit in einer begrenzten echten Wahlfreiheit für die Klienten niederschlägt. Auf der Ebene der Kommunen, der Bundesländer und des Bundes sitzen die Wohlfahrtsverbände jedoch in lokalen Arbeitsgemeinschaften, in denen sie teilweise gemeinsame Interessenpolitik konzipieren. Obgleich der Trend zur Ökonomisierung der sozialen Arbeit auch die Erscheinungsbilder der Wohlfahrtsverbände stärker vereinheitlicht, lassen sie sich in ihrem normativen und inhaltlichen Profil noch deutlich unterscheiden, was im internationalen Vergleich in dieser Auffächerung ohne Beispiel ist.

Das Diakonische Werk der Evangelischen Kirche ist aus der Synthese zweier Vorläufer-Organisationen enstanden. Im 19. Jahrhundert gründete sich die „Innere Mission“ unter der Führung von Johann Hinrich Wichern: Ihr Ziel war die Missionierung und Mobilisierung des Laienengagements und die gleichzeitige Erneuerung der evangelischen Kirche. Es war kein gesellschaftliches Konzept, sondern das Modell einer inneren Resozialisierung, die Wichern vertrat. Für die äußere Not sollten Staat und kommunale Armenverbände zuständig sein (vgl. Olk/Heinze 1981: 247).

Aus der Existenzangst der Kirche in der 48er Revolution schmiedete Wichern eine formal organisierte und strukturierte Innere Mission. Verpflegungsstationen, Rettungshäuser für Kinder und Diakonissinnenheime waren ihre Arbeitsfelder. Nach dem Zweiten Weltkrieg enstand als humanitäre, nicht missionarische Organisation das „Hilfswerk der Evangelischen Kirche Deutschlands“. Sie engagierte sich beim Wiederaufbau, aber auch bei internationalen Hilfseinsätzen. Um Spannungen und Überschneidungen zu vermeiden, wurden 1957 beide Organisationen auf eine Fusion vorbereitet, die erst 1976 mit der Bildung des „Diakonischen Werks der Evangelischen Kirche in Deutschland“ trotz zahlreicher Konflikte abgeschlossen wurde (vgl. Degen 1975). Die Wohlfahrtstätigkeit des DW stellt im kirchlichen Verständnis eine elementare Form dar, die im Protestantismus verankerte Umweltbezogenheit religiösen Handelns in der Praxis umzusetzen. Darauf baut auch die Programmatik des DW auf.

Das Diakonische Werk ist nach zwei Prinzipien aufgebaut, dem Regional- und dem Fachprinzip. In der regionalen Gliederungsebene finden sich die Werke der entsprechenden Landeskirchen, in der fachlichen Gliederungsebene die bundesweit zuständigen Fachverbände. Durch den Doppelcharakter als Teil der Kirche und Trägerverband gibt es unterschiedliche Motivationsstrukturen der Mitarbeiter, was zu Spannungen im Innenverhältnis führt (vgl. Merchel 1989: 118).

Als der katholische Caritasverband im Jahre 1897 gegründet wurde, war sechs Jahre zuvor die Enzyklika „Rerum novarum" veröffentlicht worden, die vor allem dem Sozialismus eine gebündelte katholische Soziallehre entgegensetzen sollte. Zudem war die „staatstragende" evangelische Kirche im Fürsorgebereich bereits gut organisiert; daher schlossen sich die zahlreichen katholischen Einrichtungen zum Caritasverband zusammen, um nicht dauerhaft geschwächt zu werden. 1916 wurde die Mobilisierungskraft und Legitimation durch die bischöfliche Anerkennung bedeutend gestärkt, gleichzeitig aber auch der kirchliche Einfluß erweitert (vgl. Wollasch 1972).

Ideologische Basis des Caritasverbandes ist die „tätige Liebe" der Laien, die in dieser Form dem Auftrag des Apostolats nachkommen. Zwar betont der DCV die Verantwortung der Laien in der Sozialarbeit, doch bei den Leitungsfunktionen dominiert die Amtskirche. Die Bischöfe üben satzungsgemäß eine „Aufsichtsfunktion" aus (vgl. Bauer 1978: 203). Ähnlich wie das Diakonische Werk ist auch der Caritasverband fachlich und regional gegliedert. Der DCV kennt auch korporative Mitgliedschaften; Einrichtungen, die sich bei ihm eingliedern, müssen auf einen Teil ihrer Autonomie verzichten. Dennoch sind sie nicht immer ohne Konflikte steuerbar.

Die Arbeiterwohlfahrt wurde zu Beginn der Weimarer Republik, im Jahre 1919, als eine Unterabteilung der Sozialdemokratischen Partei gegründet. Die SPD stand der Freien Wohlfahrtspflege grundsätzlich ablehnend gegenüber und setzte sich für eine Kommunalisierung bzw. Verstaatlichung der sozialen Dienste ein. Diese Haltung vertrat die Partei im übrigen auch bei den Auseinandersetzungen um das Bundessozialhilfegesetz in der Bundesrepublik (vgl. Bartholomäi 1977). Mit der Gründung der AWO wollte die SPD sich einerseits einen eigenen Einflußkanal zur Beeinflussung der staatlichen Wohlfahrtspflege schaffen und andererseits ein Gegengewicht zur „bürgerlichen" Wohlfahrtspflege bilden (vgl. Merchel 1989: 101). Die verbandskritische Haltung kam auch darin zum Ausdruck, daß sich die AWO anfangs nicht der Liga der freien Wohlfahrtspflege anschloß (vgl. Tennstedt 1992: 350). Erst mit ihrer Wiedergründung 1946 wurde die Arbeiterwohlfahrt formell unabhängig von der Partei. Sie stützt sich seither auf die Prinzipien des „demokratischen Sozialismus", das nach wie vor prägende Programm der SPD. Dadurch trägt die AWO auch stärker als die anderen Verbände den Charakter eines gesellschaftspolitisch orientierten Verbandes. Sie lehnt auch als einziger Verband das Subsidiaritätsprinzip in ihrem Programm ab, in dem sie den Vorrang der kommunalen und staatlichen Verantwortung für die sozialen Dienste und Hilfen reklamiert (vgl. Flierl 1992: 197). Trotz formeller Unabhängigkeit ist die AWO in ihrem organisatorischen Aufbau auf die Abgrenzungen der SPD-Bezirke abgestimmt und personell stark mit der Partei verflochten. Auch die AWO kennt korporative Mitgliedschaften, vor allem aus den Bereichen Behindertenarbeit und soziale Arbeit mit Kindern (vgl. Niedrig u.a. 1985: 59).

Das Deutsche Rote Kreuz hat sich 1921 als ein Verband mit nationalen und internationalen humanitären Aufgaben gegründet, der einen völkerrechtlichen Sonderstatus genießt. Seine Ursprungsaufgabe liegt in der Versorgung verwundeter Soldaten; in der Bundesrepublik folgt aus der Anerkennung durch die Bundesregierung, daß das DRK am Sanitätsdienst der Bundeswehr mitwirkt (vgl. Bauer 1978: 287). Bis heute hat es sich seine duale Struktur als „nationale Hilfsgesellschaft" einerseits und Wohlfahrtsverband andererseits erhalten. Charakteristisch ist der Schwerpunkt im Bereich medizinischer Hilfeleistungen. Darunter sind viele Dienste, die an der Grenze zur Kommerzialität arbeiten bzw. diese Grenze schon überschritten haben. Das gilt insbesondere für den Blutspendedienst (vgl. Wirtschaftswoche vom 12. 11. 93).

Durch seine Aufgaben als „nationale Hilfsgesellschaft" gerät das DRK nicht nur aus traditionellen, sondern auch aus institutionellen Gründen in die Nähe staatlicher Institutionen. Von allen Wohlfahrtsverbänden steht das DRK den Kernaufgaben des Staates, die es unterstützt, am nächsten. Kritiker bezeichnen es sogar als „halbstaatlichen Sozialverwaltungsverein" (Müller-Werthmann 1984: 35). Ideologisch ist das DRK aufgrund seiner Entstehungsgeschichte vom Konservatismus geprägt.

Durch die Trägerschaft medizinischer Dienste und Sanitätseinrichtungen mit ihren relativ hohen Anforderungen an Logistik und Verwaltung hat sich das DRK schon früh zu einer Großbürokratie entwickelt. Lange bevor die Sozialwissenschaft die Wohlfahrtsverbände als Thema entdeckte, hatte Schelsky hieran bereits die Spannung zwischen Organisiertheit und freiwilligem Engagement aufgezeigt (Schelsky 1964).

Die Zentrale Wohlfahrtsstelle der Juden ist im Vergleich zu den anderen Verbänden eine Kleinstorganisation. Aus dem Erlebnis des Holocaust und der gemeinsam prägenden Diaspora entwickelte sich eine spezifische Art jüdischer Sozialarbeit, die auch als „identifikatorische Sozialarbeit" (Landwehr 1985: 56) bezeichnet wird. Als Verband ist die ZWSt mit ihren potentiellen Klienten von ca. 26 000 in Deutschland lebenden Juden nur von marginaler Bedeutung. 1951 wurde sie gegründet, um den entwurzelten Opfern des Holocaust Hilfen anbieten zu können. Noch heute ist das ein in der Altenarbeit tragender Aspekt. Sozialarbeiterische Schwerpunkte sind die Altenhilfe und die Jugendarbeit. Beides wird dabei mit der Traditionspflege verknüpft. Dieser kleinste Wohlfahrtsverband hat daher auch eine ebenso wichtige kulturelle Dimension, die aus dem engen sozialpflegerischen Rahmen ausbricht.

Der Paritätische Wohlfahrtsverband wurde 1920 auf Betreiben von Krankenanstalten gegründet, die unabhängig und noch keinem Wohlfahrtsverband angeschlossen waren. Im keimenden Korporatismus der Weimarer Republik war es jedoch sinnvoll, auch bei divergierenden und uneinheitlichen Weltanschauungen als gemeinsamer Verband gegenüber öffentlichen Stellen auftreten zu können (vgl. Tennstedt 1992). Von Anfang an war die normative Basis des DPWV eine konstruierte Ideologie, die sich aus Zweckmäßigkeit an der Leitlinie der Toleranz und der Parität festmachen ließ (vgl. Merchel 1989). Seine im Vergleich zu den anderen Verbänden schwache weltanschauliche Basis hat sich auch auf die Organisationsstrukturen niedergeschlagen. Der DPWV ist ein Dachverband, dessen Mitgliedsorganisationen rechtlich selbständig sind und von ihrem Wohlfahrtsverband primär Dienstleistungen beziehen. Der DPWV ist im Regelfall selbst kein Träger von Sozialarbeit, sondern nur eine Koordinationsstelle.

In den 80er und 90er Jahren entwickelte der DPWV sein spezifisches Profil durch die Teilintegration der meist verbandskritischen Selbsthilfebewegung (vgl. Bremen 1987). Der Staat und die Kommunen setzten den Verband dabei auch bewußt als Steuerungsinstanz ein. Im Vergleich zum labilen Gefüge des DPWV hatten die programmatisch stärker konturierten Wohlfahrtsverbände lange Zeit Probleme, ein konstruktives Verhältnis zu Selbsthilfegruppen zu gewinnen (vgl. die Beiträge in Boll/Olk 1987).

An der Übertragung des Neokorporatismus-Konzeptes auf den Sozialsektor ist mehrfach Kritik geübt worden (siehe auch FN 8). Von Beyme hält alle Korporatismus-Modelle, in denen nicht ein konfliktorisches Grundmuster die staatliche Vermittlung provoziert, im Grunde für Attrappen. Er will den Begriff nur auf die Konfliktregulierung angewandt wissen (vgl. von Beyme 1991: 134). Fehlende Interessendivergenz und die Dominanz der Dienstleistungsfunktion wecken in der Tat Zweifel an der Übertragung des Neokorporatismus-Konzepts. Das Verhältnis der Wohlfahrtsverbände untereinander wie auch zum Staat ist durch Ressourcen-Konkurrenz, aber Politik-Kooperation geprägt (vgl. Backhaus-Maul/Olk 1994: 111). Die Einwände lauten gebündelt:

- Die Wohlfahrtsverbände seien primär Dienstleister, keine Interessenorganisationen.
- Die Spitzenverbände seien zwar zentralisiert, die eigentliche Handlungsebene der Verbände liege jedoch in den Kommunen.
- Es fehle ein organisiertes Gegeninteresse, das eine korporatistische Transformation notwendig machen würde. Staat und Verbände seien im Prinzip interessenkonform. Daher bedürfe es weder einer starken Verpflichtungsfähigkeit der Verbände, noch einer korporatistischen Tauschlogik.
- Das normative Argument, eine korporatistische Arbeitsteilung sei effizienter, werde durch den internationalen Vergleich widerlegt und komme einem funktionalistischen Fehlschluß nahe. Auch die Mobilisierung ehrenamtlicher Arbeit entlaste die öffentlichen Haushalte nicht überdurchschnittlich.

Dabei wird übersehen, daß die Protagonisten des Neokorporatismus schon zu Beginn der 80er Jahre selbst auf diesen Punkt und die Dienstleistungsorientierung hingewiesen und den Korporatismus der Wohlfahrtsverbände auf die Verflechtung exklusiver Verbände mit Entscheidungsinstanzen des Staates bezogen haben (vgl. Heinze/Olk 1984b: 177f.; Thränhardt u.a. 1986). Auch die geringere Bedeutung der korporatistischen Kategorie „Verpflichtungsfähigkeit" wurde von ihnen unterstrichen (vgl. Thränhardt u.a. 1986: 26). Im Vergleich zu einkommenspolitischen Tripartismus-Politiken ordneten sie den Wohlfahrtskorporatismus einem eher „sektoralen" Neokorporatismus zu (vgl. Heinze/Olk 1984b: 177; zum Begriff: Lehmbruch 1996).

Allerdings muß auch der Stellenwert des Begriffspaares von Mitgliedschafts- und Einflußlogik für die Analyse des „Wohlfahrtskorporatismus" anders beurteilt werden. Denn als Verbände, die weniger individuelle als vielmehr korporative Mitglieder organisieren, die praktisch über keine exit-Option und damit nur eingeschränkt über eine Voice-Option verfügen (siehe Kap. 4.4.2), weichen die Wohlfahrtsverbände stark vom Typus des freiwilligen Mitgliederverbandes ab. Die Tauschlogik – sofern man hier von einer solchen sprechen kann (vgl. FN 8) – zwischen Staat und Wohlfahrtsverbänden bezieht sich insofern mehr auf den Einfluß, den die Verbände auf ihre Umwelt und innerhalb ihrer Umwelt haben, als auf die „Zurichtung" der Mitgliedschaft.

Die für die Bundesrepublik typische Einbindung der Spitzenverbände der freien Wohlfahrtspflege in die Politik-Implementation und die damit verbundene Bürokratisierung und Zentralisierung der Verbände wurde und wird trotz theoretischer Einwände als „neokorporatives Verflechtungssystem" interpretiert (vgl. Heinze/Olk 1981, 1984a,b). Kennzeichen dieses Systems sind vor allem folgende:

- Das historisch gewachsene und im BSHG verankerte Subsidiariätsprinzip und die dort festgeschriebene Vorrangstellung der Wohlfahrtsverbände bei der Leistungserbringung sichern den Organisationen ihre Domänen (vgl. Hegner 1992).
- Die Spitzenverbände auf Bundes- und Landesebene werden in die Politikformulierung und -implementierung miteinbezogen. Auch auf kommunaler Ebene sind die Verbände durch Sitze in einzelnen Ausschüssen an der Sozialplanung beteiligt. Historisch betrachtet gab es in Deutschland seit der Weimarer Republik immer starke Verschränkungen zwischen Staat und Wohlfahrtspflege auf lokaler Ebene (vgl. Thränhardt 1984).
- Die Finanzierung der Leistungen erfolgt über administrierte Preise und Verhandlungen zwischen Staat und Verbänden. Zugleich gilt für die Lohnstruktur das Besserstellungsverbot, wonach sich die Personalwirtschaft in Wohlfahrtsverbänden de facto am öffentlichen Dienst orientiert (vgl. Neumann 1993: 388). Dadurch haben sich die Verbände in ihrer Organisationsstruktur der staatlichen Administration angepaßt (vgl. Brauns 1994).

- Die Wohlfahrtsverbände werden direkt und indirekt mit öffentlichen Geldern ko-finanziert, wobei Leistungsentgelte aus der Sozialhilfe und den Sozialversicherungen nicht als Subventionen gelten (vgl. Spiegelhalter 1990). Die Relation von Eigenmitteln zu öffentlichen Fördermitteln und Leistungsentgelten hat sich mit dem Größenwachstum der Verbände stark zugunsten der öffentlichen Gelder verändert (vgl. Thamm 1995).

In diesem System werden die Ressourcen-Konkurrenz zwischen den Verbänden und ihre Autonomie partiell aufgehoben, und sie formulieren und implementieren Sozialpolitik gemeinsam mit dem Staat.[8] Dementsprechend liegt es im Interesse des Staates, die „Entwicklung von Versorgungsstrukturen im Fürsorgebereich sowie eine „Neutralisierung ‚spontaneistischer' Elemente der privaten Wohlfahrtspflege" (Heinze/Olk 1981: 103) zu sichern; nichtorganisierte Interessen und Initiativen bleiben damit außen vor.

Im Gegenzug für diese Entlastungs- und Steuerungsleistungen akzeptiert er eine umfangreiche Subventionierung und die Gewährung eines „Vertretungsmonopols" für die Spitzenverbände, die auf dem „Prinzip formaler Zuständigkeitsverteilung" (Sachße/Tennstedt 1988: 172) basieren. Diese Kooperationsform bzw. dieser „sektorale Korporatismus" prägt das System sozialer Dienstleistungen in der Bundesrepublik auch noch bis zum Beginn der 90er Jahre.[9] Die normative Stütze für diese Verflechtung bildet das Subsidia-

---

8 Zur These des Wohlfahrtskorporatismus vgl. auch Merchel 1989; bezogen auf die lokale Ebene siehe v.a. Thränhardt 1981 und Heinze 1985. Kritik an der Übertragung der Korporatismusthese üben Schmid 1987, Bauer 1991 und Baier 1988 sowie aus sozialrechtlicher Sicht Neumann 1993. Trotz berechtigter theoretischer Einwände sprechen die starken staatlichen Organisationshilfen und die Einbindung der Verbände in sozialpolitische Programme dafür, daß von den zur Verfügung stehenden idealtypischen Verbändeschemata der Neokorporatismus das „System der Wohlfahrtsverbände" weiterhin am besten beschreibt. Auch können die realen Organisationsformen analytisch am besten als „Abweichungen" vom Idealtypus des Wohlfahrtskorporatismus erklärt werden. Die von *Neumann* (1993: 426ff.) betriebene Gegenüberstellung von „kooperativem Sozialstaat" und „Neokorporatismus" ist außerdem aus sozialwissenschaftlicher Sicht wenig überzeugend. Denn die *Merkmale* des staatsrechtlich gefaßten kooperativen Sozialstaats sind zugleich wesentliche *Funktionen* eines neokorporatistischen Verbändesystems. Im übrigen wird der Staat auch in der sozialwissenschaftlichen Neokorporatismus-Debatte keineswegs so holistisch betrachtet, wie *Neumann* unterstellt. Zudem werden bestimmte Elemente der Wohlfahrtskorporatismus-These – wie die bürokratische Angleichung – überschätzt, während andere – wie die Abriegelung gegen konkurrierende Interessen – unterschätzt werden. Außerdem führt *Neumann* in seinen empirischen Kapiteln selbst reihenweise typische Erscheinungsformen neokorporatistischer Arrangements vor, wie „Veröffentlichrechtlichung" oder „halbstaatliche Machtträger". Abgesehen davon wiederholt *Neumann* alle wesentlichen Kritikpunkte von *Schmid* (1987), ohne auf ihn zu verweisen. Die Kritik von *Bauer* (1991) an der Filterung von Interessen durch die Wohlfahrtsverbände fügt sich letztlich – trotz der Kritik am neokorporatistischen Analyse-Schema – selbst in die Reihe kritischer, input-orientierter Korporatismus-Ansätze ein.

9 An dieser Stelle soll keine ausführliche Beschreibung der historischen Entwicklungen er-

ritätsprinzip, das ursprünglich auf eine relative Autonomie von nichtstaatlichen Institutionen und Organisationen abhebt. Formalrechtlich als Vorrangstellung der „freien Träger der Wohlfahrtspflege“ im Bundessozialhilfegesetz von 1962 kodifiziert, ist jedoch auf diesem Sockel eine starke Verflechtung zwischen Staat und Verbänden in der deutschen Sozialpolitik gewachsen.[10]

Es stellt sich allerdings die Frage, ob der momentane Wandel der Sozialpolitik nicht eine „Wendemarke“ in den Beziehungen zwischen Staat und Wohlfahrtsverbände signalisiert. Anzeichen einer „Pluralisierung der Trägerlandschaft“ werden jedenfalls registriert (vgl. Backhaus-Maul/Olk 1994, 1996). Formal schleifen die Gleichstellung privat-gewerblicher und freigemeinnütziger Anbieter im Pflegeversicherungsgesetz und die Novellierungen im Bundessozialhilfegesetz (BSHG) und Kinder- und Jugendhilfegesetz (KJHG) tatsächlich die Vorrangstellung der Wohlfahrtsverbände. Allerdings muß von Politikfeld zu Politikfeld analysiert werden, ob sich diese Entwicklung als Pluralisierung von Verbandsstrukturen oder als ein Strukturwandel des Wohlfahrtskorporatismus fassen läßt. Nicht nur die Implementation der Pflegeversicherung als neues Regelwerk, sondern auch die zunehmende Bedeutung privat-gewerblicher Anbieter und ihrer Verbände in diesem Feld verändern die bisherigen Rahmenbedingungen für neokorporatistische Politikstrukturen. Die vorliegende Arbeit soll daher für den Bereich der Pflegeversicherung auch dazu einige Thesen entwickeln.

3.2 Neo-institutionalistische Perspektiven

Für *Durkheim* (1984) war die Soziologie die „Wissenschaft von den Institutionen“; der Begriff der „Institution“ hat in der weiteren Entwicklung wichtige soziologische Kernkonzepte ans sich gebunden: Normen, Rolle oder auch formale Organisation.[11] Seither ist der Begriff als solcher Anlaß für dauernde Klärungsversuche. Es kann hier jedoch nicht der Ort sein, begriffliche

folgen; hierzu geben die Beiträge von Sachße (1995) und Tennstedt (1992) sowie die informativen Forschungsüberblicke von Wollasch (1993) und Kaiser (1993) bzw. die Bibliographie von Frie (1994) Auskunft.

10 Zum vielschichtigen Subsidiaritätsprinzip vgl. Heinze 1986, Münder/Kreft 1990 und Sachße 1994.

11 Der soziologisch relevante Unterschied zwischen Organisation und Institution besteht darin, daß erstere im Allgemeinen das Ergebnis zweckgerichteten und formalisierten Handelns ist, während letztere sich von den ursprünglichen Einzelhandlungen ablöst und sich zumeist zu einer „sozialen Tatsache“ verdinglicht. Beide vermischen sich häufig. So ist beispielsweise die Universität eine formale Organisation, die institutionalisierte Werte wie Wissenschaftsethik oder Bildungsideale integriert.

Grundsatzdebatten nachzuzeichnen.[12] Ein fundamentaler Unterschied offenbart sich zumindest im unterschiedlichen Gebrauch von „Institution" in Politikwissenschaft und Soziologie. Während in der Politikwissenschaft Institutionen häufig zu formalen, konstitutionellen und rechtlichen Regeln verknappt werden, beschreiben viele Soziologen mit Institutionen sowohl strukturelle als auch kulturelle Muster, deren Stabilität nicht von augenblicklichem Handeln abhängt, wie Handschläge, die Ehe oder Kontrakte (vgl. diMaggio/Powell 1991: 9). Zentral ist in der soziologischen Perspektive die Unabhängigkeit von Handlung:

„Institutions are those social patterns that, when chronically reproduced, owe their survival to relatively self-activating social processes" (Jepperson 1991: 145).

In einem gewissen Grade entäußern sich die ehemals durch „habitualisierte Handlungen" (Berger/Luckmann 1996: 58) sozial institutionalisierten Prozesse von den Akteuren und gewinnen eine strukturelle Dimension.[13] Nach der Phase der Institutionalisierung formen sie so Orientierungsmarken für das Handeln zahlreicher Akteure. Das heißt allerdings nicht, daß sie nicht durch nachträgliches Handeln wieder eingefangen und transformiert werden könnten; es ist ein Mißverständnis, Institutionen und sozialen Wandel begrifflich zu polarisieren, auch wenn unter „institutional change" meist ein diskretionärer, kaum gesellschaftsumfassender Wandlungsprozeß gefaßt wird.

Aufschlußreich ist, daß trotz dieses hohen Stellenwertes von „Institution" seit einiger Zeit verschiedene Theoriesparten zusammenfinden, die sich als „Neo-Institutionalismus" begreifen.[14] Offenbar besteht ein inhaltliches oder wissenschaftsstrategisches Interesse daran, sich von lange Zeit wirkenden Paradigmen von „Institutionalismus" abzugrenzen. Hinter diesem Etikett steckt allerdings keine konsistente Theorie oder ein Paradigma, sondern eher ein Versuch, vor allem in Abgrenzung zu aktuellen Konzepten des methodologischen Individualismus und des Rational Choice, die Strukturierung von Strategien und Handlungen insbesondere kollektiver Akteure wieder stärker ins Blickfeld zu rücken.

---

12 Vgl. zur Neuauflage dieser traditionellen Debatten im Zirkel des Neo-Institutionalismus den Beitrag von Jepperson 1991. Dort wird Institution klar gegen formale Organisation einerseits und „action" andererseits abgegrenzt. Vgl. zur Debatte um den Institutionen-Begriff und seinen Stellenwert im Konzert der soziologischen Theorie außerdem Göhler 1994; Lepsius 1990; Schäfers 1996; Schülein 1987.

13 In einer intensiveren Form steigern sich solche Ablösungen zur „Verdinglichung", ein Terminus, den Berger/Luckmann bei Marx entlehnen und für die Analyse von sozialen Konstruktionen fruchtbar machen mit der Frage: „Bis zu welchem Ausmaß wird eine objektivierte institutionale Ordnung oder auch ein Teil von ihr als außermenschliche Faktizität aufgefaßt ?" (1996: 94).

14 Zum politikwissenschaftlichen Programm vgl. insbesondere Hall 1986; Hall/Taylor 1996; March/Olsen 1984; Steinmo/Thelen/Longstreth 1992. Für soziologische Varianten vgl. insbesondere Powell/diMaggio 1991 sowie Fligstein 1997; Hasse/Krücken 1996; Nee/Ingram 1997; Selznick 1996; Vollmer 1996; Zucker 1987.

Für organisationssoziologische Neo-Institutionalisten stellt sich ihr eigenes Projekt wie folgt dar:

„The new institutionalism in organization theory and sociology comprises a rejection of rational-actor models, an interest in institutions as independent variables, a turn toward cognitive and cultural explanations, and an interest in properties of supraindividual units of analysis that cannot be reduced to aggregations or direct consequences of individuals' attributes or motives" (diMaggio/Powell 1991: 8).

Politikwissenschaftler, die der Variante des historischen Institutionalismus folgen, erkennen darin in erster Linie eine „theoretical niche at the middle range" (Thelen/Steinmo 1992: 11). Vor allem die soziologischen Neo-Institutionalisten legen ihren Institutionen-Begriff sehr weit an:

„Institutions are socially constructed, routine-reproduced (ceteris paribus), program or rule systems. They operate as relative fixtures of constraining environments and are accompanied by taken-for-granted accounts" (Jepperson 1991: 149).

Ein unverhoffter Ahne des neo-institutionalistischen Programms ist Karl *Marx*. Im 18. Brumaire des Louis Bonaparte markiert ein Zitat den Auftakt, das auffälligerweise bei theoretischen Ideenlieferanten des *new institutionalism* wie Anthony *Giddens* an prominenter Stelle wieder auftaucht[15]:

„Die Menschen machen ihre eigene Geschichte, aber sie machen sie nicht aus freien Stücken, nicht unter selbstgewählten, sondern unter unmittelbar vorgefundenen, gegebenen und überlieferten Umständen" (Marx 1989: 267).

Nach Einschätzung politikwissenschaftlich inspirierter, historischer Institutionalisten formt ihr Ansatz eine „[...]bridge between the ‚men who make history' and the ‚circumstances' under which they are able to do so" (Rothstein 1992: 35), was in formal-allgemeiner Weise auf Marx' programmatischen Satz zurückverweist. Die soziologisch orientierten neo-institutionalistischen Analysen addieren im Vergleich zur klassischen Institutionen-Soziologie wie auch zur Politikwissenschaft vor allem „kognitive" und „konstruktivistische" Elemente zu ihrem Institutionenbegriff: Mythen, Symbole, Rituale nehmen einen wichtigen Platz ein, der besonders gut ausgefüllt ist in den konstruktivistischen Konzepten vom story-telling und sense-making, die

---

15 Bei Giddens folgt diesem Zitat (1995: 37) eine für seine Theorie der Strukturierung wichtige Prozedur, die ihn von den teilweise kaum handlungstheoretisch argumentierenden Neo-Institutionalisten unterscheidet: Er verlegt die Vorstellung von handlungsleitenden, „objektivierten" Institutionen mittels seines Begriffs des „praktischen Bewußtseins" wieder in die Sphäre handelnder Akteure zurück. Allerdings ist hier nicht all das eingefangen, was insgesamt unter Institutionen zu verstehen ist. Dieses Wissen, das wirkt ohne „gewußt" zu werden, führt zu Mechanismen der „Routinisierung". Es wäre interessant zu verfolgen, welche Unterschiede zwischen den Giddenschen Begriffen von strukturiertem Handeln und den analytischen Konzepten der *new institutionalisms* zutage treten, um so dem latenten Strukturalismus und Funktionalismus einiger Neu-Institutionalismen auf die Spur zu kommen (vgl. dazu auch Barley/Tolbert 1997).

sich einfügen in kulturelle und symbolische Analysen formaler Organisationen.[16]

Im Unterschied zu bestimmten Ansätzen dieser Schule, die v.a. die Entstehung und Institutionalisierung von Symbolen u.a. untersuchen, interessieren sich die Neo-Institutionalisten mehr dafür, wie solche Institutionen das Handeln von kollektiven Akteuren beeinflussen. Hierbei spielt auch die „Legitimation" einer institutionellen Ordnung eine zentrale Rolle; Legitimation darf aber nicht mit Institution verwechselt werden, schließlich existieren auch eine Reihe nicht-legitimierter Institutionen wie etwa die Mafia (vgl. Jepperson 1991: 149).

Für die Analyse sozialpolitischer Institutionen ist dieser Aspekt von zentraler Bedeutung, da sie Verteilungs- und Umverteilungsprogramme mit steuernder Wirkung repräsentieren. „Legitimiert" werden müssen diese Programme einerseits bei den Adressaten, andererseits aber auch bei den Akteuren, die das Programm umsetzen. Der Sektor sozialer Dienstleistungen zeichnet sich durch eine vergleichsweise große Zahl an beteiligten Organisationen aus; ihre Interpretation und Orientierung an der Legitimation von sozialpolitischen Institutionen ist ein ebenso wichtiger wie kritischer Faktor für die Umsetzung, der allerdings in den meisten Analysen unterbelichtet bleibt.

Klassisch – und m. E. liefert der Neo-Institutionalismus hierzu ein analytisches Pendant – im sozialpolitischen Denken ist die Auffassung, daß gerade sozialpolitische Institutionen – v.a. ihre Stabilität – einen „Wert an sich" darstellten (vgl. Kaufmann 1973). Diese These lädt sozusagen die analytische Feststellung, Institutionen seien objektivierte soziale Beziehungen, normativ auf und konzipiert daraus ein Ordnungsmodell, das häufig funktionalistische Züge trägt.

Solche Argumentationsmuster stützen sich implizit auf Emile *Durkheim*, insbesondere seine Arbeit zur sozialen Arbeitsteilung (1988), in der Solidarität nicht als moralischer Inhalt, sondern als sozialer Koordinationsmechanismus begriffen und damit „soziologisiert" wird. Bezogen auf tarifpolitische Institutionen und die Regulierung der Arbeitsbeziehungen verficht v.a. Wolfgang *Streeck* (1988, 1992) ein solches funktionalistisches Ordnungsmodell von Sozialpolitik. Obgleich angelsächsische Anhänger neo-institutionalistischer Konzepte dagegen kaum normativ argumentieren, haftet auch ihnen ein latenter Funktionalismus an. Das gilt insbesondere für die Modernisierung des Weberschen Isomorphismus-Theorems (vgl. diMaggio/Powell

16 Ein Pionier des Konstruktivismus in der Organisationstheorie ist Karl E. Weick (vgl. v. a. 1969, 1985, 1991). Nah an solchen Argumentationsweisen operieren die Vertreter des organizational symbolism (Alvesson 1993) und des story-telling (z. B. Boyce 1995; Czarniawska-Joerges 1995), die die Trennung zwischen symbolischer und materialer Welt einebnen und die Wirkweise von Symbolen, Mythen, Traditionen v.a. in formalen Organisationen interpretativ nachzeichnen. Häufig werden dabei allerdings Kultur und Institution begrifflich gleichgesetzt, was den breiten Anwendungsraum von Institutionen als Koordinations-Mechanismen sozialer Beziehungen stark verkleinert (vgl. Jepperson 1991: 150).

1991; Meyer/Rowan 1978). Die Spielräume und Machtkämpfe von Akteuren in Organisationen über die Inkorporierung von Mythen aus der Umwelt werden hier ausgeblendet; die Organisation gerät zu einem holistischen Gebilde, das mangels Ressourcen Konzepte und Strategien der Umwelt einfach übernimmt. Im Prinzip geraten die Neo-Institutionalisten hier stark in die Nähe früherer kontingenztheoretischer Konzepte, obwohl sie paradoxerweise gerade deren Kriterium der Effizienz als „Systemdruck“ infragestellen.

Damit verfehlen viele Neo-Institutionalisten die Möglichkeit, „Organisationen als soziale Akteure“ (Geser 1990) zu interpretieren. Auch die Perspektive der „Mikropolitik“ mit ihrer Betonung von innerorganisatorischen Konflikten und begrenzter Rationalität bleibt ausgeklammert (vgl. Küpper/Ortmann 1992; Ortmann 1995). In analytischer Hinsicht ist das Reproduktions-Theorem des Neo-Institutionalismus, das die Stabilität von Institutionen und ihre Fähigkeit, Ungewißheit zu reduzieren, in den Mittelpunkt rückt (vgl. Beckert 1996), das Pendant zur normativen „Eigenwert-von-Institutionen“ Variante.

Mit Blick auf das Reproduktions-Theorem sollte man sich jedoch Konfliktstoff aus der klassischen Institutionentheorie ins Gedächtnis rufen. Bemerkenswert scheint hier insbesondere die frühere Frontstellung zwischen *Gehlen* und seinem Schüler *Schelsky* zu sein. *Gehlen* – der Institutionen als Kompensation für die schwach ausgeprägten Instinkte des Menschen ansah – erkannte in Reflexion und Subjektivität eine Bedrohung für die Stabilität von Institutionen. Dagegen verlangte nach *Schelskys* Überzeugung gerade die für die moderne Zivilisation typische Spannung zwischen Allgemeinheit – eingefangen in Institutionen – und der Subjektivität des Individuums nach einer fortdauernden Institutionalisierung, um den kulturellen Fortgang zu sichern (vgl. Schelsky 1970). Auf die Mesoebene sozialpolitischer Institutionen übertragen, muß man daher mit *Schelsky* bezweifeln, ob die formale Stabilität solcher Institutionen tatsächlich ein Wert an sich ist oder nicht auch mangelnde Responsivität für sozialen Wandel anzeigen kann.

Auffällig in der neo-instiutionalistisch orientierten Literatur ist die Betonung von Stabilität und Reproduktion als der zentralen Handlungslogik von Akteuren in institutionellen Feldern. Zwar widmen sich viele neo-institutionalistische Analysen ausdrücklich langfristigen Wandlungsprozessen; dabei machen sie jedoch meist die Angleichung organisatorischer Formen und Strategien sowie die Beharrungskraft institutioneller Arrangements aus. Viele dieser Analysen stützen sich mehr oder weniger stark auf die Idee der Pfadabhängigkeit: ab einem bestimmten historischen Punkt sind alle wesentlichen Akteure institutionell so in Beziehungen verwoben, daß weitere Schritte bestimmte Optionen etwa in der Technologie systematisch unterdrückt werden. Die Risiken institutioneller „Lock-in“-Strukuren (Arthur 1988, 1989), die keine Möglichkeiten eines innovativen Wandels mehr offenlassen, werden hier oft ausgeklammert.[17] Selbst in handlungstheoretischen Erweiterungen dominieren Vorstellungen von „stable fields“.[18] Die strategisch vorteilhafte Kontrolle von Ungewißheit, die Akteuren in stark regulierten Feldern Vorteile in Machtbeziehungen verschafft, wird analytisch kaum reflektiert.

3.3 Organisation und Umwelt: die Wiederentdeckung organisatorischer Felder

Ein für sozialpolitische Institutionenuntersuchungen ebenfalls wichtiger Baustein des soziologischen Neo-Institutionalismus ist das analytische Vehikel der „organizational fields“ (vgl. diMaggio 1991; di Maggio/Powell 1991; Fligstein 1991, 1997). Möglicherweise ist die Rekonzeptualisierung der Umwelt von Organisationen und ihrer Bedeutung in Form von Symbolen, Mythen und Ideologien ohnehin der entscheidende Beitrag des Neo-Institutionalismus, der ihn auch von engeren organisationstheoretischen Ansätzen abhebt (vgl. Scott 1991). Auf diese Weise wird ein großer Teil der Organisationstheorie wieder „resoziologisiert“. Dabei kommt den „organizational fields“ eine besondere Bedeutung zu:

> „By *organizational field* we mean those organizations that, in the aggregate, constitute a recognized area of institutional life: key suppliers, resource and product consumers, regulatory agencies, and other organizations that produce similar services or products“ (di-Maggio/Powell 1991: 65).

Strukturiert werden solche organizational fields durch erhöhte Interaktion zwischen Akteuren, sich herausschälende Muster von dominanten Akteuren und Koalitionen, eine Steigerung der Informationsverarbeitung sowie das kollektive Bewußtsein der Organisationen, gemeinsam an einem Projekt beteiligt zu sein. Dieses Schema ist zwar stark auf gewerbliche Märkte, weniger auf die politisch regulierte Erbringung öffentlicher oder halb-öffentlicher Leistungen zugeschnitten, kann als Heuristik jedoch auch in einem solchen Fall gewinnbringend verwendet werden. Trotz des Stellenwerts von „Koalition“ und „Interaktion“ wirken die neo-institutionalistischen Thesen zur Orga-

---

17 Das ist auch der Fall in vielen sozialpolitischen Politikfeld-Analysen, innerhalb deren Argumentation von der behaupteten Kombination „institutioneller Beharrungskraft und flexiblen Anpassungsverhaltens“ (vgl. Döhler/Manow-Borgwardt 1992; Manow 1994) davon entbindet, kritisch nach den langfristig verstellten Reform-Optionen der Sozialpolitik zu fragen.

18 Daß gerade in regulierten Kontexten – wie sie häufig in der Sozialpolitik vorkommen – bestimmte Akteure auch Interesse an Instabilität haben können, wird hier häufig übersehen. Friedberg (1995: 120) vertritt dementsprechend die These, daß in stark regulierten Kontexten die Verhandlungsmöglichkeiten von Akteuren in Machtbeziehungen besser sind, wenn sie ihre eigene Unvorhersehbarkeit erhöhen (siehe auch Kap. 6.2).

nisations-Angleichung und Inkorporierung von Umwelt-Mythen meist wenig akteursbezogen. Insbesondere Fligstein (1996, 1997) ist mittlerweile darum bemüht, die zuweilen als „action without agents" (Hall/Taylor: 21) deutbare Makro-Intepretationsfolie soziologischer Neo-Institutionalisten zugunsten der Macht-Strukturen sozialer Beziehungen auf Meso-Ebene handlungstheoretisch zu befruchten.[19] Auch die Kontext-Analysen der pragmatistischen Philosophie von Joas (1992, 1996) bilden eine Quelle dieser handlungstheoretischen Umbauten.[20] Und hier liegt trotz unübersehbarer Differenzen eine Nähe zu den mikropolitischen Analysen von Crozier/Friedberg (1993), die erstaunlicherweise von keinem der Neo-Institutionalisten, inklusive Fligstein, zur Kenntnis genommen werden.[21]

Im politikwissenschaftlichen Institutionalismus taucht zuweilen die These auf, Ziele, Ideen und Politikformulierung von Akteuren seien zunächst unabhängig von Institutionen; erst bei den Überlegungen, wie die Ziele am besten zu erreichen seien, strukturierten Institutionen die Handlungsspielräume (vgl. Immergut 1992: 84). Diese These ist m. E. nur haltbar, wenn man ein relativ enges Konzept von Institutionen, zum Beispiel in Form konstitutioneller Regeln, hat. Doch bei der Umsetzung von sozialpolitischen Programmen wie der Pflegeversicherung wirken Institutionen weitaus diffe-

19 Hierzu zählt auch der Versuch, Giddens Ansatz der „Strukturierung" als handlungstheoretische Schnittstelle zum Institutionalismus einzusetzen (vgl. Barley/Tolbert 1997).

20 Interessanterweise bemüht sich Joas darum, die funktionalistische Rezeption von Durkheim – ein Inspirator jeder Form des Institutionalismus – handlungstheoretisch aufzuhellen. Er macht darauf aufmerksam, daß Durkheim vor allem als jemand zu interpretieren sei, der der Konstitution neuer Normen in seiner Analyse viel Aufmerksamkeit gewidmet hat (Joas 1996: 78). Insofern ist auch diese Rekonstruktion von Durkeims Werk ein Anlaß, über die handlungstheoretische Neukonzeption der neuen Institutionalismen nachzudenken. In seinen Bemerkungen zur politischen Philosophie von Castoriadis (Joas 1992: 146ff.) scheint zudem etwas auf, was andere Analytiker von Institutionalisierungsprozessen wie Berger/Luckmann ebenfalls betont haben: daß nicht nur die Stabilisierung reziproker Beziehungen in Form von Institutionen Handlungsresultante ist, sondern Konsolidierung und Wandel von Institutionen zwar äußerlich von „action", aber dennoch nicht isoliert von kreativem Handeln sind.

21 Dies ist umso bemerkenswerter, als beide Ansätze implizit und explizit theoretische Anleihen bei Giddens' Theorie der Strukturierung machen. Außerdem bemüht sich gerade *Fligstein* um eine handlungstheoretische Variante des oftmals funktionalistisch wirkenden Institutionalismus in der Organisationstheorie. „Macht", „Politik" und „Kultur" setzt er dabei als wesentliche Erklärungs-Variablen ein (1996); dieselben Variablen rücken aber auch *Crozier* und *Friedberg* ins Zentrum ihrer Analyse von „konkreten Handlungssystemen" seit den siebziger Jahren (1993). Allerdings ist Fligsteins Politik-Begriff staatszentriert, während ihn Crozier und Friedberg generalisierter einsetzen. Die fehlende Rezeption mag sich der Tatsache verdanken, daß Crozier/Friedberg die Spielräume kollektiver aber auch individueller Akteure höher bewerten als die meisten Institutionalisten und den Blick stark auf die Mikroperspektive organisierten Handelns lenken, weniger auf die Makro- bzw. Meso-Perspektive interorganisatorischer Beziehungen. Allerdings binden auch sie diese Spielräume in die Dialektik von Akteur und System ein, betonen jedoch, daß nicht die Akteure, sondern die sie einbettenden Spiele strukturiert werden (1993: 171).

renzierter als nur über formale Regeln. Hier benutzen Akteure vertraute Muster aus Nachbarfeldern wie der Krankenversicherung, um in einem sich noch strukturierenden Feld ihr Handeln orientieren zu können; hier wird die Marktstruktur nur teilweise durch gesetzliche Normen institutionalisiert, weil sie von einer Vielzahl weiterer Faktoren bis hin zur Pflege-Kultur der Angehörigen beeinflußt wird (vgl. Evers 1997). Interessen werden auch hier nicht determiniert, aber sie werden strukturiert. Zugleich öffnen sich Räume für einzelne Akteure, die Umsetzung der Pflegeversicherung in Strukturen zu lenken, die sie mitbeeinflussen.[22]

3.4 Isomorphismus: der moderne Mythos der Effizienz

Reproduktion und Überleben von Organisationen steht auch im Zentrum der Aufmerksamkeit von Neo-Institutionalisten. Effizienz als allumfassendes Organisationskriterium stellen sie unter Mythologie-Verdacht und wechseln „Effizienz" gegen „Effektivität" als zentrales Überlebenskriterium von Organisationen aus (vgl. Fligstein 1997: 42). Verbunden mit diesem Perspektivenwechsel ist eine Reformulierung des einflußreichen Isomorphismus-Theorems von Max *Weber*. Weber hatte es noch auf die sich selbst stabilisiernde Verbreitung bürokratisch-rationaler Organisationsprinzipien in Ökonomie und Staat bezogen und die Durchorganisierung moderner Gesellschaften nach diesen Prinzipien kulturkritisch in seiner berühmten Metapher vom „stahlharten Gehäuse" eingefangen (vgl. Weber 1993: 153; Weber 1980).

Die dazu passende, parallele „Isomorphismus-These" der neoklassischen ökonomischen Theorie liegt in der Behauptung, erfolgreiche marktorientierte Organisationen würden sich langfristig in ihrer Organisationsform angleichen, weil sie denselben Kriterien der Effizienz gehorchen müßten (vgl. Jensen 1989). Hier setzt die entscheidende Korrektur durch die neo-institutionalistische Organisationstheorie an. Denn sie geht vielmehr davon aus, daß Organisationen sich tendenziell den dominanten Organisationsmustern ihrer Umwelt angleichen, die durch sehr verschiedene institutionelle und kulturelle Faktoren geprägt ist;[23] entsprechend variieren die Organisationstypen von

---

22 Hier setzt auch die Begründung der Implementationsforschung an, die ihre Berechtigung daraus zieht, daß die Beteiligung von Organisationen an der Umsetzung politischer Programme den output und die Struktur des Programmes unvorhersehbar machen und beeinflussen (vgl. Héritier 1993; Mayntz 1993).

23 Ein etwas außerhalb des neo-institutionalistischen Diskurses stehender, aber gleichwohl verwandter Ansatz ist die „Ressource-Dependence-Theory" (Pfeffer/Salancik 1978), die von Horch (1992) bezeichnenderweise auf freiwillige Organisationen in der Bundesrepublik bezogen worden ist. Die Ausformung organisatorischer Strukturen und kollektiven

Unternehmen, Bürokratien und anderen Organisationen. Der ökonomische Austausch findet dementsprechend nicht auf anonymen Märkten mit anonymen Akteuren statt, sondern ist nur über soziale Beziehungen möglich (vgl. Granovetter 1985). Damit verknüpft ist ein kritischer Blick auf die Wirkung von Effizienz-Maßstäben. Diese werden nicht etwa von Organisationen adaptiert, weil sie an sich funktionieren, sondern weil die für die organisationseigene Legitimation entscheidende Umwelt solche Maßstäbe bei sich verankert hat (vgl. diMaggio/Powell 1991).[24]

Die Umsetzung der Pflegeversicherung ist hier doppelt interessant: Zum einen wird ein großer Teil der sozialen Dienste – bislang in der Regel über die steuerfinanzierte Sozialhilfe organisiert – in ein neues, gleichwohl aus der Krankenversicherung bekanntes institutionelles Fundament gebettet. Dieser institutionelle Wandlungsprozeß hat unter anderem dazu geführt, aus unterschiedlichen Gründen das Thema der „Effizienz" der Leistungserbringer von Pflege auf die Agenda zu setzen. Vor diesem Hintergrund sind durchaus „isomorphe" Prozesse erkennbar, in denen sich Anbieter von Pflegeleistungen – unabhängig von ihrer Trägerschaft – in ihrer formalen Rationalität angleichen.

Doch die neo-institutionalistische Analyse hebt darauf ab, daß die Inkor porierung von Effizienz-Mythen nicht damit verwechselt werden darf, daß die neuen Strukturen tatsächlich effizient seien. Insofern ist danach zu fragen, welche Konsequenzen eigentlich die durch die Umsetzung der Pflegeversicherung institutionalisierten Effizienzkriterien für die Leistungserbringer, aber auch für alle anderen Beteiligten haben. Geht man davon aus, daß diese Kriterien entweder teilweise organisatorisch überhaupt nicht greifen, oder womöglich auch gar nicht greifen sollen, kann man außerdem fragen, welche „Funktion" Effizienzmaßstäbe für das System der Pflegeversicherung haben.[25]

Handelns nach der Form und Menge der Finanzierung steht im Mittelpunkt dieser Perspektive. Diese teilweise etwas ökonomistisch anmutende Analyse wird hier nicht zentral verarbeitet, aber im Rahmen neo-institutionalistischer Argumentation mit berücksichtigt.

24 Die Infragestelllung eines zentralen, uniformen Effizienzdrucks wird von den Neo-Institutionalisten allerdings meist vorschnell gegen einen „Isomorphismus-Druck" eingetauscht. Dabei teilen sie die grundlegende Skepsis an der Effizienz-Anpassung – wie sie die Kontingenztheorie verficht – durchaus mit der strategischen Organisationsanalyse à la Crozier/Friedberg (siehe Kap. 3.5).

25 Die These vom „mimetic isomorphism" (diMaggio/Powell 1991) wird empirisch – auch von den beiden Autoren – zumeist an der strukturellen Angleichung von Nonprofit-Organisationen an ihre Umwelt festgemacht. Demnach übernehmen Nonprofit-Organisationen insbesondere organisatorische Mythen ihrer privaten Ko-Finanziers, etwa in der Form betriebswirtschaftlicher Ablauforganisation. Diese Fallbeispiele scheinen jedoch relativ stark auf die USA bezogen zu sein, weil dort die Rolle privater Finanziers und das Umfeld von Nonprofit-Organisationen anders sind als in den meisten europäischen Ländern. Daher trägt auch die These als solche einen amerikanischen bias (vgl. auch Powell 1987). Annähernd vergleichbar mit ihr wäre die These von der „Bürokratisierung" der

Zugleich bieten sich aber auch umgekehrt Möglichkeiten, die Makro-Perspektive des Isomorphismus in einem sich erst noch strukturierenden Meso-Feld kritisch zu überprüfen. Wie steht es um die Spielräume von Akteuren in Organisationen, zeichnen sich unterhalb isomorpher Strukturen nicht doch unterschiedliche Sphären von Machtbeziehungen, Strategien und Organisationsformen ab? Hier sollen die machttheoretischen Konzepte von Crozier/Friedberg in den neo-institutionalistischen Rahmen eingefügt werden.

3.5 Machtbeziehungen und die Kontrolle der Ungewißheit: die strategische Organisationsanalyse

Als grundlegende Auseinandersetzung mit den deterministischen Prämissen der Kontingenztheorie – ihrerseits stark beeinflußt von den Modellannahmen der neoklassischen Ökonomie – sowie dem soziologischen Funktionalismus, ohne in die Sackgasse eines engen Rational-Choice-Ansatzes zu fahren: So läßt sich aus theoriegeschichtlicher Perspektive die „strategische Organisationsanalyse" von Michel *Crozier* und Erhard *Friedberg* (1993) vielleicht erfassen.[26] Dieser Ansatz einer „Soziologie organisierten Handelns" hat den Weg bereitet für moderne Konzepte der „Mikropolitik", die die organisationsinternen Konflikte und Kämpfe der Rationalitäten gegen die kontingenztheoretische Annahme stellt, Organisationsabläufe und -probleme richteten sich in erster Linie an den äußerlichen Rahmenbedingungen aus (vgl. Küpper/Ortmann 1992; Ortmann 1995). Märkte und Technologien lassen genügend Spielräume für unterschiedliche Handlungsstrategien. Daneben zeigen sich verblüffende Parallelen zu Giddens' erst später (1984) entwickelten

---

Wohlfahrtsverbände, die ebenfalls darauf abstellt, daß sich die Verbände durch die starke Einbindung in die Sphäre der Sozialverwaltung deren Strukturen angeglichen habe (vgl. Heinze/Olk 1981, 1984). Bezeichnenderweise nimmt in Deutschland häufig der Staat die Rolle des „Mythen-Lieferanten" für Nonprofit-Organisationen ein, was die starke Ko-Finanzierung über öffentliche Gelder in der Bundesrepublik unterstreicht (vgl. Salamon/Anheier 1994).

26 *Crozier* und *Friedberg* haben nicht in unzähligen Aufsätzen und Büchern ihren Ansatz entwickelt, sondern ihre Erkenntnisse aus diversen Forschungsprojekten zur öffentlichen Verwaltung und Industrieunternehmen gebündelt. Die Bilanz dieser Erkenntnisse floß letztlich in ein zentrales Buch ein, das 1977 auf französisch unter dem Titel: „L´Acteur et le Système. Les contraintes de l'action collective" in Paris erschienen ist. Die zentralen Punkte dieser Publikation hat *Friedberg* (1995) später noch einmal aufgenommen und erweitert. Dem Ursprungs-Buch aus den siebziger Jahren merkt man nicht nur den Ärger über damals wie heute grassierende Management-"Theorien" an, sondern auch die Auseinandersetzung mit den Konzepten machtfreier Organisation, wie sie seit den späten sechziger Jahren zum Leben erwachten. Als Vertreter eines nicht-normativen Konzeptes von Macht (nicht Herrschaft) als Grundelement menschlichen Handelns konnten Crozier und Friedberg – ähnlich wie Giddens – einer Fundamentalkritik der Macht nichts abgewinnen und hielten ihre Überwindung für ein unsinniges und auch riskantes Unterfangen.

Theorie der Strukturierung. Das Konzept der Macht ist zentral für die strategische Organisationsanalyse, weil „Machtbeziehungen mit menschlichem Handeln wesensgleich sind" (Crozier/Friedberg 1993: 275) und „Macht, weil sie eine Beziehung ist und sich folglich nicht besitzen läßt, genausowenig kollektiv aneigenbar oder verteilbar ist wie Vertrauen und Liebe" (ebenda: 283). Das Konzept basiert auf einer eher individualistischen Sichtweise auf strategisches Handeln unter den Bedingungen von formaler Organisation. Damit einher geht eine Revision klassischer soziologischer Kategorien wie Rolle, Funktion oder Organisation.[27] Auch wenden sie sich gegen eine a-priori deduzierbare Logik von Interessen; diese würden innerhalb von Machtbeziehungen durchaus transformiert werden können. Statt eines deterministischen Begriffes der „Struktur" setzen Crozier/Friedberg das Konzept des Spiels ein:

> „Das Spiel ist für uns viel mehr als ein Bild, es ist ein konkreter Mechanismus, mit dessen Hilfe die Menschen ihre Machtbeziehungen strukturieren und regulieren und sich doch dabei Freiheit lassen. [...] Es ist das wesentliche Instrument organisierten Handelns. Es vereint Freiheit und Zwang. [...] Es ist an die kulturellen Muster einer Gesellschaft und an die spezifischen Fähigkeiten der Spieler gebunden, bleibt aber kontingent wie jedes Konstrukt. Die Struktur ist im Grunde nur eine Gesamtheit von Spielen" (1993: 68).

Vor allem die letzte Passage weist indirekt auch den Institutionen einer Gesellschaft wichtige mitstrukturierende Eigenschaften zu und bietet daher Schnittflächen zu den Annahmen des Neo-Institutionalismus (vgl. Kap. 3.2). Allerdings werten sie den Einfluß „objektivierter Normen" (vgl. Elster 1979, 1983) – wie sie vielfach bei der Institutionalisierung wirken –systematisch ab, was sich nicht nur in stark verrechtlichten und politisch regulierten Feldern als analytische Schwäche erweist. Dieser Punkt soll auch in der Fallstudie herausgearbeitet werden (siehe Kap. 6).

Crozier/Friedberg verfechten mit ihrer Organisationsanalyse außerdem einen konstruktivistischen Ansatz, aber in einer „dialektischeren" – und stark an Giddens Strukturierungstheorem erinnernden (vgl. Giddens 1985) – Form als die meisten Neo-Institutionalisten, die primär auf die veräußerlichte Form von sozial konstruierten Institutionen abheben:

> „Mit einem Wort, sie [die Analyse, CS] betont den sozial konstruierten und sozial aufrechterhaltenden Charakter jeder Struktur kollektiven Handelns, dessen Regeln zwar die

---

27 „Rolle" macht sich als soziologischer Begriff verdächtig, weil er als erklärende Kategorie einseitig auf das Problem der Anpassung ausgerichtet sei (Crozier/Friedberg 1993: 67). Dagegen betonen Crozier/Friedberg die relative Autonomie von Akteuren. Dem Begriff der formalen Organisation mißtrauen Crozier/Friedberg, weil sie die Mitgliedschaft eher daran festmachen, ob individuelle Akteure in einem eingegrenzten Handlungsfeld interagieren. Diese Mitgliedschaft in einem „konkreten Handlungssystem" – etwa dem Netz aus regulierendem Ministerium und regulierten Wirtschaftsbranchen sowie deren Verbänden – stellt für sie die soziologisch relevante Ebene von Organisation dar, nicht die jeweils formal zuständigen Organisationen der einzelnen Akteure (1993: 172).

Entscheidungen der Individuen steuern, dessen Erhaltung aber wiederum durch diese Entscheidungen bedingt wird" (1993: 73).[28]

Die Spielräume, die damit auch in asymmetrischen Machtbeziehungen jedem Akteur offenstehen, werden in der vorliegenden Arbeit ebenfalls konzediert; gerade stark regulierte Politikfelder wie die Pflegeversicherung bestätigen, „daß jede formale Regel eine künstliche Ungewißheitsquelle bildet, die von den Akteuren in Verfolgung ihrer Strategien benutzt werden kann [...]" (Crozier/Friedberg 1993: 290). Ungewißheit – in der Wirtschaftssoziologie der zentrale Faktor für die Ausbildung von Normen, Institutionen und auch Macht zur Reduktion eben dieser Ungewißheit (vgl. Beckert 1996) – stellt in der strategischen Organisationsanalyse nicht nur eine äußere Quelle für Machtbeziehungen dar, sondern ist zugleich in der Variante der „Unvorhersehbarkeit" eine Möglichkeit für Akteure, in regulierten Kontexten – wie sie die Pflegeversicherung repräsentiert – ihre Verhandlungsmöglichkeiten zu verbessern. In deregulierten Kontexten tritt die „Vorhersehbarkeit" als funktionales Äquivalent an diese Stelle (vgl. Friedberg 1995: 120).

Im Rahmen der vorliegenden Arbeit ist ebenso von Bedeutung, daß durch die Ubiquität von Machtbeziehungen der Begriff der Politik einen anderen Stellenwert in der strategischen Organisationsanalyse erhält. Gerade diese Beziehungen und deren Bedeutung für die Struktur eines „konkreten Handlungssystems" bedingen, daß die statische Betrachtung von Funktionen gegen eine dynamische Betrachtung von strategischen Handlungen eingetauscht wird. Die Beziehungen von Organisationen zu ihrer Umwelt werden dadurch automatisch „politisiert":

„Die interne Funktionsweise einer Organisation ebenso wie die für die Probleme ihrer Umwelt im weiten Sinne gefundenen Lösungen sind politische und kulturelle Konstrukte und müssen als solche analysiert werden" (Crozier/Friedberg 1993: 93).

Die Politisierung von Machtbeziehungen wird im Verlaufe der Arbeit primär bezogen auf eine Neujustierung von „Status" und „Kontrakt", wie sie der institutionelle Rahmen der Pflegeversicherung ermöglicht und einzelne Akteure und Gruppen durch intendierte und nicht-intendierte Folgen ihres strategischen Handelns vorantreiben. Damit verquickt ist aber auch eine „interne Politisierung" (vgl. Mintzberg 1983) insbesondere der Wohlfahrtsverbände, die sich auf dialektische Weise mit der gleichzeitigen „Ökonomisierung" ihrer Arbeitsgrundlagen verbindet (siehe Kap. 7)

---

28 Genau dies ist auch der Ansatzpunkt von Giddens (1995) „Dualität von Struktur" und dem handlungstheoretisch gewendeten Begriff der „Strukturierung". Trotz dieser frappierenden Parallele, die einen produktiven Link zwischen Neo-Institutionalismus und Strukturierungs-Theorie abgeben könnte, registrieren die Verfechter einer solchen Kombination – genau wie die Neo-Institutionalisten – nicht die Ansätze der strategischen Organisationsanalyse (vgl. Barley/Tolbert 1997).

3.6 Vom „Status“ zum „Kontrakt“: die Logik vertraglicher Sozialpolitik

Alle sozialen Beziehungen, die zu einem größeren Teil verrechtlicht sind, weisen Elemente von „Status“ und „Kontrakt“ auf. Im Sozialrecht etwa wird dieser Unterschied auch formal in der Differenzierung zwischen Statusrecht und Vertragsrecht offenbar (vgl. Neumann 1993). In der Soziologie der Sozialpolitik beschreiben die beiden Begriffe grundlegende Dimensionen bei der Institutionalisierung des Wohlfahrtsstaates (vgl. Marshall 1992; Rehbinder 1971).

Angelehnt an die berühmte Vorlage[29] von Sir Henry Sumner Maine (1861) begreift die Soziologie „Status“ als die Beschreibung eines Bündels von Rechten und Pflichten, die sich an der sozialen Position einer Person innerhalb von sozialen Beziehungen und Institutionen wie der Familie festmacht. Status ist demzufolge nicht verhandelbar und nicht durch zweckgerichtetes Handeln erzeugt. Demgegenüber beschreibt „Kontrakt“ ebenfalls ein Bündel an Rechten und Pflichten, das aber durch eine freiwillige Vereinbarung zwischen Personen zustande kommt, die sich davon ein „Positivsummenspiel“ beim Austausch von Leistungen untereinander versprechen. In modifizierter Form ist dieses Begriffspaar neben dem klassischen Feld des Familienrechts (vgl. Falk 1995) vor allem auf die Arbeitsbeziehungen und die kollektiven wie individuellen Rechte und Pflichten von Arbeitgebern und Arbeitnehmern angewandt worden (vgl. Streeck 1988, 1992).

Ursprünglich auf Personen gemünzt, läßt sich dieses Schema auch auf korporative Akteure und die Balance von Status und Kontrakt in einem *organizational field* übertragen. Intra- und interorganisatorischer Wandel im Bereich der Pflegeversicherung bieten sich hier besonders an. Dabei sollte man analytisch zwischen der Mikro- und der Makroebene unterscheiden.

Jahrzehntelang prägte die Wohlfahrtsverbände auf der *Mikroebene* das Prinzip einer Dienstgemeinschaft im Sinne Max *Webers*, in der auch die hauptamtlichen Mitarbeiter für und nicht von der Organisation lebten, freilich mit erheblichen Spielräumen für „gemeinnützige Selbstausbeutung“, angeleitet durch Funktionäre. Motivation und Arbeitsroutinen wurden nicht primär über Arbeitsverträge gesteuert, sie erschienen lediglich als formale Beigaben. Der sozialstrukturelle Wandel normalisiert jedoch den Mitarbeiter-Status, prägt neue Funktionärsgenerationen und zieht Seiteneinsteiger in die Verbände (vgl. Heimerl 1993: 46; Pankoke 1994). Der Arbeitsvertrag wird aufgewertet und öffnet sich für tarifvertragliche Regulierungsstrategien. Die

---

29 Die von *Sumner Maine* gezeichnete Linie „vom Status zum Kontrakt“ als angeblich generelle Entwicklungsrichtung der Institutionalisierung von Rechten und Pflichten in modernen Gesellschaften ist vielfach kritisiert worden, weil sie die Dialektik des Wandels und gegenläufige Prozesse nicht genügend registriere (vgl. Marschall 1992).

wachsende Bedeutung individueller Arbeitsverträge in den Wohlfahrtsverbänden ist zugleich Ursache und Folge einer Normalisierung des Arbeitnehmerstatus in den Verbänden und einer Politisierung der Arbeitsverhältnisse.

Ein sinnfälliges Beispiel dafür sind auch die Ausgründungen von GmbHs, deren Ursache häufig darin zu finden ist, daß die ehrenamtliche Vorstandssteuerung eingedämmt werden soll, die GmbHs wirtschaftlich flexibler sind und die Haftung nicht mehr beim Gesamtverband liegt (vgl. Strünck 1995, 1996). In bestimmten Fällen können die Wohlfahrtsverbände auf diese Weise aber auch „teure" Tarifverträge umgehen, indem sie mit neu zugeschnittenen GmbHs in günstigere Tarifgebiete wechseln. Auch können dadurch Arbeitszeiten flexibilisiert, die Arbeitsorganisation reformiert und geringfügige Beschäftigungsverhältnisse installiert werden (vgl. Beyer-Peters 1996). Es ist erkennbar, daß die ursprünglich durch die Rollenroutinen weltanschaulicher Programmatik entlasteten Verbände funktionale Äquivalente für diese Art der indirekten Steuerung suchen. Und in diesem Prozeß konturieren sich die Wohlfahrtsverbände stärker als „Arbeitgeberverbände" (Nährlich/Zimmer 1997; Thamm 1995), was neuen, innerverbandlichen Politikbedarf erzeugt.[30] Dieser Wandel fügt sich in die Entwicklungslinie „vom Status zum Kontrakt" ein.

Wechselt man nun auf die *Makroebene*, so ist ein ähnlicher Wandlungsprozeß zu erkennen. Auf der Makroebene beziehen sich diese Kategorien allerdings auf korporative Akteure; die Kategorie des Kontrakts bezieht sich hier auf Kollektivverträge, nicht auf individualrechtliche Vereinbarungen. Die Status-Position der Wohlfahrtsverbände markiert am sinnfälligsten das Subsidiaritätsprinzip, das ihre Vorrangstellung und damit ihre Kollektivrechte festschreibt: Durch die prinzipielle Delegation an frei-gemeinnützige Träger griff der Staat bislang kaum auf die konkreten Formen der Leistungserbringung zu und stärkte so die gemeinschaftlichen Rechte der Wohlfahrtsverbände (vgl. Kap. 3.1).

Am deutlichsten wird die im Vergleich zum Status wachsende Bedeutung von *Kontrakt* in der Tat im Pflegesektor. Der *Status* der Wohlfahrtsverbände wird formal am sichtbarsten dadurch geschwächt, daß sie ihre einstige Vorrangstellung nun mit „privaten Trägern" (gemeint sind in erster Linie

---

30 Eine andere – hier nicht weiter verfolgte – These könnte sich auf die Vermutung stützen, daß sich das bisherige, inklusive Organisationsmodell – in dem die Wohlfahrtsverbände in weiten Feldern auch die Funktionen von Berufsverbänden übernehmen, quasi als das inkorporierte deutsche Facharbeitersystem im sozialen Dienstleistungssektor – stärker pluralisiert in „Arbeitgeberverbände" und „Berufsverbände", die außerhalb der Wohlfahrtsverbände mit durchaus eigenen Interessen agieren. Das würde zugleich bedeuten, daß ein dialektischer Prozeß abliefe: Im gleichen Maße, wie sich die Wohlfahrtsverbände stärker als soziale Dienstleistungsunternehmen profilieren, wächst ihre Funktion als Interessenverbände von Sozialbetrieben. Diese Entwicklung würde die herkömmliche These von der Interessenkonvergenz im Sozialsektor und der von Mitglieder- und Interessenverbänden abweichenden Struktur der Wohlfahrtsverbände abschwächen.

privat-gewerbliche Anbieter) teilen müssen (§ 11 Absatz 2 SGB XI); dahinter verbirgt sich der „Wettbewerbsgedanke“ der Pflegeversicherung (siehe auch Kap. 7.2). Gleichzeitig bekommt das Instrument des Vertrags eine neue Qualität. Anders als bei Pflegesatzverhandlungen der Vergangenheit sind nun die Pflegekassen die dominanten Verhandlungspartner der Wohlfahrtsverbände und privat-gewerblicher Anbieter.

Die Pflegekassen agieren nach Logiken, die sie aus dem Krankenhaussektor kennen, und sie sind dem Druck des Bundesarbeitsministeriums ausgesetzt. Schon die ersten Verhandlungsrunden über Rahmen- und Vergütungsverträge in einigen Bundesländern zeigen, daß die lange Zeit prägende *Konvergenz* der Interessenlagen einer Interessen-*Divergenz* der verhandelnden Akteure weicht. Außerdem haben die Pflegekassen Kontrollinstrumente wie Wirtschaftlichkeitsprüfungen, Kosten- und Leistungsnachweise an die Hand bekommen, die sie als Mittel zur Kostendisziplinierung der Wohlfahrtsverbände und ihrer Einrichtungen einsetzen können (vgl. Haug/Rothgang 1996: 133).

Friedberg (1990: 191) formuliert die These, daß beim politischen Tausch anders als beim ökonomischen nicht nur Ressourcen getauscht würden, sondern die Akteure gleichzeitig versuchten, die Spielregeln dieses Tausches zu beeinflussen (vgl. Kap. 3.5). Sowohl Pflegekassen als auch Wohlfahrtsverbände und die anderen Anbieter ringen darum, genau dies in den zahlreichen Verhandlungen und neustrukturierten Vertragsbeziehungen zu erreichen. Die stärkere Bedeutung von Kontrakt gegenüber Status, so eine weitere These, ist automatisch verkoppelt mit einer stärkeren Politisierung des Verbändesystems. Im Bannkreis von Status sind die Rollen von Akteuren festgeschrieben und müssen nicht in Definitionskämpfen entschieden werden. Das ändert sich jedoch mit einer institutionell vermittelten Stärkung von Kontrakt, wie sie die Pflegeversicherung bewirkt. An die hier behauptete Entwicklungslinie „vom Status zum Kontrakt“ sind somit neue Machtbeziehungen und eine Politisierung des Verbändesystems auf Anbieterseite gekoppelt. Das zu zeigen ist im wesentlichen die Aufgabe der folgenden Kapitel.

4. Die Pflegeversicherung als neue sozialpolitische Arena

4.1 Finanz- versus Sozialpolitik

Die Chronologie vom Beginn der Debatte um die Absicherung des Pflegerisikos in den siebziger Jahren bis zur Einführung der gesetzlichen Pflegeversicherung (GPV) am 1. Juli 1994 zeigt eine Reihe von Parallelen zur rentenpolitischen Diskussion. In diesem Sektor konstatieren Beobachter, daß sich in den letzten Jahren die vielen beteiligten Akteure über „Notwendigkeitskonstrukte" auf die Fragen der Kostenneutralität und Finanzierbarkeit freiwillig eingeengt haben; damit haben sie sich selbst verstärkende „Eigen-Zyklen" in Gang gesetzt (vgl. Nullmeier/Rüb 1993 sowie Pierson 1993).

Am Beginn der Debatte um die Pflegeversicherung stand ein sozialpolitisch motiviertes Gutachten des Kuratoriums Deutsche Altershilfe (KDA), das den stationären Bereich der Altenhilfe in den Mittelpunkt rückte (vgl. Kuratorium Deutsche Altershilfe 1974). Doch im Laufe des Diskussions-Prozesses, der sich dann fast über zwei Jahrzehnte hinzog, stellte erst die Einmischung der Kommunen als „belastete" Sozialhilfeträger wirkliche Öffentlichkeit her (vgl. Haug/Rothgang 1994: 5). Und von da an dominierte die fiskal- und haushaltspolitische Perspektive über die sozialpolitische Perspektive einer modernen Altenhilfe-Infrastruktur:

> „Pflegebedürftigkeit ist kein im eigentlichen Sinne sozialpolitisches Problem [...] es geht um Finanzierungsfragen, welche die föderale Struktur der Bundesrepublik betreffen" (Prinz 1987: 280).

Noch bevor die gesetzliche Pflegeversicherung in den parlamentarischen Raum vordrang, setzten sich die Kommunen mit Hilfe der Länder in den Neuregelungen zur ambulanten Pflege im Rahmen des Gesundheitsreformgesetzes (GRG) vom Dezember 1988 durch (vgl. Perschke-Hartmann 1994); statt über die von den Kommunen zu finanzierenden Leistungen des Bundessozialhilfegesetzes (BSHG) für diesen Bereich, kam jetzt im SGB V – der Gesetzlichen Krankenversicherung (GKV) – mit den Paragraphen 53-57 ein neues Set zur sozialversicherungsrechtlichen Finanzierung solcher Leistungen zur Geltung.

Während die Kommunen und Länder vermittelt über die Debatte zum GRG mit ihren Interessen an einer Entlastung der Sozialhilfe für den Altenhilfe-Bereich immer dominanter wurden, bedeutete die Übertragung der Kompetenzen an das Bundesarbeitsministerium (BMA) – statt an das Bundesfamilien- oder Bundesgesundheitsministerium –, daß die traditionell finanzpolitische Logik des „Sozialversicherungs-Ministeriums“ BMA hinzukam (vgl. Haug/Rothgang 1994: 22). Die detaillierte Analyse des parlamentarischen und vorparlamentarischen Verfahrens bis zur Verabschiedung und Novellierung der Pflegeversicherung kann hier nicht nachgezeichnet werden.[31]

Die einschlägigen politikwissenschaftlichen Analysen kommen zum Ergebnis, daß nicht die inhaltlich-sozialpolitischen Dimensionen im Zentrum des Prozesses standen, sondern akteursbedingt das Gesetz von seiner Intention (nicht von der Wirkung) her durchaus als „Sanierungsgesetz der Kommunalfinanzen“ mit starker Betonung der Kosten-Stabilität zu begreifen ist, was indirekt gerade dadurch bestätigt wird, daß der Bundesarbeitsminister dieses permanent in Abrede stellen muß.[32]

Die dominante finanzpolitische Logik des BMA und dessen Mitverantwortung für den volkswirtschaftlich sensiblen Bereich der Lohnnebenkosten dokumentierte sich im übrigen auch in der langen Debatte um die Kompensation des Arbeitgeber-Beitrages zur Pflegeversicherung. Gelöst wurde das Problem schließlich durch die Abschaffung eines Feiertages in allen Bundesländern bis auf Sachsen, wo die Arbeitnehmer den vollen Beitrag zahlen müssen. Allerdings spielt die Verringerung von Sozialhilfeabhängigkeit noch eine andere Rolle, die gerade auch für das BMA als ordnungspolitische Instanz handlungsleitend ist:

> „Wenn zwei Drittel der stationär Gepflegten Sozialhilfebezieher werden, scheint ein wesentliches Element des deutschen Sozialstaatsmodells, die Vermeidung von Statusverlust beim Eintritt allgemeiner Lebensrisiken, gefährdet. Die Pflegeversicherung ist im Kern eine Versicherung gegen das Risiko der Sozialhilfeabhängigkeit“ (Groser 1996: 4).

Zugleich hat die finanzielle Stabilität der Pflegeversicherung absoluten Vorrang, um die Institution als solche nicht zu gefährden. Dies spiegelt sich auch in Äußerungen des ehemaligen Bundesarbeitsministers Blüm, es dürfe keine Prüfungen „der leichten Hand“ geben (Frankfurter Allgemeine Zeitung, 10. 2. 95).[33]

---

31 Dazu liegen eine Reihe z. T. ausführlicher Untersuchungen vor, vgl. u.a. Götting/Hinrichs 1993; Haug/Rothgang 1994, 1996; Kuhn 1993; Pabst 1997; Pihan 1996.

32 Siehe auch Norbert Blüms Äußerungen in der Bundesratsdebatte zum Änderungsgesetz der Pflegeversicherung: „Es ist der eindeutige Wille des Gesetzgebers, noch einmal festgehalten in einer einstimmig angenommenen Entschließung des Deutschen Bundestages, daß das **Pflege-Versicherungsgesetz kein Gesetz zur Sanierung der Haushalte der Sozialhilfeträger** (Hervorhebungen im Protokoll) ist. Zu diesem Zweck war es nicht vorgesehen“ (vgl. Bundesrat 1995: 3).

33 Hierzu hat sich interessanterweise ein leitender Arzt des MDK Würzburg geäußert, man sei nicht angetreten, „um ein Pflegeverhinderungsverein zu werden“ (Frankfurter Allgemeine, 29. 3. 95). Und weiter: „Wir haben einen klaren gesetzlichen Auftrag , die Richtlinien binden unsere Gutachter“ (ebenda). Hieraus spricht das eigene professionsgebundene Selbstverständnis, das von MDK zu MDK varriiert und trotz der engen Regulierung über Richtlinien und Kassen gerade die Richtlinien auch umgekehrt zur Absicherung einer ge-

Die deutliche Dominanz finanzpolitischer Überlegungen ist für die vorliegende Arbeit deshalb von besonderer Bedeutung, weil sie die Interessenlage und die Handlungslogiken einzelner Akteure bei der Umsetzung der Pflegeversicherung direkt und indirekt mitbeeinflußt. So läßt sich auf der Seite der Pflegekassen erkennen, daß sie trotz einer für sie komfortablen Deckelung der Versicherung mit einer starken Kostenbetonung in die Verhandlungen auf Länderebene gegangen sind und weiter gehen. Das Argument, diese Betonung über Preisdruck in den Entgeltverhandlungen mit den Leistungserbringern diene letztlich den Versicherten, weil sie dann mehr Einsätze für den Betrag der Pflegeversicherung in Anspruch nehmen könnten, ist zweifelhaft.

Zwar ist es offziell erklärtes Ziel der Pflegekassen, über differenzierte Preise den Wettbewerb zwischen Leistungserbringern zu stärken (vgl. o. V. 1997: Wettbewerb). Doch die sehr spärliche Erstellung von Preisvergleichslisten demonstriert, daß die Kostenregulierungs-Taktik kaum auf die Versicherten gemünzt ist, sondern einer anderen Logik gehorcht (siehe Kap. 7.2.1). Außerdem setzt die faktische Konstruktion einer Einheitskasse mit übergreifendem Ausgabenausgleich und gedeckelten Ausgaben die Kassen finanzierungstechnisch nicht unter Kosten- und Wirtschaftlichkeitsdruck (vgl. Jacobs 1996: 252). Die ausgeprägt restriktive Orientierung mancher Pflegekassen in den Vergütungs-Verhandlungen ist folglich erklärungsbedürftig (siehe Kap. 7.2). Solche Fälle demonstrieren allerdings auch, daß die Kassen politischem Druck ausgesetzt sind, eine möglichst große Versorgungsmenge zu einem gegebenen Budget auszuhandeln.

Wenn man von finanzpolitischer Dominanz spricht, darf allerdings nicht außen vor bleiben, daß die Pflegeversicherung durch die breite Einbeziehung der Mittelschicht als neue Beitragszahler (und Leistungsempfänger) ein Finanzvolumen bereitstellt, das die quantitative Expansion der Anbieter-Strukturen stark mitbeeinflußt. Am deutlichsten läßt sich das am Markt für ambulante Pflegedienste ablesen, in dem privat-gewerbliche Anbieter mittlerweile vor allem in städtischen Räumen stark vertreten sind (vgl. Ministerium für Arbeit, Gesundheit und Soziales 1995). Darüber hinaus muß auch die starke Inanspruchnahme der Geldleistungen von im Durchschnitt 80 Prozent als eine erstmalige „Kompensation" der Anstrengungen in der privaten Pflege gewertet werden.

---

wissen professionellen Teilautonomie nutzt (siehe auch Kap. 6.1.2.5).

4.2 Transformation des Sozialversicherungs-Prinzips ?

Ohne jeden Zweifel stellt die Einführung der gesetzlichen Pflegeversicherung eine „institutionelle Innovation in der deutschen Sozialpolitik“ (Hinrichs 1995) dar. Ob sie langfristig im negativen Sinne das traditionelle Sozialversicherungsprinzip mit seinen Elementen des Solidarausgleichs und der Bedarfsorientierung aushebelt, muß weiterhin als offene Frage behandelt werden. Der Übergang vom Bedarfs- zum Budgetprinzip wurde jedenfalls schon durch Reformen im SGB V der Krankenversicherung vor Einführung der Pflegeversicherung markiert (vgl. Rothgang 1996). Die Frage, ob die Pflegeversicherung prinzipiell und langfristig an ihren Wirkungen gemessen das klassische Sozialversicherungsprinzip in Frage stellt, ist kaum zu beantworten. Denn das Sozialversicherungsprinzip als generalisiertes Prinzip ist ein Konstrukt. Solidar-, Äquivalenz- oder Finalprinzip gelten nicht in jedem Zweig der Sozialversicherung in gleicher Weise.

Dennoch ist erkennbar, die Pflegeversicherung den Weg der Budgetierung und Rationierung, der in der Krankenversicherung mit den letzten Reformgesetzen beschritten worden ist, weiter geht. Und sicherlich ist die echte Integration der GPV in die GKV deshalb ausgeschlossen, weil die fehlende Deckelung in Kombination mit dem Sachleistungsprinzip enorme Kostenschübe bedeutet hätte (vgl. Landenberger 1994). Ob es aber gerechtfertigt ist, die Pflegeversicherung als „Vorbote eines neuen Sozialstaates“ (ebenda) zu charakterisieren, ist fraglich. *Rothgang* verweist zu Recht darauf, daß es methodisch nicht statthaft sei, zum Vergleich stets den Sozialversicherungszweig mit den jeweils größten Unterschieden zur Pflegeversicherung zu wählen (vgl. Rothgang 1994: 170).

Außerdem hängt es von der Dimension der institutionellen Regulierung ab, inwiefern man der Pflegeversicherung Brüche oder im Gegenteil Pfadverlängerungen traditioneller Sozialversicherungsfelder und deren Selbstverwaltungs-Mechanismen zuschreibt. Betrachtet man die neuen Vertragsbeziehungen und die Anbieter- und Nachfragerollen, dann restauriert die Pflegeversicherung ein renovierungsbedürftiges Prinzip aus der Gesetzlichen Krankenversicherung, anstatt dessen bekannte Strukturprobleme auszubessern. Die institutionelle Umsetzung gleicht damit eher den „standard operating procedures“ (March/Olsen 1989) des deutschen Sozialstaatsmodells und schreibt Kontinutitäten des institutionellen wie berufsfachlichen Rahmens der Pflege fort (vgl. Bräutigam/Schmid 1996).

Im Rahmen der hier präsentierten Argumentation ist die ordnungspolitische Frage nach dem prinzipiellen Effekt der Pflegeversicherung im System sozialer Sicherheit allerdings von nachgeordneter Bedeutung. Im Mittelpunkt steht die Institutionalisierung eines Handlungssystems oder *organizational field*, das von einer Vielzahl von Organisationen mit unterschiedlichen Interessenlagen ausgefüllt wird. Für die Beziehungen, Rollenverständnisse, Macht-Spiele und Handlungslogiken dieser Organisationen sind die institutionellen Regulierungen der Pflegeversicherung wichtige Rahmenbedingungen; andererseits wird die Pflegeversicherung aber auch erst durch das Handeln der Akteure institutionalisiert. Bündelt man die wesentlichen institutionellen Neuerungen der Pflegeversicherung, so läßt sich folgende Liste zusammenstellen:

- In § 70 Abs. 2 SGB XI wird über das Gebot der Beitragssatzstabilität das Budgetprinzip festgeschrieben. Die Ausgaben sind damit gedeckelt. Damit verkoppelt ist die Vorschrift, daß dagegen verstoßende Vergütungs-Vereinbarungen unwirksam sind;[34]
- In § 23 SGB XI wird erstmals eine Versicherungspflicht für nicht gesetzlich Versicherte vorgeschrieben, sich bei einer privaten Krankenversicherung gegen das Pflegerisiko abzusichern. Damit ist praktisch die gesamte Erwerbsbevölkerung der Versicherungspflicht unterworfen, „dies ist in der deutschen Sozialversicherung ein Novum" (Schulin 1994: 437). Die Einnahmenseite ist außerdem breiter als in anderen Sozialversicherungen, weil auch die Rentner Beiträge zahlen. Auf diese Weise ist die Pflegeversicherung robuster gegen den demographischen Wandel als etwa die Rentenversicherung (vgl. Schmähl 1993);
- Erstmals gibt es für die Versicherten im ambulanten Pflegebereich die Wahl zwischen Geld- und Sachleistungen sowie eine Möglichkeit, Kombi-Leistungen abzurufen. Die Geldleistungen liegen allerdings im Schnitt fünfzig Prozent niedriger als der entsprechende Gegenwert für die Sachleistungen durch einen professionellen Anbieter; dahinter versteckt sich ein heikler Diskussionspunkt, weil Kritiker einen Mißbrauch durch einfachen „Konsum" des Pflegegeldes durch die Angehörigen sowie die Konservierung traditioneller Formen der Familienpflege über Frauen befürchteten, während das BMA offen davon sprach, daß die Geldleistungen durchaus als „Entschädigung" den pflegenden Angehörigen zuständen, ohne daß man Kontrollen daran knüpfen solle (vgl. Evers 1995);
- Die Pflegeversicherung deckt nicht die ganzen Kosten der Pflegebedürftigkeit ab, sondern nur Teilbeträge in drei Pflegestufen. In der Pflegestufe I muß der Zeitaufwand im Tagesdurchschnitt mindestens 90 Minuten betragen, davon mehr als die Hälfte für die Grundpflege. In der Pflegestufe II müssen bereits mehr als drei Stunden notwendig sei, davon min-

34 Von einigen Sozialrechtlern wird diese Vorschrift als rechtsunwirksam betrachtet: „So stellt sich immer erst im nachträglich heraus, ob die Leistungsausgaben die Beitragseinnahmen überschritten haben. Eine rückwirkende Nichtigkeit der Verträge wäre aber eine völlig unannehmbare Rechtsfolge, die zu einer mit rechtsstaatlichen Grundsätzen schlechterdings unvereinbarenden Rechtsunsicherheit insbesondere auch für die Leistungserbringer führen würde" (Schulin 1994a: 444).

destens zwei Stunden für die Grundpflege. Und in der höchsten Pflegestufe III muß sich der Zeitaufwand auf mindestens fünf Stunden belaufen, wovon mindestens vier Stunden für die Grundpflege zu veranschlagen sind.

Abbildung 5: *Monatliche Leistungen im ambulanten Bereich*

	Geldleistung	**Sachleistung**
Pflegestufe I	400 DM	bis zu 750 DM
Pflegestufe II	800 DM	bis zu 1800 DM
Pflegestufe III	1300 DM	bis zu 2800 DM; Härtefälle bis zu 3750 DM

Abbildung 6: *Monatliche Leistungen im stationären Bereich*

	Sachleistung
Pflegestufe I	Pauschale von 2000 DM; Behinderte in vollstationären Einrichtungen bis zu 500 DM
Pflegestufe II	Pauschale von 2500 DM
Pflegestufe III	Pauschale von 2800 DM; Härtefälle bis zu 3300 DM

- Die Pflegeversicherung trägt damit anders als alle anderen Sozialversicherungen den Charakter einer „Teilkasko-Versicherung". Kosten über die Grenzen hinaus müssen privat finanziert werden oder werden bei Bedürftigkeit vom örtlichen bzw. überörtlichen Sozialhilfe-Träger übernommen. Die Pauschalen im stationären Bereich, denen Gesamtpreise von über 6000 DM in der höchsten Pflegestufe gegenüberstehen können (allerdings mit Unterkunft und Verpflegung), führen vor Augen, welche Restsummen noch übrigbleiben; im ambulanten Bereich stellt sich dies allerdings weniger drastisch dar. Durch die Pauschalierung und Deckelung der Leistungen wird außerdem das in der Krankenversicherung prägende Finalprinzip außer Kraft gesetzt;
- Im Pflegebereich wird erstmalig der Wettbewerb gefördert, und zwar durch die bedarfsunabhängige Zulassung von Anbietern über Versorgungsverträge (§ 72 Abs. 3 SGB XI). Dies ist verknüpft mit der Gleichstellung von frei-gemeinnützigen und privat-gewerblichen Trägern in § 11 Absatz 2 SGB XI. Für die Wohlfahrtsverbände bedeutet das, daß das im BSHG bis zur Einführung der Pflegeversicherung bestehende Privileg frei-gemeinnütziger Träger nicht für das Pflegeversicherungs-Gesetz gilt. Auf diese Weise wird erstmalig eine „Wettbewerbs-Situation" im

Sozialversicherungs-Recht festgeschrieben. Die Zuständigkeit der Zivilgerichte für etwaige kartellrechtliche Fragen (vgl. Giese 1995: 14) unterstreicht, daß hier zumindest formal ein Markt geschaffen wird.[35]

- Anders als im SGB V, wo die Ärzte als Leistungserbringer Umfang und Art der Leistungen selbst bestimmen, ist im SGB XI der Medizinische Dienst der Krankenversicherung als Instanz dazwischengeschaltet. Er soll über individuelle Begutachtungen die Eingruppierung in die jeweiligen Pflegestufen bzw. die Ablehnung von Leistungen aus der Pflegeversicherung entscheiden. Das Gutachten des MDK ist jedoch nicht bindend für die Entscheidungen der Pflegekassen; es wird dem Dienst oder Einrichtung in der Regel nicht vorgelegt;
- Die Beziehungen zwischen Leistungserbringern (frei-gemeinnützige Wohlfahrtsverbände, privat-gewerbliche Träger sowie öffentliche Träger) und den Kostenträgern (Pflegekassen und Sozialhilfeträger) werden in offensichtlicher Anlehnung an das Krankenhauswesen[36] neu gestaltet (vgl. Dehn 1995). Auf Bundesebene sind die Spitzenverbände von Kostenträgern und Leistungsanbietern in vielfältige Vertragsbeziehungen eingebunden, die gemeinsame Empfehlungen zur Qualitätssicherung, Verfahrens-, Finanzierungs- und Organisationsfragen zur Folge haben (vgl. Pflegevertragsrecht);
- Auf Länderebene sollen die Verbände der Pflegekassen die dreistufige Verträge mit den Leistungserbringern bzw. ihren Verbänden abschließen (vgl. 1994b). Die Versorgungsverträge lassen die Leistungserbringer grundsätzlich zum „Markt“ zu und werden ausschließlich mit den Pflegekassen abgeschlossen. Auf einer zweiten Ebene schließen die Landesverbände der Pflegekassen mit den Verbänden der Leistungserbringer kollektive Rahmenverträge, in denen die Struktur des Vergütungs-Systems, Angaben zum Personal sowie allgemeine Bedingungen für die Kosten-Erstattung festgelegt werden (vgl. Giese 1995). Schließlich werden zwischen den Landesverbänden der Pflegekassen und den Anbietern bzw. ihren Verbänden die konkreten Leistungsentgelte in Vergütungs-Verträgen ausgehandelt. Formal und in der Verhandlungs-Realität besitzen die Kostenträger – hier vor allem die Pflegekassen – die größere Verhandlungsmacht (vgl. Giese 1995: 21);

35 In dieses System paßt, daß frei-gemeinnützige Träger und deren Verbände eine Eingabe beim Bundeskartellamt gegen ein einheitliches Vergütungs-System im stationären Bereich gemacht haben, das die Verbände der Pflegekassen und die Sozialhilfeträger entwickelt hatten (vgl. Bappert, Witz & Selbherr 1997; siehe auch Kap. 6.3.2).

36 Das Krankenhauswesen und das Krankenversicherungsrecht waren für die Autoren des Gesetzes offenkundig die Blaupause; dieser Bereich ist im „Kollektivgedächtnis“ des BMA gut verankert. Weil die Altenhilfe mit dem Krankenhauswesen jedoch nur bedingt vergleichbar ist, zeigen sich bei der Umsetzung der Pflegeversicherung zahlreiche Reibungspunkte und Mißverständnisse zwischen Kassen und Leistungserbringern (siehe Kap. 6.2 und 6.3).

- Die privaten Pflegepersonen in den Familien – in der Regel immer noch Frauen – sind über die soziale Pflegeversicherung in der gesetzlichen Unfallversicherung versichert, ebenso in der Rentenversicherung, wenn sie nicht über 30 Stunden erwerbstätig sind. Rückkehrer ins Erwerbsleben haben außerdem Anspruch auf Unterhaltsgeld nach dem Arbeitsförderungsgesetz (§ 44 SGB XI). Neben diesen sozialversicherungsrechtlichen Ansprüchen erwerben private Pflegepersonen auch das Recht, unentgeltlich Pflegekurse zu besuchen, die von den Pflegekassen organisiert werden müssen (§ 45 SGB XI).

Dies sind nur die zentralen Neuerungen der sozialen Pflegeversicherung. Zu berücksichtigen ist auch, daß wesentliche Teile der neuen Sozialversicherung außerhalb des Bundesgesetzes installiert wurden und werden, und zwar durch zusätzliche Rechtsverordnungen des BMA, durch gemeinsame Empfehlungen der Spitzenverbände von Kostenträgern und/oder Spitzenverbänden der Leistungserbringer sowie durch die gesetzliche Ausfütterung der Investitionskostenförderung in den Bundesländern inklusive weiterer Vorgaben über Landespflegegesetze. Diese weitmaschige Implementation der Pflegeversicherung – kombiniert mit einem neuen Beziehungsgeflecht der Akteure im Vertragsrecht – führt dazu, daß die laufende Umsetzung des Gesetzes von vielfältigen Interessen strukturiert wird und daß die Regelungen selbst wiederum die Interessen einiger Akteure transformieren. Für einen Analyse-Rahmen der politischen Soziologie ist das der entscheidende Ansatzpunkt.[37]

Nachdem die Pflegeversicherung nun seit drei Jahren ihre Wirkungen entfaltet hat, wurde vom Bundesarbeitsministerium Anfang 1998 ein erster Bericht erstellt, der auch erste bundesweite Statistiken enthält. Die interessanten Daten auf Länderebene – wie die Zahl von ambulanten Diensten und stationären Einrichtungen und deren Trägerschaft – werden vorrangig von den Pflegekassen bearbeitet und sind noch nicht publiziert. Bislang dominieren unter den 1,17 Mio. Beziehern von Leistungen der Pflegeversicherung (Mitte 1997) noch immer die Geldleistungen als Leistungsart der Pflegeversicherung (siehe folgende Abbildung).

---

37 Auch für die politikwissenschaftliche Implementationsforschung kann die Pflegeversicherung als Paradefall herhalten, modellieren doch hier in herausragender Weise die Vielzahl beteiligter Organisationen mit ihren Eigeninteressen die Intentionen des Gesetzes. Und die nicht-neutrale Exekution staatlicher Programme durch Organisationen war schließlich der Auslöser für die Implementations-Forschung (vgl. Mayntz 1993: 14).

Abbildung 7: *Inanspruchnahme von Pflegeleistungen im 2. Quartal 1997*

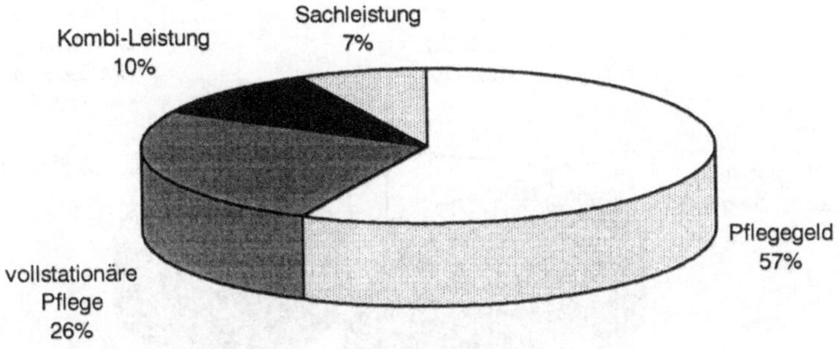

Quelle: BMA 1997: 44

Die Einstufungen des MDK variieren von Region zu Region; daher geben die bundesdurchschnittlichen Zahlen der Einstufungen nicht die Spielräume der Medizinischen Dienste wieder, wie sie auch um Objekt politischer Diskussion geworden sind (siehe Kap. 6.1.2.5). Die Einstufungspraxis zwischen ambulantem und stationärem Sektor ist durchaus unterschiedlich (siehe folgende Abbildungen).

Abbildung 8: *Einstufungen des MDK im ambulanten Bereich, Mitte 1997*

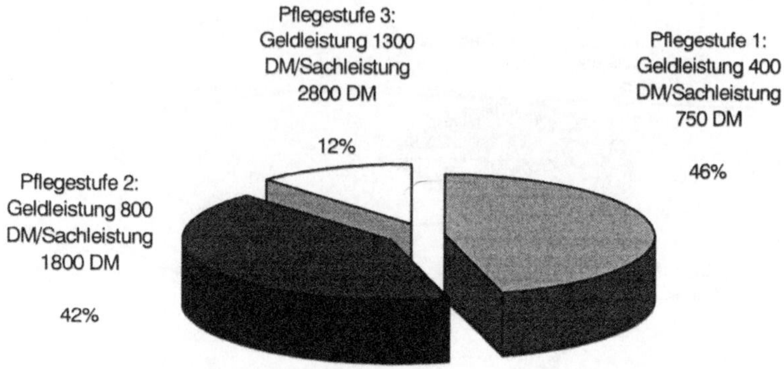

Quelle: BMA 1997: 43

Abbildung 9: *Einstufungen des MDK im stationären Bereich, Mitte 1997*

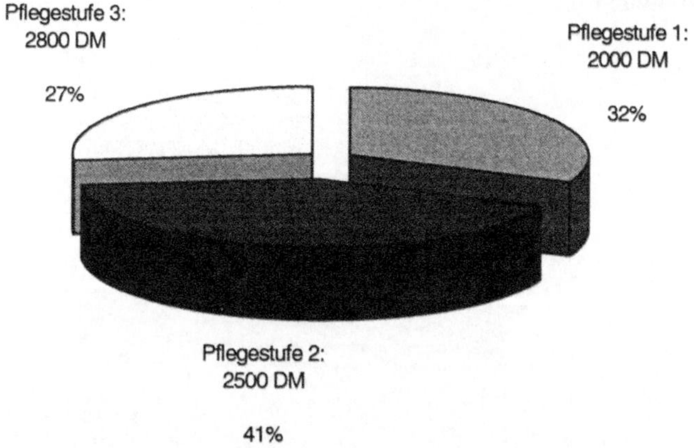

Quelle: BMA 1997: 43

Im stationären Bereich wurden vom MDK mehr als doppelt so viele Pflegebedürftige in die Pflegestufe III eingestuft wie im ambulanten Bereich. Dies erklärt sich aus der Logik der höchsten Pflegestufe: Die hier eingruppierten Schwerstpflegebedürftigen sind häufig nicht mehr ambulant zu versorgen, sondern müssen stationär gepflegt werden, weshalb diese Stufe im stationären Bereich weitaus häufiger genehmigt wird.

4.3 Widersprüche, Konstruktionsfehler, Fehlwirkungen

Bereits in der Anlage des Bundesgesetzes versteckt sich eine Reihe von Widersprüchen und Konstruktionsfehlern, die auch für das Handeln der Akteure prägend sind. Hinzu kommen Fehlwirkungen bei der Umsetzung, die verschiedenen Faktoren geschuldet sind und auch erst mittelfristig wirklich deutlich werden. Die gesetzesimmanenten Widersprüche und Konstruktionsfehler lassen sich in Definitions-, Anreiz- und Kostendimensionen einteilen.

An erster Stelle der Mängel steht sicherlich der medizinisch-somatische Pflegebegriff des Gesetzes (§ 14 SGB XI). Er ist stark verengt und berücksichtigt kaum die psycho-sozialen Elemente der Pflege; diese Nicht-Beachtung beschert den Leistungserbringern derzeit große Probleme in den Vergütungs-Verhandlungen, weil die Pflegekassen solche Leistungen in der Regel nicht finanzieren wollen. Konsequenterweise betont das Gesetz die Bedeutung der Pflegefachkraft (§ 71 Abs. 1 SGB XI) und wertet dadurch indirekt sogar die Position von Heimleitungen mit ihrer Weisungskompetenz ab, was Konflikte vorstrukturiert (vgl. Schwarzenau 1997).[38]

Besonders problematisch daran ist, daß viele andere Berufsgruppen wie Sozialpädagogen oder Sozialarbeiter nicht als verantwortliche Kräfte anerkannt werden; diese Konsequenz ist besonders deutlich geworden, nachdem die Vertretungen der Behinderten vor Inkrafttreten der GPV aufmerksam machten, daß ihre Einrichtungen und individuellen Assistenz-Modelle von der Pflegeversicherung überhaupt nicht erfaßt würden, und daß vor allem die

38 Es kann als empirisch gesichert gelten, daß die Pflegeversicherung über höheren Kostendruck die Zahl der examinierten Kräfte verringert bzw. die Relation zwischen qualifizierten und angelernten Kräften zugunsten der letzteren verschiebt (vgl. o. V. 1997: Verliert die Altenpflege an Qualität ?; o. V. 1998: „Am Ende teurerer"). Dazu paßt im übrigen auch die Überlegung der vorigen Bundesregierung, die Heimpersonalverordnung mit ihrer Mindestquote von 50 Prozent examinierten Kräften für den Sachbereich der Pflegeversicherung abzuschaffen (vgl. Süddeutsche Zeitung, 16. 3. 98). Dadurch wachsen der Gruppe der Fachkräfte verstärkt Aufgaben der Qualitätssicherung (vgl. o. V. 1998: Qualität als Baustein), Koordination, und Leitung zu, die mit dem Verantwortungsbereich der Heimleitungen neu austariert werden müssen (vgl. Ristok 1998). Die interne Machtbalance in Diensten und Einrichtungen wird durch die Pflegeversicherung folglich indirekt beeinflußt.

Assistenz-Modelle als aufwendige und vom Behinderten selbst arrangierte Betreuungs-Form nach der Einführung der GPV nicht mehr statthaft sein würden (vgl. Mrozynski 1994; DPWV 1994). Dadurch wurde letztlich deutlich, daß die Behinderten als Gruppe vom Pflegegesetz überhaupt nicht erfaßt worden waren. Das erste SGB XI-Änderungsgesetz hat hier lediglich insoweit eine Verbesserung gebracht, als Pauschalbeträge an Behinderte in Heimen gezahlt werden, begrenzt auf maximal 500 DM pro Person (vgl. Hesse-Schiller 1996: 49; Frankfurter Allgemeine Zeitung, 23. 5. 96). Auch sind Geldleistungen im Rahmen der von den Behinderten favorisierten „Arbeitgeber-Modelle" (selbst organisierte Betreuer) nach dem Änderungsgesetz möglich; Sachleistungen wurden ausgeschlossen, weil diese teureren Leistungen mit ihren zahlreichen Einsatzmöglichkeiten nach Einschätzung der Politik eine Kostenlawine hätten lostreten können (vgl. BMA 1997: 32).

Bezogen auf die Leistungen und deren Finanzierung ist bislang keine Dynamisierung vorgesehen, anders als etwa in der Rentenversicherung. Dort sind allerdings auch nur Geldleistungen betroffen, während die fehlende Dynamisierung in der Pflegeversicherung die Erlös-Situation der Träger und Dienste negativ beeinflußt und damit weitere Konfliktzonen eröffnet. Tarifabschlüsse und Inflation werden auf diese Weise die Leistungsfähigkeit der Pflegeversicherung einschränken (vgl. Allemeyer 1995: 182). Positiv gewendet verringern sich dadurch aber auch die möglichen Finanzierungsprobleme durch den demographischen Wandel, wenn Preis-Steigerungen der Leistungen wegen fehlender Dynamisierung ausbleiben (vgl. Schmähl/Rothgang 1996).

Aus institutionenökonomischer Sicht fallen mehrere Anreiz-Mechanismen ins Auge, die Fehlsteuerungen auslösen. Gegen den Vorrang von Prävention und Rehabilitation (§ 5 SGB XI) ist programmatisch nichts einzuwenden, doch an dieser Stelle macht sich die Trennung von Kranken- und Pflegekassen negativ bemerkbar. Denn die Rehabilitations-Maßnahmen, die vom Medizinischen Dienst der Krankenversicherung bei der Pflegebegutachtung anstelle von Pflegeleistungen vorgeschlagen werden müssen, fallen in den Zuständigkeitsbereich der Krankenkassen. Den finanziellen Vorteil einer erfolgreichen Rehabilitation haben jedoch die Pflegekassen, die für den entsprechenden Klienten dann keine Pflegeleistungen finanzieren müssen.

Die Anreize für Anstrengungen bei der Rehabilitation sind auf Seiten der Krankenkassen daher falsch gesetzt, was letztlich ein Effekt der Trennung der beiden Kassen-Systeme ist. Das Pooling schlecht voneinander separierbarer Risiken in einer Kassenform wäre eine Barriere gegen Überwälzungsprobleme gewesen (vgl. Wagner 1991). Da aber durch Pauschalierung und Deckelung ein separater und stärker kostenresistenter Versicherungs-Zweig geschaffen werden sollte, haben die führenden Akteure dieses potentiell klientenschädliche System bevorzugt. Im System der Pflegekassen trifft man noch auf ein zweites organisatorisches Anreiz-Problem (vgl. Landenberger

1994: 334). Ihnen wird nicht nur die Finanzierung der Pflege aufgetragen, sie sind gleichzeitig für Maßnahmen der Qualitätssicherung nach § 80 SGB XI zuständig. Es spricht vieles dafür, daß diese Vermischung der Aufgaben nicht im wohlverstandenen Interesse der Klienten sein kann, weil das Rollenverhalten von Pflegekassen in erster Linie vom Vertrags- und Vergütungsrecht dominiert ist und die Qualitätssicherung potentiell kostentreibend ist. Ein primär klientenorientiertes Marktmodell hätte die Beratung der Versicherten über Leistungsangebote außerdem nicht den Pflegekassen zugewiesen (§ 7 Abs. 2 SGB XI), sondern die Verbraucherverbände oder andere neutrale Stellen eingebunden, weil sich auch hier Zielkonflikte einstellen.[39]

Die institutionelle Trennung in Kranken- und Pflegekassen unter dem gemeinsamen Dach der Krankenversicherung hat außerdem eine Diskussion hervorgebracht, die Kritiker dieser Trennung vorhersagt haben, indem sie auf das Risiko von „Verschiebebahnhöfen" zu Lasten der Versicherten hingewiesen haben (vgl. Wagner 1991). Gemeint ist hier der Konflikt zwischen dem Bundesgesundheitsministerium und dem BMA um die Zuweisung von Grund- und Behandlungspflege an die Krankenversicherung bzw. die Pflegeversicherung (vgl. Frankfurter Allgemeine Zeitung, 23. 5. 1996). In diesem Streit zeigte sich zudem die Sogwirkung einer gedeckelten und damit finanzpolitisch attraktiven Versicherung aus Sicht der Krankenkassen, in deren Bereich man kostentreibende Leistungen verschieben kann. So haben die Spitzenverbände der Krankenkassen in Zusammenarbeit mit dem MDK und der Kassenärztlichen Bundesvereinigung (KBV) im Sommer 1996 einen Abgrenzungskatalog vorgelegt, der die „medizinische Behandlungspflege" als einen Bestandteil der (gedeckelten) Pflegeversicherung zuordnet, um der Krankenversicherung Kosten zu sparen (vgl. o. V. 1997: Der Stein des Anstoßes; Specht 1997).

Zwar soll der Katalog nach heftigen Protesten der Anbieter-Verbände noch einmal überarbeitet und korrigiert werden, doch die „Zersplitterung der pflegerischen Leistungen" (Klie 1997) und Qualitätsverluste bei der Ausgliederung aus dem medizinischen Versorgungs-System sind bereits beschrittene Pfade. Bis Ende 1999 soll die zwischen den Ministerien gefundene Regelung zu Lasten der Pflegeversicherung allerdings noch einmal überprüft werden (vgl. Frankfurter Allgemeine Zeitung, 23. 5. 1996). Andererseits zeigte sich bei diesem Streit auch deutlich, daß die ambulanten Pflegeverbände einen Interessen-Dualismus bewältigen müssen, weil ihre Mitglieder zumeist

39 Dieser Hinweis soll bereits darauf aufmerksam machen, daß das Gesetz ein spezifisches Wettbewerbs-Modell anpeilt, in dessen Mittelpunkt als steuernde Instanz zwar die „Versicherten-Verbände" der Pflegekassen stehen, die aber über Marktöffnungen einen generellen Kostendruck erzeugen sollen. Da es zwischen Rationalisierung (die als Effizienz-Steigerung durchaus im Sinne der Klienten sein kann) und der Qualitätssicherung der Pflege jedoch Zielkonflikte gibt, wird der Klienten-Perspektive letztlich wenig Rechnung getragen.

Mischbetriebe mit Leistungen aus dem SGB V der Krankenversicherung und dem neuen SGB XI der Pflegeversicherung sind (vgl. Gaier 1997). Gerade die zusätzlichen Qualifikationen der Dienste in der häuslichen Krankenpflege sind dabei zugleich attraktivere Einkommensquellen[40] – da nicht gedeckelt – sowie Marktzugangs-Barrieren für geringqualifzierte Dienste und damit berufspolitischer Eckpfeiler als Instrument sozialer Schließung.[41]

Falsche Anreize werden auch innerhalb des Verhandlungs-Systems zwischen Pflegekassen und Leistungserbringern gesetzt. So ist es im derzeitigen Vergütungs- und Einstufungs-System wahrscheinlich, daß über „aktivierende Pflege" erfolgreich gepflegte Patienten in einem Nachbegutachtungs-Verfahren des MDK konsequenterweise zurückgestuft werden, was den Erlös des Anbieters schmälert. Auch hier offenbart sich die Dominanz eines Systems, das auf eine „hohe Versorgungsmenge für möglichst wenig Geld" (Forster 1997) abstellt. Die Pflegeversicherung wurde als Leistungsgesetz diskutiert, ist aber „letztlich eine Strategie zur Kostendämpfung im Pflegebereich" (Watzlawczik 1995: 98). Diese Einschätzung darf die zentralen Innovationen aus der Sicht pflegender Angehöriger wie auch der Empfänger von Geldleistungen nicht übersehen.

Zu den institutionell erzeugten Konkurrenzen gehört aber auch das Nebeneinander von Heimaufsichtsbehörden und dem Medizinischen Dienst der Krankenversicherung. Die bei den Städten und Gemeinden angesiedelten Heimaufsichtsbehörden sind seit jeher für die Qualitätskontrolle in stationären Einrichtungen der Altenhilfe zuständig und können formal als unabhängiger gelten als der Medizinische Dienst der Krankenversicherung. Im Rahmen der Pflegeversicherung sind die Kompetenzen für die Qualitätssicherung jedoch eindeutig den Pflegekassen zugewiesen worden, die dafür den Medizinischen Dienst einsetzen. Bei den bislang praktizierten Kontrollbesuchen des MDK im Rahmen der Qualitätsprüfungen nach § 80 SGB XI sind jedoch meist auch Vertreter der Heimaufsichtsbehörden anwesend. Doch die Kompetenz-Verteilung im Bereich der Qualitätssicherung ist weiterhin ungeklärt (vgl. Klie 1997). Ein weiterer Aspekt, der die Interessen der Dienste und Einrichtungen ebenso betrifft wie die Fragen der Qualitätssicherung, ist die feh-

40 Ein Indikator für die attraktiven Verschiebungen von SGB V-Leistungen in den SGB XI-Bereich sind die zunehmend restriktiveren Haltungen der Krankenkassen in den Vergütungs-Verhandlungen mit den Pflegediensten, flankiert von der Begründung, hier könnten einige Posten von den Pflegekassen übernommen werden (vgl. Tews/Richter 1997). Diese Haltung dokumentiert sich in den neuen Einkommens-Mischungen der meisten Dienste. Nach ersten Berechnungen hat sich der frühere Umsatzanteil der ambulanten Dienste im SGB V-Bereich von 50 Prozent auf 30 Prozent reduziert, wodurch der Gesamt-Erlös absolut gesunken ist (vgl. Ristok 1998: 24).

41 Dies erklärt auch die nicht nur kostengeleitete Weigerung einiger privat-gewerblicher Pflegeverbände etwa in Nordrhein-Westfalen, sich an der Umlagefinanzierung der Altenpflege-Ausbildung zu beteiligen, weil sie die krankenpflegerischen Dimensionen im Vordergrund sehen wollen.

lende Festschreibung von Qualifikations-Merkmalen des (gesamten) Personals im Gesetz. Die Bundesregierung will diesen konfliktreichen Posten offenkundig in die Vertragskompetenzen der Pflegekassen verlagern. Dafür spricht auch der Versuch, die im stationären Bereich noch existierende Heimpersonal-Verordnung mit ihrer Vorgabe von mindestens 50 Prozent examinierten Kräften auszusetzen (vgl. Süddeutsche Zeitung, 18. 3. 98).[42]

Ein anderer Widerspruch betrifft die Rolle der Bundesländer bei der Umsetzung der Pflegeversicherung (vgl. Groser 1996: 4). Die Verabschiedung der Landespflegegesetze der meisten Länder produziert neue Spannungen zwischen dem Wettbewerbs-Prinzip des Bundesgesetzes und den Planungsansprüchen der Länder, die ihre Landesalten-Pläne nun in die Bedarfsplanung zwecks Investitionskosten-Förderung umwandeln (vgl. o. V. 1997: Landesgesetzliche Regelungen). Die Planung der Bundesländer und der Kommunen steht allerdings auf tönernen Füßen, weil etwa Billig-Anbieter ohne Bedarfsbestätigung Klienten anziehen und damit Planungsvorgaben zunichte machen können. Die „scheinduale" Finanzierung der Pflegeleistungen durch Pflegekassen (Pflegeleistungen) und Länder (Investitionskosten) transportiert außerdem ein aus der dualen Finanzierung im Krankenhauswesen bekanntes Rationalisierungsproblem mit sich. Wären die Kassen allein für die gesamte Finanzierung verantwortlich (monistisches Finanzierungssystem), so wäre der Anreiz groß, in den Verhandlungen auf die bauliche und logistische Effizienz der Einrichtungen stärkeren Einfluß zu nehmen. Durch die Aufteilung der Finanzierung auf verschiedene Träger sind diese Anreize jedoch falsch gesetzt (vgl. Jacobs 1995).

Auch wenn man allein diese Widersprüche der Pflegeversicherung reflektiert, die durch die laufende Umsetzung nur teilweise beseitigt werden können, ist die sehr unterschiedliche Einschätzung des neuen SGB XI auffällig. Auf Seiten der privat-gewerblichen Anbieter und ihrer Verbände ist beispielsweise ein Aspekt von zentraler Bedeutung: Sie werden nicht nur formal erstmals gleichberechtigt und anerkannt – was auch berufspolitisch bedeutsam ist –, sondern bekommen etwa in der Investitionskosten-Förderung erstmals zusätzliche öffentliche Gelder, die ihnen zuvor verwehrt waren.

Das derzeitige Urteil über die Effekte der Pflegeversicherung hängt auch von der jeweiligen Perspektive ab. Die privaten Pflegepersonen, die erstmalig größere Geldbeträge für ihre Tätigkeiten neben den Ansprüchen auf Sachleistungen bekommen, sehen dies klar als eine eindeutige sozialpolitische Verbesserung an: Über 50 Prozent der Befragten geben in einer Studie an, die Pflegesituation sei besser geworden, nur 3,4 Prozent erleben die ge-

42 Dieser Versuch ist allerdings an der Weigerung der Bundesländer im Bundesrat vorerst gescheitert (vgl. Information der Landesregierung 1998). Dadurch ist die Übergangsfrist für das Erreichen der 50prozentigen Fachkraftquote noch einmal um zwei Jahre verlängert worden. Doch der Versuch des BMA zeigt, daß wesentliche Konflikte um Standards und Leistungen in das Verbändesystem verlagert werden sollen.

genwärtige Lage als schlechter (vgl. Runde u.a. 1996: 84). Allerdings hat die Teilkasko-Konstruktion der Pflegeversicherung auch ihre Konsequenzen: Anstatt der von der Bundesregierung prognostizierten zehn Mrd. DM Minderausgaben der Kommunen als Sozialhilfeträger – und entsprechender Reduzierung der individuellen Sozialhilfeabhängigkeit – konnten diese bis zum Beginn des Jahres „nur“ rund sechs 6 Mrd. DM einsparen (vgl. Frankfurter Allgemeine Zeitung, 16. 1. 97).

Infrastruktur und der Personalbestand in der Pflege erhalten durch die neue Sozialversicherung einen zusätzlichen Finanzierungsschub, auch wenn man die eingesparten Sozialhilfe-Zahlungen abzieht. Allein in 1996 schütteten die Pflegekassen eine Summe von rund 21 Mrd. DM aus; die Arbeitsmarkt-Effekte werden für 1996 auf Zahlen zwischen 67.000 und 75.000 Beschäftigten geschätzt (vgl. BMA 1997). Das Pflegerisiko ist durch den Arenenwechsel von der Sozialhilfe in die Sozialversicherung vor allem im Bewußtsein der Bevölkerung als allgemeines Risiko verankert, die Pflege als fachliche Tätigkeit aufgewertet worden.

Die Aufwertung der Pflege als Beruf erkennen auch die frei-gemeinnützigen Anbieter und natürlich die Berufsverbände der Pflege als Katalysator für ihre Interessen an. Nicht ohne Grund schwellen derzeit wieder die Diskussionen um eine stärkere Professionalisierung, die Definition von „Vorbehaltsaufgaben“ für die pflegenden Berufe, bis hin zur Installierung einer „Pflegekammer“ (vgl. Böhme 1998; Grieshaber 1998; Großmann 1997). Sogar das umstrittene Modulsystem von Leistungskomplexen – in vielen Bundesländern zwischen Pflegekassen und Anbietern ausgehandelt – bietet aus Sicht von Anbieter-Verbänden mit Modifikationen die Chance, Leistungen transparenter zu machen und damit fachliche Kompetenz zu deklarieren (vgl. Fredrich u.a. 1997; Heiber 1997; o. V. 1997: Mehr Transparenz und Selbstbestimmung).

Doch auch in diesem Punkt entfaltet die Pflegeversicherung eine eigenartige Dialektik. Der Aufwertung des Berufsstandes der Pflege setzt das gleiche Gesetz wiederum eine Grenze zur Definitions-Autonomie, die ein wesentliches Kennzeichen jeder Profession ist (vgl. Abbott 1988; Freidson 1970a,b; Light/Levine 1988). Denn anders als bei den Ärzten können die Pflegedienste und -einrichtungen gerade die Nachfrage nach Leistungen und deren Zuschnitt auf den einzelnen Klienten nicht autonom bestimmen, weil hier die Kontrollinstanz des MDK auf Seiten der Kostenträger vorgeschaltet ist. Dadurch ist aber im gesamten System der Altenhilfe – die Begutachtung durch den MDK gilt auch für zusätzliche private Zahlungen oder Zahlungen der Sozialhilfeträger – der entscheidende Mechanismus für die Bildung einer Profession außer Kraft gesetzt. Und aus rechtlicher Sicht gibt es außerdem eine Reihe von Bedenken gegen die Definition von „Vorbehaltsaufgaben“ der Pflege (vgl. Igl 1998). Verläßt man den Kernbereich der Organisationen und ihrer Interessen, so schälen sich im Versicherungs-System der Pflegeversicherung noch zwei weitere „Fehlwirkungen" heraus. An ihr manifestiert sich die generelle Diskriminierung von Familien mit Kindern im System der Sozialversicherung, wie sie nicht nur von Familien-Richtern, sondern mittlerweile sogar vom Bundesverfassungsgericht gerügt worden ist (vgl. Borchert 1991; Lampert 1994). Für die Pflegeversicherung gilt insbesondere, daß Familien mit Kindern durch die später wahrscheinliche „Familienpflege" die öffentlich finanzierte Altenhilfe-Infrastruktur entlasten. Gleichzeitig verzichtet ein Teil der Familie auf Erwerbseinkommen. Von einzelnen Familien-Experten ist daher gefordert worden, die Beitragshöhe nach der Zahl der Kinder zu staffeln (vgl. Kaufmann 1990: 177).[43]

Ein anderer Effekt der Pflegeversicherung beleuchtet die aus allen beitragsfinanzierten Sozialversicherungen bekannten Phänomene der Mittelschicht-Orientierung. Durch die Einbeziehung breiter Gruppen aus der Mittelschicht haben diese Gruppen zugleich erstmalig Ansprüche auf Leistungen, die sie zuvor privat finanziert haben. In Sozialversicherungen, die in erster Linie Sachleistungen nach dem Bedarfsprinzip und nicht nach dem Äquivalenzprinzip finanzieren und zugleich die erforderlichen Beiträge nur bis zur Höhe einer spezifischen Beitragsbemessungsgrenze einziehen, arbeitet prinzipiell ein Umverteilungsmechanismus zugunsten höherer Einkommen. Die regressive Beitragsbelastung in Kombination mit der Inanspruchnahme bedarfsorientierter Leistungen bevorzugt die vermögenderen Beitragszahler (vgl. Bäcker u.a. 1989, Bd. 1: 51).

Der personelle Verteilungsmechanismus der Pflegeversicherung ist dafür verantwortlich, daß erst ab höheren Einkommen sich das Verhältnis von Beitrag zu Leistungen positiv zugunsten der Leistungen entwickelt. Damit erzeugt auch die Pflegeversicherung eine inverse Umverteilung von unten nach oben (vgl. Rothgang 1997). Ohnehin profitieren diejenigen Einkommensgruppen am meisten, die zuvor kein Geld aus öffentlichen Kassen für Pflegeleistungen bekommen hätten und nun gegen einen vergleichsweise niedrigen Beitragssatz erstmals kollektiv finanzierte Leistungen in Anspruch nehmen können.[44]

Zusätzlich ist durch die Pflegeversicherung die Vermögensprüfung wegen zusätzlicher Sozialhilfe-Zahlungen aufgrund der Regel-Leistungen einerseits sowie der Länderregelungen zur Investitionskosten-Förderung andererseits in den meisten Fällen ausgeschaltet. Kritiker bezeichnen die Pflegever-

---

43 Es kann allerdings mit guten Gründen bezweifelt werden, ob es sinnvoll ist, diesen Aspekt eines Familienleistungsausgleichs allein den Beitragszahlern aufzubürden. Hinzu kommt, daß Kinderlosigkeit nicht immer ein frei gewählter Zustand ist. Nicht nur Vertreter des Deutschen Gewerkschaftsverbundes fordern daher regelmäßig, solche Komponenten grundsätzlich über Steuern zu finanzieren.

44 Das gibt auch die Bundesvereinigung der Deutschen Arbeitgeberverbände (BDA) zu, wenn sie in einer programmatischen Schrift schreibt: „Der größte Teil der umlagefinanzierten Pflegeleistungen geht an Personen, die die Pflegekosten ganz oder teilweise selbst tragen können und dies heute auch schon tun" (BDA 1994: 50).

sicherung daher auch als „Vermögens-Sicherungs-Gesetz“ oder „Gesetz zur Sicherung von Erbschaften“ (vgl. Pauly 1995). Der dadurch fehlende Eigenbeitrag wird als sozialpolitisch falsche Entscheidung beurteilt (vgl. Hänlein 1996).

4.4 Im Netz der Akteure: Interessen, Handlungslogiken, Dilemmata

Die Forschung über Organisationen in der Sozialpolitik war – zumindest in der Bundesrepublik – lange Zeit geprägt durch einen „alt-institutionalistischen“ Bias: Das strategische Verhalten von Verbänden und Organisationen wurde meist über die institutionellen Rahmenbedingungen und das ökonomische System erklärt, insbesondere in einem Teil der Gewerkschaftsforschung (vgl. Bergmann u.a. 1976). Die Arbeitsmarkt- und Sozialpolitik legt eine solche Perspektive durchaus nahe, weil sie ein sehr dicht reguliertes Feld mit einer Vielzahl institutioneller Besonderheiten ist, was für konservativ-liberale und sozialdemokratische Wohlfahrtsstaaten stärker gilt als für liberale Wohlfahrtsstaaten im angelsächsischen Raum (vgl. Esping-Andersen 1990).

Dennoch haben sich auch organisationssoziologische Ansätze etabliert, die aus einer eher funktionalistischen Perspektive (vgl. Streeck 1981) bzw. auf der Basis des Rational-Choice-Theorems (vgl. Wiesenthal 1987) untersuchen, welche Dilemmata von kollektiven Akteuren von organisationsinternen Abläufen mitverursacht werden, wie extern entstehende Dilemmata intern abgearbeitet werden oder wie weiter geltende Widersprüche in den Organisationen gesteuert werden.

Der Begriff des „Interesses“ wurde und wird im Bereich der Sozialpolitik jedoch weithin als ein sozialstrukturell angebundener verstanden und gehandhabt; als ein normativ inspiriertes Feld öffnet sich gerade die Sozialpolitik natürlich auch moralischen Argumentationsweisen über Interessen und Ideen (vgl. Baier 1988). Ausgehend von der klassischen Kontroverse über die unterschiedliche Organisations- und Konfliktfähigkeit von Gruppeninteressen (vgl. Offe 1969) hat die mögliche abgeleitete Vertretung „schwacher“ Interessen wieder eine gewisse Aufmerksamkeit gefunden (vgl. von Winter 1990, 1992). Da Wohlfahrtsverbände und privat-gewerbliche Verbände von Pflegediensten und -einrichtungen – die im Mittelpunkt der vorliegenden Analyse stehen – jedoch Mitgliedsverbände von korporativen Akteuren sind, spielt die Dimension der Aggregierung individueller und Gruppeninteressen hier eine untergeordnete Rolle.

Vielmehr stellt sich die Frage nach der Bedeutung der institutionellen Einbettung von Verbänden für die Transformation ihrer Interessen sowie umgekehrt die Frage nach dem Einfluß in Verbänden generierter Organisationsinteressen und dominanten Eigeninteressen auf das institutionelle sozialpolitische Umfeld. Einen klassischen Beitrag hierzu hat Niklas *Luhmann* bereits Anfang der 70er Jahre geliefert, indem er zwischen der Sach- und der Sozialdimension von Bedürfnissen differenzierte („welches" Problem und „wessen" Problem) und den Formwandel des Helfens bis hin in moderne Gesellschaften wie folgt charakterisierte (1973: 34):

„Die helfende Aktivität wird nicht mehr durch den Anblick der Not, sondern durch einen Vergleich von Tatbestand und Programm ausgelöst und kann in dieser Form generell und zuverlässig stabilisiert werden".

Damit erfaßte Luhmann auch treffend die Rolle von Organisationen im System der Sozialarbeit und erkannte präziser als normativ argumentierende Ansätze in der Sozialarbeit die organisationsintern eingebaute Selektivität, die nicht von externen gesellschaftlichen Rahmenbedingungen determiniert, sondern höchstens strukturiert wird:

„Die allgemeinen Bedingungen der Organisierbarkeit und Programmierbarkeit und weiter all das, was an Organisationen und Programmen schon vorhanden ist, wirken als selektive Faktoren, deren Wirkungsverstärkung zugleich Effekte selektiver Nichtbeachtung mitproduziert" (ebenda).

Über einen differenzierungstheoretischen Umweg – oder auch eine Abkürzung – gelangt Luhmann hier mit einem abstrakt verkleideten kritischen Impuls an der Diskussion der politischen Soziologie über die Selektivität sozialstaatlicher Institutionen an (vgl. Offe 1969), allerdings stark von der Seite der Organisation, der Professionen und der Steuerung von Programmen, weniger von der Seite der Sozialstruktur. Außerdem läßt sich seine klassische Analyse ironischerweise als durchaus kritischer Kontrapunkt zur These der advokatorischen Interessenvertretung schwacher Gruppen durch Dritte lesen (vgl. von Winter 1990, 1992). Die Entstehung, Formulierung, aber auch Transformation von organisierten Interessen durch die Einbettung in Politikfelder ist als Analyse-Objekt im Bereich der Sozialpolitik aber meist dem Grundkonflikt zwischen Kapital und Arbeit und einer entsprechenden Analyse industrieller Beziehungen vorbehalten geblieben.

Demgegenüber soll im Rahmen der Arbeit versucht werden, die Herausbildung von Interessenlagen korporativer Akteure zu reflektieren wie auch die Qualität von Machtbeziehungen, die sich in einem institutionell umgebauten Feld wie der Altenhilfe teilweise neu strukturieren und für den künftigen policy-output nicht ohne Bedeutung sind. Trotz eines relativ hohen Grades an öffentlicher Steuerung in der Altenhilfe – die in der Pflegeversicherung nur modifiziert wird – verfügen alle beteiligten Organisationen über eine relative Autonomie. Zentral sind in der Analyse die Wechselwirkungen zwischen Verbandstypen im Bereich der Leistungserbringer. Zuvor wird jedoch eine Skizze zu Interessenlagen und Handlungslogiken der wesentlichen

Organisationen vorgeschaltet. Hier werden nur grundsätzliche analytische Dimensionen angesprochen; im Laufe der folgenden Kapitel sollen Interessenlagen und Machtbeziehungen anhand von Fallbeispielen beleuchtet werden. Theoretische Voraussetzung zur Analyse der Interessenlagen, Dilemmata und Handlungslogiken der in der Pflegeversicherung beteiligten Organisationen ist dabei die handlungstheoretisch vermutete „Akteurkompetenz", nach *Wiesenthal* „eine Art von Folklore-Theorem, das sich neben der mit hohen systematischen Ansprüchen betrachteten Systembegrifflichkeit erfolgreich behauptet" (1993: 4).

4.4.1 Pflegekassen

Mustert man die kollektiven Akteure im Bereich der Pflegeversicherung, so greift hier das Schema der „organisierten Interessen" nicht im klassischen Sinne der Verbändeforschung (vgl. von Alemann 1989). Zumindest zieht sich eine Art Doppelstruktur durch fast alle Organisationen. So lassen sich beispielsweise die Pflegekassen und ihre Verbände durchaus als Interessenorganisation der Versicherten begreifen, was Kassenvertreter selbst häufig zur Fundierung ihrer politischen Legitimation heranziehen. Doch ihre dominanten Funktionen beziehen sich auf die organisatorische Abwicklung von Gesundheitsleistungen, ergänzt durch Service-Angebote. Letzteres könnte dazu verleiten, auch die Pflegekassen als klassischen Typus eines Verbandes im Sinne von Mancur Olson zu begreifen: Selektive Anreize wie Beratung und Kurse für Versicherte werden in Zeiten wachsender Mitglieder-Konkurrenz verstärkt, um die Organisationsbasis zu halten (vgl. Olson 1992).[45]

Doch Pflegekassen sind zwar historisch-genetisch, jedoch nicht strukturell als freiwillige Vereinigungen aufzufassen, da sie öffentlich-rechtliche Körperschaften mit vermittelter Zwangs-Mitgliedschaft sind. Und funktional betrachtet ist der Großteil ihrer Leistungen *konstitutiv*, nicht *selektiv*, da sie einem gesetzlichen Auftrag zur Sicherstellung der Pflege-Infrastruktur Folge leisten müssen. Als Interessenvereinigungen fungieren sie außerdem weniger mit Blick auf die Versicherten als Mitglieder, sondern vielmehr als Vereinigungen korporativer Akteure, nämlich den einzelnen Kassen, in Form von Landes- und Bundesverbänden der Pflegekassen. Allerdings ist die Ausdifferenzierung der Verbandsformen oftmals rein formaler Natur. In Nordrhein-Westfalen hat beispielsweise die Pflegekasse bei der AOK Westfalen-Lippe zugleich die Funktion eines Landesverbandes aller Pflegekassen übernommen (vgl. Satzung der Pflegekasse 1995). Darin spiegelt sich bereits die große Interessenkonvergenz zwischen den einzelnen Kassenarten, die anders als

---

45 Die Pflegekassen bilden hier allerdings einen Sonderfall, weil bei ihnen der Wettbewerb nicht greift. Sie sind den jeweiligen Krankenkassenarten angegliedert und verfügen alle über denselben Beitragssatz.

in der stärker wettbewerbsorientierten Pflegeversicherung letztlich einheitlich vorgehen können. So teilen sich in vielen Bundesländern die Kassenarten in einzelne Regionen auf, in denen dann jeweils nur ein Kassentyp stellvertretend für alle anderen verhandelt.

Im Rahmen der Pflegeversicherung sind zwei Dimensionen von besonderer Bedeutung. Zum einen steht jeder Pflegekasse eine Krankenkasse der jeweiligen Kassenart zur Seite, die in einem nun stärkeren Wettbewerb zu anderen gesetzlichen Krankenkassen steht. Da die Pflegeversicherung über den Passus der Beitragssatzstabilität gedeckelt ist und somit resistent gegen eine Kostenexpansion, bietet sich die benachbarte Pflegekasse durchaus als Verschiebebahnhof für nicht gedeckelte Leistungen aus der Krankenversicherung an. Der Wettbewerb der Krankenkassen schlägt sich im Verhalten der Pflegekassen aber noch in anderer Form nieder. Auch wenn das Argument in der Praxis durchaus kritisch gesehen werden muß, haben die Pflegekassen etwa in der ambulanten Pflege an relativ niedrigen „Punktwerten" für die einzelnen Leistungen ein Interesse. Denn bei niedrigen Punktwerten können die Versicherten mehr Einsätze über die Pflegekasse im Monat abrechnen. Solche Leistungs-Verbreiterungen können beim Anwerben neuer Mitglieder in der Krankenversicherung ein zusätzlicher Vorteil sein.

Theoretisch betrachtet wäre aber auch ein gegenläufiges Interesse der Kassen an relativ hohen Punktwerten vorstellbar. Denn dann wäre das Budget der Versicherten für Sachleistungen relativ schnell aufgebraucht und die eigentlich finanziell schlechter dotierten Geldleistungen – die auch wegen der unbürokratischen Abwicklung für die Kassen attraktiver sind – würden noch häufiger abgefragt. Dies setzte allerdings voraus, daß die Kassen Vertrauen in die Transparenz des Systems und die Wechselbereitschaft der Klienten als Kunden haben. Zudem wäre eine solche Strategie riskant und politisch nicht vermittelbar; auch die Annahme, daß mittelfristig weitaus mehr Sachleistungen abgefragt würden, steht dem entgegen.

Organisationssoziologisch von Bedeutung ist zudem die Tatsache, daß nicht nur in kleineren Kassen ein Großteil des Personals der Pflegekassen aus dem Sachbereich „Krankenversicherung" stammt, sondern teilweise sogar identisch mit dem Personal der Krankenkasse ist. Insbesondere bei Vertragsverhandlungen mit den Leistungserbringern kann dies dazu führen, daß die Kostenlogik der expansionsgefährdeten Krankenversicherung auch die eigentlich abgesicherte Pflegeversicherung beherrscht. Ein zweiter Effekt kommt noch hinzu: Die Erfahrungswelt des Gesundheitswesens mit der dort dominanten Profession der Ärzteschaft hat der kollektiven „Nachfragerseite" der Krankenkassen lange Zeit das Gefühl relativ begrenzter Steuerungsmöglichkeiten vermittelt. Verhandeln jetzt in Personalunion Experten aus dem Krankenversicherungsbereich oder ehemalige Kassenmitarbeiter für die Pflegeversicherung, so sitzen ihnen nun Leistungsanbieter gegenüber, die nicht über einen vergleichbaren professionsgestützten Status verfügen wie die verkammerte Ärzteschaft. Diese Situation setzt Rahmenbedingungen für ein entsprechend „offensives“ Verhandlungs-Gebaren, quasi als „Kompensation“ für die relativ schwache Position der Kassen gegenüber den Kassenärtzlichen Vereinigungen (KV). Darüber hinaus müssen sich die Pflegekassen als Ganzes mit ihrer Politik aber auch vor dem Bundesarbeitsministerium und anderen Akteuren legitimieren können, was davon zu unterscheiden ist, daß sich einige Mitarbeiter vor solchen Instanzen legitimieren *wollen*, um Karrieren zu sichern oder zu erweitern.

Es ist daher zu kurz gegriffen, das strategische Verhalten von Pflegekassen in erster Linie mit der institutionellen Regulierung erklären zu wollen. Denn demnach wäre jede erdenkliche Variante eines offensiven, harten Verhaltens gegenüber den Leistungserbringern institutionell kaum zu erwarten, betrachtet man die fehlenden Anreize zu wirtschaftlichem Verhalten angesichts der Deckelung und der faktischen Konstruktion einer Einheitskasse mit Ausgaben-Ausgleich.

Auch die Einbindung der Pflegekassen in ein System aus den eigentlichen Basiskassen mit Verantwortung für das Leistungsrecht und den Kassenverbänden mit der Veranwortung für das Vertragsrecht bzw. den Abschluß von Richtlinien und Empfehlungen auf Bundesebene wirkt sich auf Interessenlagen der Akteure aus. So votieren die Spitzenverbände der Pflegekassen für Abschlüsse mit den Spitzenverbänden der Leistungserbringer; auch um die Transaktionskosten zu senken und das Gefüge von zentralen Verbänden aufrechtzuerhalten. Einzelne Kassenarten plädieren dagegen für strikte Individualverhandlungen mit Diensten und Einrichtungen, nicht mit den Spitzenverbänden, um den Wettbewerb zu forcieren (vgl. Nawrath 1996).

Auch hier ist möglicherweise die relativ schwächere Position der Leistungserbringer in der Pflegeversicherung[46] mit dafür verantwortlich, daß die leistungsrechtlich orientierten Kassengliederungen hier die Option nutzen wollen, ihre starke Nachfrager-Position auch auszuspielen. Das Gewicht der einzelnen Kassenarten in der Festlegung von Verhandlungs-Strategien ist dabei abhängig von ihrem Anteil an Versicherten. Das erklärt, warum allenthalben die Verbände der Allgemeinen Ortskrankenkassen (AOK) federführend agieren.

Aus berufssoziologischer Perspektive ist die institutionelle Kompetenz-Zuteilung an die Pflegekassen besonders aufschlußreich. Während in der

46 Diese relativ schwächere Position beruht darauf, daß die Wohlfahrtsverbände weder verkammert noch zu öffentlich-rechtlichen Körperschaften zusammengefaßt sind. Eine solche staatlich vermittelte Status-Zuweisung – die weitaus stärker als die Status-Zuweisung über das Subsidiaritätsprinzip im BSHG ist, weil sie eigene Organisationsformen schafft – fußt bei den Ärzten als Leistungserbringern auf deren relativer Autonomie als Profession. Die Wohlfahrtsverbände als korporative Akteure können den Status einer Profession nicht für sich beanspruchen. Somit ist ihre organisationstechnische Stellung in Verhandlungen nicht mit der außerhalb des Einflusses der Krankenkassen stehenden Stellung der monopolistischen Kassenärztlichen Vereinigungen vergleichbar.

GKV der Sicherstellungsauftrag für die kassenärztliche und -zahnärztliche Versorgung den Körperschaften der Leistungserbringer übertragen worden ist (§ 75 SGB V) – ein weiteres Zeichen für die professionelle Autonomie des Ärztestandes –, ist er in der Pflegeversicherung an die Pflegekassen delegiert worden (§ 69 SGB XI). Die infrastrukturelle Verantwortung für die Sicherstellung stärkt die Pflegekassen und schwächt die Anbieter, zumindest wenn man die Regelung als Status-Regelung auffaßt. In der vertragsrechtlichen Umsetzung hingegen können die Anbieter Konflikte um Ausstattung und Vergütung mit Hinweis auf die Infrastrukturverantwortung der Pflegekassen – neben ihrer finanzpolitischen Verantwortung – den Pflegekassen zuschieben. Da anders als in der GKV (§§ 11-68 SGB V) kein konkreter gesetzlicher Leistungskatalog vorgeschrieben ist, öffnet die Pflegeversicherung auch an dieser Stelle Foren für Konflikte zwischen Pflegekassen und Anbietern. Die Auseinandersetzungen um Leistungskomplexe und andere Regelungen der Rahmenverträge demonstrieren diesen Effekt (siehe Kap. 6.2).

Ein zweites Merkmal markiert ebenfalls berufssoziologisch relevante Unterschiede zwischen Ärzten in der Krankenversicherung und Leistungsanbietern in der Pflegeversicherung, die die Position der Pflegekassen gegenüber den Anbietern weiter stärken. Die Zulassung von Anbietern regelt in der GKV ein gemischtes Gremium von Kassenärztlichen Vereinigungen und Krankenkassen, die Zulassungsausschüsse, deren Geschäfte bei der jeweiligen KV geführt werden (§ 96 SGB V). In der Pflegeversicherung obliegt die Zulassung allein den Pflegekassen; sie schließen daraufhin Versorgungsverträge mit den Anbietern ab (§ 72 SGB XI).

In der Gesamtsicht zeigt sich in der GKV ein Akteurs-System, bei dem auf Seite der Nachfrager die Krankenkassen mittlerweile in einen regulierten Wettbewerb eingebunden sind, während auf der Seite der Anbieter weiterhin regionale Monopole der Ärzte bestehen. Umgekehrt verhält es in der Pflegeversicherung. Dort agiert auf Seiten der Nachfrage faktisch eine Einheitskasse, wogegen die Anbieter in ein fragiles Monopol auf Seiten der Wohlfahrtsverbände und verschiedene privat-gewerbliche Pflegeverbände sowie nichtorganisierte Einrichtungen und Dienste gespalten sind.

Um sich im System der Pflegeversicherung zu legitimieren, ist für die Pflegekassen das Umfeld der korporativen Akteure wichtiger als die Gemeinde der Versicherten. Die Intransparenz des Leistungs-Geschehens und der ungewohnte Umgang mit Widersprüchen gegen Einstufungs-Entscheidungen verhindern das Entstehen einer „kritischen Klienten-Öffentlichkeit“. Das schließt allerdings die advokatorische Interessenvertretung durch Betroffenen- oder Verbraucherverbände nicht aus. Doch in den entscheidenden Foren, etwa den Vertragsverhandlungen, sind Verbände der Betroffenen nicht beteiligt, obgleich die Verquickung von finanzpolitischen Interessen, Sicherstellungsauftrag und Qualitätssicherung auf Seiten der Pflegekassen keine advokatorische Interessenvertretung der Klienten ermöglicht.

Die weiterhin starke Stellung des BMA und der Spitzenverbände aller Beteiligten mit einem deutlichen Übergewicht auf der finanzpolitischen Stabilität der Pflegeversicherung sorgen dafür, daß sich Rolle und Legitimation der Kassen auf diesen Teil der Pflege-Arena ausrichten. Reflektiert man Position und Interessenlagen der Pflegekassen, so darf man aber auch die Krankenkassen als separate Finanziers von pflegerischen Leistungen im Rahmen des SGB V nicht außer Acht lassen. Da insbesondere viele ambulante Dienste typische Mischbetriebe mit Leistungen im Rahmen von SGB V und SGB XI repräsentieren, ist der Pflegebereich aus Sicht der Leistungserbringer nicht auf den Sachbereich „Pflegeversicherung“ beschränkt. Konflikte mit den Krankenkassen über Vergütungsregelungen sind somit Konflikte im Pflege-Sektor. Und die beeinflussen wiederum die Strategie der Pflegekassen.

4.4.2 Wohlfahrtsverbände

Mit einem anderen institutionellen Status, aber in ihrer Abweichung vom Olsonschen Schema ähnlich wie die Pflegekassen, erscheinen die Wohlfahrtsverbände, die in den meisten Bundesländern weiterhin wichtigsten Anbieter von Pflegeleistungen. Arbeiterwohlfahrt (AWO), der Deutsche Caritasverband (DCV), das Diakonische Werk (DW), das Deutsche Rote Kreuz (DRK), der Paritätische Wohlfahrtsverband (DPWV) sowie die Zentrale Wohlfahrtsstelle der Juden in Deutschland (ZWSt) bilden das Konzert der deutschen Wohlfahrtsverbände (vgl. Kap. 3.1).

Die binnenorganisatorischen Eigentümlichkeiten der Wohlfahrtsverbände bedingen, daß die ihnen zugeschriebenen Dilemmata andere Ursachen haben als die für klassische Mitgliederverbände beschriebenen (vgl. Offe/Wiesenthal 1980). Das „Trilemma“ als Resultat aus der Spannung zwischen den unterschiedlichen Rationalitäten der Rekrutierung, Repräsentation und Effektivität gilt in dieser Form nicht für Wohlfahrtsverbände. Die Doppelnatur als politische Organisation und Dienstleistungsanbieter – allerdings weitgehend in unterschiedliche Organisationsgliederungen differenziert – prägt auch die Interessenlagen von Wohlfahrtsverbänden bei der Umsetzung der Pflegeversicherung. Die wenigen akteursbezogenen Analysen von Landesprogrammen in der Altenhilfe demonstrieren, daß den positiven Erwartungen von Spitzenverbänden an „Status-Gewinnen“ häufig negative Einschätzungen der Träger wegen eines höheren Koordinationsaufwands entgegenstehen, was die Umsetzung erschwert (vgl. Schölkopf 1996).

Ein randständiges Feld wie die Finanzierung der Altenpflege-Ausbildung bringt Interessendivergenzen zwischen Einrichtungen und Diensten einerseits und den Spitzenverbänden andererseits besonders plastisch zum Vorschein. In den Bundesländern, in denen es ein Umlage-System gibt, sperren sich viele wohlfahrtsverbandliche Einrichtungen gegen die Zahlungen, während die Spitzenverbände mit der Existenz ihrer eigenen Altenpflege-Seminare Prestige und Einfluß verknüpfen (vgl. o. V. 1997: Altenpflegeumlage; Specht 1997; Stoll 1997). Der ökonomische Kostendruck durch die Pflegeversicherung katalysiert diesen Konflikt.

Die Pflegeversicherung konturiert das „Schisma“ von Dienstleistungs-Trägern und politischen Spitzenverbänden neu. Allein die gesetzliche Vorgabe, die vertragsfähigen Pflegedienste und -einrichtungen hätten „selbständig wirtschaftende Einrichtungen [...] unter ständiger Verantwortung einer ausgebildeten Pflegefachkraft“ (§ 71 SGB XI) zu sein, wertet die Position der eigentlichen Träger im Vertragsgeschehen auf. Betrachtet man parallel dazu den derzeitigen Strukturwandel der Wohlfahrtsverbände, so fällt ein Trend in diesem Zusammenhang besonders auf: die Ausgliederung und Zusammenfassung von Trägern der Altenhilfe in Komplexen, immer öfter in der Rechtsform der GmbH organisiert, um u.a. die Haftung vom Gesamtverband auf die untergeordnete Einrichtung zu lenken (vgl. Heinze/Schmid/Strünck 1997).

Ein nicht-intendierter Effekt aus Sicht der übergeordneten Verbände auf lokaler und Landesebene äußert sich darin, daß dieser gesteuerte Strukturwandel – in Kombination mit den Regelungen der Pflegeversicherung – die Kompetenzen der Verbände zurückschneidet und die Verantwortung der Träger erhöht, die selbst verstärkt Ansprüche stellen, ihren eigenen finanziellen und organisatorischen Status mitsteuern zu können. Aus dieser Mischung schält sich die Interessenlage der örtlichen Verbände sowie insbesondere der Spitzenverbände auf Landesebene heraus, den bisherigen Status auch in der Umsetzung der Pflegeversicherung konservieren zu können. Den Mechanismus dafür stellen allerdings nun in erster Linie die Beziehungen zu den Kostenträgern dar, insbesondere zu den Pflegekassen. Die juristische Differenzierung in „Statusrecht“ und „Vertragsrecht“ ist somit sozialwissenschaftlich betrachtet unbrauchbar. Denn gerade im Geflecht der neuen Vertragsbeziehungen ergeben sich Rückwirkungen auf den Status einzelner Akteure.

Ein deutliches empirisches Indiz dafür, daß die Pflegeversicherung organisatorisch verankerte Interessendivergenzen innerhalb der Wohlfahrtsverbände beschleunigt, liefern die Positionen zur Vergütung. Allgemein betrachtet haben die Spitzenverbände in den bisherigen Vergütungsverhandlungen – vor allem im ambulanten Bereich – versucht, möglichst hohe Vergütungssätze herauszuhandeln, um die privaten Zusatzzahlungen bzw. aufstockende Sozialhilfe zu gering wie möglich zu halten und die besondere Stellung der Wohlfahrtspflege herauszustreichen.

Da aber die Vergütungssätze ein Faktum sind, das alle weiteren Zahlungsformen in ihrer Höhe beeinflußt und zugleich die Zahl der pflegeversicherungs-finanzierten Einsätze bestimmt, nehmen die örtlichen Träger eine etwas andere Haltung zur Höhe der Vergütung ein. Sie müssen sich in einem lokalen Markt – in Zukunft stärker – behaupten, in dem ihre „Konkurrenten" teilweise niedrigere Vergütungssätze abrechnen. In einer solchen Situation kann die höhere Vergütung die eigene Wettbewerbsposition verschlechtern.

Dieser prinzipielle Interessenkonflikt zwischen Verbänden und einzelnen Einrichtungen und Diensten wiederholt sich in modifizierter Form auf der Ebene der Spitzenverbände zwischen den einzelnen Wohlfahrtsverbänden. Zwar agieren alle Verbände auf allen föderalen Ebenen konzertiert in Arbeitsgemeinschaften oder Ligen, doch die Gemeinsamkeit ist bei politischen Grundsatzfragen größer als bei der Verhandlungs von Rahmenbedingungen für die sozialen Dienste. Die Pflegeversicherung verstärkt auch diese Interessendivergenzen und beschleunigt zugleich die Dynamik des gesamten Verbände-Systems in der Altenhilfe, in dem mittlerweile auch die privatgewerblichen Pflegeverbände ihre Positionen verankern.

4.4.3 Privat-gewerbliche Pflegeverbände [47]

Schon vor der Einführung der Pflegeversicherung existierten in der Bundesrepublik privat-gewerbliche Heime und auch ambulante Pflegedienste. Die privat-gewerblichen Pflegedienste stützten sich dabei nicht nur auf vermögende Selbstzahler, sondern schöpften den größten Teil ihrer Einnahmen aus der Krankenpflege, die über die Leistungen des SGB V mit den Krankenkassen abgerechnet wurden. Entsprechend gab es vor der Einführung der Pflegeversicherung auch schon privat-gewerbliche Pflegeverbände.

Doch deren Zahl und Bedeutung ist mit der Einführung sprunghaft angestiegen, parallel zu einem Boom privat-gewerblicher Anbieter insbesondere im ambulanten Bereich. Als Bundesverbände sind in der Bundesrepublik mittlerweile mehr privat-gewerbliche Pflegeverbände als Wohlfahrtsverbände aktiv. Die bedeutendsten von ihnen sind:

- Bundesverband Privater Alten- und Pflegeheime und sozialer Dienste e.V. (BPA), Bonn, 1957 gegründet;
- Verband Deutscher Alten- und Behindertenhilfe e. V. (VDAB), Essen, 1992 gegründet;
- Arbeitsgemeinschaft Hauskrankenpflege e.V. (AGH), Essen, 1988 gegründet, seit April 1998 mit dem BPA als Bundesverband Privater Alten- und Pflegeheime und ambulanter Dienste (BPA) fusioniert;
- ArbeitgeberVerband Ambulanter Pflegedienste e. V. (AVAP), Hannover, 1993 gegründet, fusioniert Ende 1998 mit dem BHD;
- Deutscher Berufsverband für Alten- und Krankenpflege e. V. (DBfK), Frankfurt am Main, 1973 gegründet;

---

47 Dieses Kapitel beruht weitgehend auf der Auswertung von Verbandspublikationen und Experten-Interviews, weil keine einschlägige Literatur zum Thema existiert.

- Bundesverband Ambulante Dienste e. V. (BAD), Essen, 1988 gegründet,
- Deutscher Verband der Leitungskräfte von Alten- und Behinderteneinrichtungen e. V. (VLAB), Berlin, 1997 gegründet;
- Berufsverband Hauskrankenpflege in Deutschland e. V. (BHD), Hannover, 1990 gegründet, fusioniert Ende 1998 mit dem AVAP;
- Spitzenverband Häuslicher Krankenpflege in Deutschland e. V. (SHK), Köln, 1997 gegründet.

Die Gründungsdaten der meisten privat-gewerblichen Pflegeverbände liegen relativ parallel zum Gesundheitsreformgesetz vom 1. 1. 1989, in dem für die ambulante Krankenpflege neue Finanzierungsregeln verabschiedet wurden und private Pflegedienste als Vertragspartner der Kassen erstmals formalrechtlich anerkannt wurden (vgl. Perschke-Hartmann 1994). Nicht die Pflegeversicherung, sondern neue Regulierungen in der Krankenversicherung sind daher für die Pflegeverbände gründungsleitend gewesen.

Die Verbandsstrukturen der privat-gewerblichen Verbände sind sehr heterogen. Unterschiedlich sind der Organisationszweck (Berufs- vs. Arbeitgeber bzw. Unternehmensverbände), der föderale Aufbau („echte" Bundesverbände mit Landesverbänden vs. Spitzenverbände mit weniger als 16 Landesverbänden), der Gründungsprozeß (von unten vs. von oben gewachsen), die Form der Mitgliedschaft (Verband der Verbände vs. Verband der Betriebe), die Struktur der Mitgliedschaft (stationär vs. ambulant) sowie die Zahl der Mitglieder (keine genauen Angaben) und die Höhe der Mitgliedsbeiträge (keine genauen Angaben).

In der Kultur und primären verbandspolitischen Orientierung verläuft eine Schneise zwischen „Schlips- und Kragenverbänden" (Pflege-Jargon) – die prononciert als Unternehmensverbände auftreten – und Verbänden wie etwa dem BHD, der im Kern ein Verband der freiberuflichen Krankenschwestern ist und mit der Einführung der Pflegeversicherung in diesem Klientel wieder stärkeren Zulauf gefunden hat (vgl. BHD o. J.); obwohl ebenfalls Unternehmensverband, akzentuiert der BHD aufgrund der fachlichen Qualifikationsbasis seiner Mitglieder auch die Berufspolitik.

Die unterschiedlichen Formen mischen sich auch in einzelnen Verbänden. So sind beispielsweise die Berufsverbände DBfK und DBVA (Deutscher Berufsverband für Altenpflege e. V., nicht in der Liste aufgeführt) zugleich in der Rolle von Arbeitgeberverbänden, weil sie auch einzelne Dienste als Mitglieder haben. Der DBfK weist dabei eine Spezialität auf: Er ist auf Bundesebene zugleich Mitglied im gemeinnützigen Paritätischen Wohlfahrtsverband (vgl. DBfK o. J.). Das funktioniert deswegen, weil der DBfK formal ein reiner Berufsverband und kein privat-gewerblicher Unternehmensverband ist, der aber etwa in NRW eine ausgegliederte Sektion „Freiberufler" unterhält, mit denen er sich an Vergütungsverhandlungen beteiligen kann.

Einen Sonderfall im weiterhin turbulenten Feld der privat-gewerblichen Pflegeverbände stellt der 1997 gegründete „Bundesverband Homecare" dar (vgl. Boucsein 1998). Hier haben sich die Hersteller gerontotechnischer Hilfsmittel sowie pharmazeutische Firmen vereinigt, deren gemeinsames Ziel es ist, den ambulanten Kranken- und Altenpflegebereich zu stabilisieren, weil sie mit ihren Produkten dort ein Hauptumsatzfeld haben. Dies ist bislang die einzige Gründung eines „Industrieverbandes" im Altenhilfebereich. Sie zeigt aber an, daß dieser Sektor erst langsam als ökonomisches Wachstumsfeld entwickelt wird, in dem auch technologische Innovationen vermarktet werden können (vgl. von Bandemer/Hilbert 1996).

Gemeinsam ist beinahe allen privat-gewerblichen Pflegeverbänden, daß ihre ehrenamtlichen Vorstände selbst Eigentümer von Einrichtungen oder Diensten sind. Das schafft eine weitaus größere Identifikation mit den betrieblichen Besonderheiten der Altenhilfe als etwa in den Wohlfahrtsverbänden, in deren Vorständen in der Regel keine Leitungen von eigenen Trägern, sondern Funktionäre sitzen. Die privat-gewerblichen Pflegeverbände sind selbst keine Träger von Einrichtungen oder Diensten. Die Mitglieder sind rechtlich selbständig, die Verbände entsprechen daher in der Regel einem Mix aus gewerblichen Wirtschafts- und Arbeitgeberverbänden, die formal auch Tarifverträge abschließen können. Vergleicht man diese Struktur mit der grundsätzlichen Struktur der Wohlfahrtsverbände, so entsprechen die privat-gewerblichen Pflegeverbände relativ klar dem Typus eines freiwilligen Interessenverbandes.

Die Strukturen der privat-gewerblichen Verbände sind deutlich unterschiedlicher als ihre jeweiligen Ziele und das Profil der Verbände; hier lassen sich keine nennenswerten Unterschiede ausmachen. In beinahe allen Satzungen findet sich ein ähnliches Bündel an Organisationszwecken:[48]

- Förderung der Strukturen der Altenhilfe,
- Beratung und Vertretung der Mitglieder vor politischen Instanzen, Behörden, der Öffentlichkeit,
- Fort- und Weiterbildung sowie die
- Entwicklung von Qualitätsstandards oder auch Gütesiegeln;

dies sind die ähnlich lautenden Ziele privat-gewerblicher Pflegeverbände. Diese Konvergenz stabilisiert sich auch dadurch, daß es in der parlamentarischen Arena zwar bestimmte parteipolitische Grundorientierungen einzelner Verbände gibt, diese aber nur schwach ausgeprägt sind. Verglichen mit den Wohlfahrtsverbänden sind die Beziehungen zu Parteien und der Ministerialbürokratie ohnehin noch nicht fest institutionalisiert, das Knüpfen von Zweck-Koalitionen dominiert.

Obwohl in der Verbandslandschaft Einigkeit herrscht, daß eine stärkere Konzentration auf wenige große Verbände die Durchschlagskraft erhöhen

48 Vgl. exemplarisch Satzungen und Selbstdarstellungen von AVAP 1995; BAD 1995; BHD o. J.; BPA o. J.; DBfK o. J.; VDAB 1993.

würde, ist das privat-gewerbliche Verbändesystem von stärkeren Konflikten geprägt als das System der gemeinnützigen Wohlfahrtsverbände. Die Wohlfahrtsverbände nutzen Tradition, Programmatik und verbandspolitisches Profil zur Außendifferenzierung, wodurch sie ihrem Auftreten die Gestalt eines kollektiven Akteurs verleihen. Im Vergleich dazu macht sich bei den privat-gewerblichen Pflegeverbänden die nach außen gerichtete Differenzierung in erster Linie an handelnden Personen fest. Zusätzlich ist die Fluktuation zwischen den privat-gewerblichen Verbänden relativ groß, so daß es einen nennenswerten Wettbewerb um Mitglieder gibt. Das erhöht den Stellenwert rechtlicher und betrieblicher Service-Funktionen als selektive Anreize im Olsonschen Sinne. Es ist bezeichnend, daß kaum aufschlußreiche und transparente Angaben über Mitgliederzahlen und Mitgliederstrukturen verfügbar sind. In der Legitimation nach außen kommt der Größe des Verbandes in einem sich stark wandelnden und noch nicht konsolidierten privat-gewerblichen Verbändesystem eine große Bedeutung zu. Beides zusammen – die Bedeutung handelnder Personen und die Konkurrenz um Mitglieder – kräftigt die persönlichen Konkurrenzen zwischen leitenden Mitarbeitern und Vorständen privat-gewerblicher Pflegeverbände.

Bei der Umsetzung der Pflegeversicherung begeben sich auch die privat-gewerblichen Pflegeverbände in neue Dilemmata. Einerseits streben alle einen den Wohlfahrtsverbänden vergleichbaren Status an. Dieser dokumentiert sich aber auch in den ausgehandelten Preisen für Pflegeleistungen. „Gleiche Preise wie die Wohlfahrtsverbände" ist aus Sicht der privat-gewerblichen Verbände eine sinnvolle Strategie zur Statusangleichung. Ihre selbständigen Mitglieder haben jedoch zumeist andere Prioritäten. Sie müssen in der Konkurrenz zu anderen privat-gewerblichen Diensten und Einrichtungen bestehen können. Zu hohe Preise können daher die Wettbewerbs-Position verschlechtern, weil sich dadurch auch die Zuzahlungen erhöhen. Daher werben einige privat-gewerbliche Verbände sogar mit niedrigeren Abschlüssen. Da privat-gewerbliche Pflegeverbände zunächst über ein Mandat der Mitglieder verhandeln, und die Mitglieder nach Abschluß des Vergütungsvertrages diesem Vertrag noch formell beitreten müssen, gibt es regelmäßig Mitgliederwanderungen oder auch Doppelmitgliedschaften, um in den Geltungsbereich möglichst betriebsoptimaler Preise zu kommen. Eine aus betrieblicher Sicht komfortable Lösung wäre die individuelle Vereinbarung von Preisen mit Klienten, was allerdings die Legitimation und Funktion zentraler Verbände infragestellen würde; damit wären zugleich paternalistische „Schutzmechanismen" advokatorischer Preisaushandlungen ausgeschaltet und die Klienten tatsächlich einem „Markt" ausgeliefert. Diesen Interessenkonflikt haben die privat-gewerblichen Pflegeverbände durch ihre ehrenamtlichen Vorstände internalisiert, wodurch regelmäßig Rollenkonflikte aufbrechen.

4.4.4 Medizinischer Dienst der Krankenversicherung

Der Medizinische Dienst der Krankenversicherung (MDK) ist kein „Geschöpf" der Pflegeversicherung, sondern hatte bereits vorher Funktionen für die Krankenkassen übernommen, zum Beispiel die Begutachtung bei Arbeitsunfähigkeit oder von Pflegeanträgen für den häuslichen Krankenpflegebereich im SGB V seit 1989 (vgl. Pick 1995). Der MDK hat sich aus dem früheren vertrauensärztlichen Dienst der Krankenversicherung entwickelt, der in erster Linie für die stichprobenartige Überprüfung ärztlichen Verordnungsverhaltens zuständig war.

In der Pflegeversicherung übernimmt der MDK als Sachverständiger im wesentlichen zwei Aufgaben. Er prüft in einem individuellen Begutachtungsverfahren, in welche Pflegestufe die Anstragssteller einzugruppieren sind und händigt die nicht-bindenden Pflegegutachten an die Pflegekassen aus. Im Rahmen von Qualitätssicherungsmaßnahmen des § 80 SGB XI hat der MDK aber auch die Federführung bei Qualitätsprüfungen in Heimen und Diensten. In Zusammenarbeit mit den Kassen erstellt der MDK überdies Gesamtstatistiken. Der Inhalt der Gutachten wird den Pflegeeinrichtungen und -diensten nicht zugestellt; auch die Pflegebedürftigen und ihre Angehörigen können das Gutachten nur auf Antrag einsehen. Mögliche Differenzen zwischen der Einstufung durch den MDK und dem endgültigen Bescheid durch die Pflegekasse werden daher nicht publik.

Formell ist der MDK eine unabhängige, beratende Organisation, die über einen eigenen Verwaltungsrat verfügt und der Rechtsaufsicht der für die Sozialversicherung zuständigen obersten Verwaltungsbehörde des Landes unterstellt ist (vgl. Igl 1995a). Finanziert wird der MDK jedoch von den Kranken- und Pflegekassen, und auch die Mitglieder der Selbstverwaltung des MDK rekrutieren sich im wesentlichen aus diesem Feld. Die für die Steuerung des Pflegebereiches zentrale Einstufung der Klienten wird also von einem Dienst organisiert, der durchaus der Einflußnahme der Finanziers der Pflegeversicherung ausgesetzt ist. Das Kontrollbegehren der Kassen äußert sich auch darin, daß die an der Umlage-Finanzierung stärker beteiligten großen Kassen nachprüfen, welchen Anteil an Arbeit der jeweilige MDK für sie leistet. Die – nach einer Neufassung nun sehr engen – Richtlinien zur Begutachtung von Pflegebedürftigkeit sind ebenfalls unter Federführung der Pflegekassen erstellt worden (vgl. Richtlinien der Spitzenverbände 1997).

Die speziellen Anforderungen der Pflegeversicherung haben die Berufsstruktur der einzelnen MDKs der Bundesländer neu sortiert. Bis September 1994 waren bei allen MDKs zusammen lediglich neun Pflegefachkräfte neben 1.600 Ärzten angestellt. Bis zum Jahr 1997 arbeiteten bereits 620 Pflegefachkräfte bundesweit bei den MDKs, die Zahl der Ärzte hat sich auf 1.970 erhöht (vgl. BMA 1997: 56). Die berufliche Zusammensetzung der MDKs ist nicht unerheblich für Interessenkonflikte mit den Kassen. Unter den leitenden

Ärzten der MDKs ist die sozialmedizinische Kompetenz stark ausgeprägt; sie sind ohnehin rechtlich

„ [...] bei der Wahrnehmung ihrer Aufgaben nur ihrem ärztlichen Gewissen unterworfen" (§ 275, Abs. 5 SGB V). Allerdings sind sie auch „ [...] nicht berechtigt, in die ärztliche Behandlung einzugreifen" (ebenda).

Diese fachliche „Amputation" in Kombination mit dem Selbstbehauptungsdruck gegenüber den Kassen generiert bei leitenden wie bei ausführenden Ärzten der MDKs ein deutlich höheres Frustrationspotential, das zur Quelle von Konflikten mit den Kassen als Auftraggeber werden kann. Die neue Mischung aus Pflegefachkräften und Medizinern ist jedoch auch eine organisationsinterne Herausforderung, weil die Ärzte weiterhin das Zeichnungsrecht bei Gutachten haben und sich somit die klassische berufsfachliche Hierarchie zwischen der Profession Medizin und der Nicht-Profession Pflege im MDK fortsetzt. Nach außen gewendet könnte der enge somatische Pflege-Begriff des Gesetzes langfristig durch die Mitbegutachtung von Pflegefachkräften verbreitert werden, trotz mittlerweile eher enger Begutachtungsrichtlinien.

Die politischen Weichenstellungen der Pflegeversicherung setzen allerdings trotz der Deckelung der Versicherung starke Akzente in Richtung günstiger Kostenentwicklung. Diese Akzente spüren auch die Ärzte bei der Koordination der Begutachtungsverfahren. Auch daraus ergeben sich Spannungen zwischen fachlichem Selbstbewußtsein und politischen Rahmenbedingungen. Zugleich treffen die Ärzte und Pflegefachkräfte des MDK vor Ort auf Pflegekräfte und ärztliche Kollegen, die das jeweilige Klientenverhalten schon länger und intensiver beobachten. Im Falle restriktiver Gutachten brechen auch in diesen Beziehungen Konflikte mit den Pflegenden und auch den Angehörigen auf. Die Unzufriedenheiten mit der Pflegeversicherung und den Pflegekassen fangen zudem in erster Linie die Mitarbeiter der MDKs in den Diensten und Einrichtungen ab.[49]

Die üppige Personalaufstockung des MDK – finanziert von den Kassen – hat Dienste geschaffen, deren innere Organisation nur schwer zu steuern ist. Das hat sich immer wieder bei den abweichenden Einstufungen zwischen den Bundesländern, besonders aber innerhalb von NRW gezeigt (siehe Kap. 6.1). Doch daraus läßt sich nicht schließen, daß sich die MDKs stärker verselbständigen. Ob sie es tun, hängt vielmehr von der Personalkonstellation an der Spitze der Dienste ab; langjährige Ärzte aus den Zeiten des vertrauensärztlichen Dienstes können sich aufgrund ihrer institutionellen Verankerung gegen Kritik der Kassen weitaus besser immunisieren als neue, extra für die Pflegeversicherung rekrutierte Leitungen, denen die politischen Eckwerte der Ver-

49 Die in der Altenhilfe tätigen Fachkräfte entladen Konflikte auch dadurch, daß immer wieder offen kommuniziert wird, die bei den MDKs tätigen Pflegefachkräfte seien – ähnlich wie die Ärzte – nicht die leistungsstärksten des Arbeitsmarktes und hätten sich dort noch eine Nische gesichert.

sicherung gleichsam als verpflichtender Arbeitsauftrag mit auf den Weg gegeben wurden.

4.4.5 Staatliche Akteure

Unter den relevanten staatlichen Akteuren ragen auf der Umsetzungs-Ebene der Bundesländer diejenigen heraus, denen die Einführung der Pflegeversicherung eine spürbare Entlastung bei den Sozialhilfe-Ausgaben bringen soll: die örtlichen und überörtlichen Sozialhilfeträger und damit die Kommunen sowie die Landschaftsverbände bzw. das Bundesland. Insbesondere die überörtlichen Sozialhilfeträger verlieren wichtige gestalterische Kompetenzen im stationären Altenhilfe-Bereich an die Pflegekassen. Auf der Kostenträgerseite sind die Kassen eindeutig die dominanten Verhandlungspartner.

Dabei klaffen Finanzierungs- und Gestaltungsverantwortung der Pflegekassen auseinander. Während bei der Finanzierung die Beträge der Pflegestufen als Obergrenze eingezogen sind, strukturieren die Pflegekassen mit den Pflegesätzen (stationär) bzw. den Leistungskomplexen (ambulant) die Preise für den Gesamtkatalog der Leistungen vor. Da die Sozialhilfeträger überschießende Kosten tragen müssen, haben sie ein ausgeprägtes Interesse an dieser Preisaushandlung, die auch die Höhe ihrer Ausgaben mitbestimmt.

Auch die Einstufung durch den MDK hat verbindliche Konsequenzen für die Kommunen als Finanziers der Hilfen zur Pflege nach § 68 BSHG; ist ein bisheriger Empfänger von Hilfe zur Pflege nach Einschätzung des MDK nicht pflegebedürftig im Sinne der Pflegebedürftigkeits-Richtlinien, so darf auch das kommunale Sozialamt nicht mehr zahlen (vgl. Sbresny/Walter 1996: 152). Das mag finanzpolitisch sogar attraktiv erscheinen, verschafft der Kommune aber hohen Legitimations- und Erklärungsdruck gegenüber Angehörigen und Bürgern. Insbesondere für die überörtlichen Sozialhilfeträger, die bislang umfangreiche Kompetenzen in der Planung der Pflege-Infrastruktur hatten, reißt die Aufgaben-Umverteilung zu den Pflegekassen mit ihrem Sicherstellungsauftrag neue Lücken auf.

Diese Lücken zu füllen war und ist offenkundig auch das Interesse der meisten Bundesländer, die mit ihren Altenhilfe-Plänen ebenfalls bislang politische Wegmarken setzen konnten (vgl. Schölkopf 1995, 1996). Dadurch erklärt sich auch der entstandene Mix aus stärker wettbewerblichen Ambitionen des Pflege-Gesetzes und den bedarfsplanerischen Elementen der Landespflegegesetze (vgl. Evers 1995; Nawrath 1997). Über die Investitionskostenförderung der Länder behalten die Länder – oder in Bundesländern mit Zwischeninstanzen die Landschaftsverbände – planerische Kompetenzen und können weiterhin Einfluß auf Struktur und auch räumliche Gestaltung von Diensten und Einrichtungen nehmen. Die weiteren Aktivitäten der öffentlichen Akteure in der Pflegepolitik können somit legitimiert werden. Die ausdifferenzierte Organisation der überörtlichen Sozialhilfeträger wird von der Umsetzung der Pflegeversicherung durchaus unterschiedlich beeinflußt. Die Altenhilfe-Abteilungen sehen sich größtenteils weiterhin als „Verbündete" der Leistungserbringer, weil ihr primäres Ziel der Erhalt und möglicherweise Ausbau der Pflegeinfrastruktur ist. Die Pflegesatz- und Kämmereiabteilungen – die bei den Verhandlungen auf Kostenträgerseite die Behörden vertreten – setzen dagegen finanzpolitische Prioriäten.

Insgesamt ist den Landschaftsverbänden jedoch sozialplanerische Kompetenz verlorengegangen, während ihr Interesse an Kostenreduzierung weiter forciert worden ist. Nicht nur, daß die Pflegekassen in den Verhandlungen Finanzstrukturen wesentlich bestimmen, deren über die Sätze der Pflegeversicherung hinausgehenden Beträge meist die Landschaftsverbände aufbringen müssen. Zugleich trifft das Risiko der fehlenden Dynamisierung der Leistungen in der Pflegeversicherung in der Hauptsache diese mittleren Behörden. Denn wenn die Leistungsmenge in der Zukunft wegen steigender Preise zusammenschrumpfen sollte, kommen auf die Sozialhilfeträger automatisch höhere Kosten zu. Die Bundesebene der Pflegekassen versucht mit taktischen Bemerkungen ihre tatsächliche Dominanz als Kostenträger auf Landesebene – die ganz offenkundig ist (vgl. Kap. 6) – mit Rücksicht auf die geschwächten Sozialhilfeträger herunterzuspielen:

> „Dabei kommt den Sozialhilfeträgern nicht nur wegen einer langjährigen Verhandlungserfahrung, sondern auch wegen ihrer Verpflichtung zur Finanzierung der nicht von Pflegebedürftigen selbst tragbaren Heimkosten (§ 68 Abs. 1,2 und 6 BSHG) und ihres Vetorechts bei Vergütungsvereinbarungen (§ 85 Abs. 5 Satz 2 SGB XI) besondere Verantwortung zu. Die Pflegekassen sollten sich daher zunächst lediglich in der Rolle eines 'Juniorpartners' sehen" (Kesselheim 1996: 415).

An dieser Bemerkung ist besonders relevant, daß die Pflegekassen zurecht ein besonderes Kostenbewußtsein bei den Sozialhilfeträgern vermuten, die ihr Veto bei einer restriktiven Vergütungsstrategie der Kassen am seltensten geltend machen werden. Dies haben auch die ersten Vergütungsrunden mit neu zugelassenen stationären Einrichtungen in NRW gezeigt, in denen die Sozialhilfeträger weniger Zugeständnisse machen wollten als die Pflegekassen, wie Teilnehmer auf Anbieterseite berichten (Interview 28).

In einigen Ländern wie etwa Nordrhein-Westfalen ist die Bedarfsplanung formal auf die kommunale Ebene verlagert worden. Die Bedarfszahlen werden dann dem überörtlichen Sozialhilfeträger gemeldet, der für die Förderung zuständig ist. Eine größere Ressourcen-Ausstattung der Kommunen ist damit allerdings nicht verbunden. Außerdem gerät diese Planung in einen generellen Widerspruch zum Auftrag der Pflegekassen, bedarfsunabhängig Versorgungsverträge mit Diensten und Einrichtungen abzuschließen (§ 72 Abs. 3 SGB XI). Die Zulassung von Anbietern mit relativ niedrigen Vergütungsabschlüssen kann Klienten zur Abwanderung oder grundsätzlichen Entscheidung gegen Einrichtungen mit öffentlicher Bedarfsbestätigung veranlassen und damit die Planungsgrößen infragestellen. Als öffentlicher Akteur, dessen Rolle und künftigen Kompetenzen immer noch nicht klar geregelt sind, agieren noch die kommunalen Heimaufsichtsbehörden, die in der Qualitätskontrolle ähnliche Aufgaben wie der MDK haben (vgl. Klie 1997). Sollte sich das BMA mit seiner Linie durchsetzen, bislang geltende Normen wie die Heimpersonal-Mindestverordnung abzuschaffen und in den Verantwortungsbereich der Vertragspartner zu verschieben, würde dies auch die Heimaufsichtsbehörden schleichend aushöhlen.

Auch bei der weiteren Umsetzung ist die starke Rolle des Bundesarbeitsministeriums ein wichtiger Faktor. Schon im Gesetzgebungsprozeß und der Novellierung des Pflege-Gesetzes waren informelle Abstimmungen und die zentrale Stellung des BMA die entscheidenden Merkmale des Politik-Prozesses (vgl. Pabst 1997). Die offen gelassene Frage, wie Behandlungs- und Grundpflege endgültig institutionell angesiedelt werden – ob in der Kranken- oder in der Pflegeversicherung – birgt weiterhin Konfliktstoff zwischen dem Gesundheits- und dem Arbeitsministerium.

Die Rolle der Länderministerien – abgesehen von ihrer Funktion der Rechtsaufsicht – ist hingegen weiterhin relativ unklar. Zwar moderieren sie den landesweiten Pflegeausschuß und haben diverse Rechtsverordnungen erlassen; doch die Bedarfsplanung ist weitgehend an andere Instanzen delegiert. Damit bleibt den Sozialministerien in den Bundesländern nicht viel mehr als die Funktion einer Clearing-Stelle und eines möglichen Promotors für Modellversuche.

4.5 Die Institutionalisierung eines neuen Handlungssystems: das *organizational field* der Pflegeversicherung

Für die gemeinnützigen Wohlfahrtsverbände in der Bundesrepublik wurde noch zu Beginn der 90er Jahre ausgeschlossen, daß sich ihre Umweltbeziehungen analog zu den industriellen Beziehungen zwischen Gewerkschaften und Arbeitgebern entwickeln könnten (vgl. Pankoke 1994). Die normative Orientierung der weltanschaulich geprägten Organisationen, ihre historische Genese und Kultur sowie die weitgehenden Interessenkonvergenzen zwischen Staat, Sozialleistungsträgern und Wohlfahrtsverbänden schienen eine stärkere „Konflikt-Kultur" auszuschließen.

Mit der Einführung der Pflegeversicherung wird jedoch nicht nur eine neue Vertrags-Kultur nach alten Vorbildern geschaffen, es institutionalisiert sich ein weites – und ökonomisch bedeutsames – Handlungsfeld neu, was Status und Funktionen der Wohlfahrtsverbände und aller anderen Akteure berührt. Die Erkenntnisse der Wissens- und Mikrosoziologie lassen sich auch über ein solches organisiertes Feld mit korporativen Akteuren legen:

> „Institutionalisierung findet statt, sobald habitualisierte Handlungen durch Typen von Handelnden reziprok typisiert werden. Jede Typisierung, die auf diese Weise vorgenommen wird, ist eine Institution" (Berger/Luckmann 1996: 58).

Handelnde sind im Falle der Pflegeversicherung Akteure in den Organisationen, die in den ersten Jahren nach der Verabschiedung des Gesetzes 1995 auf der entscheidenden Umsetzungs-Ebene agieren: in den Bundesländern. Die Beziehungen zwischen den Kassen und Sozialhilfeträgern als Kostenträgern sowie den Wohlfahrtsverbänden und den privat-gewerblichen Verbänden als Leistungserbringern sind bislang noch nicht in eine „Tarifkultur" eingebettet, wie sie sich zwischen Arbeitgebern und Gewerkschaften eingespielt hat. Zwar sind Rahmenbedingungen, Ziele und Strategien der Akteure dieser beiden Politikfelder kaum miteinander zu vergleichen. Dennoch scheint es hilfreich, auch die Folie der industriellen Beziehungen aufzulegen, um gerade die Unterschiede zu ergründen.

„Institutionalisierung", wie sie Parsons häufig auch als Stabilisierung von Erwartungen und damit von sozialen Beziehungen verstanden hat, muß aber nicht zwangsläufig auf „Stabilität" hinauslaufen. Die Folgen des Handelns sozialer Akteure können intendiert oder auch nicht-intendiert ebenfalls auf Destabilisierung über die Verringerung der eigenen Vorhersehbarkeit hinauslaufen. Gerade in stark regulierten Feldern – wie sie die Pflegeversicherung darstellt – ist die Verringerung von vorhersehbarem Verhalten eine klassische Strategie, um die Spielregeln von Machtbeziehungen zu beeinflussen (vgl. Friedberg 1977, 1995).

Dies hat einen Effekt auf die Institutionalisierung des gesamten Feldes. Die Versuche der Pflegekassen, bei Verhandlungen auf Länderebene den

Status der Wohlfahrtsverbände immer wieder anders zu bewerten, illustriert ein solches Verhalten, das über die Stabilisierung von Ungewißheitszonen größeren Einfluß sichert (siehe Kap. 3.5), denn „Ungewißheit vom Blickpunkt der Probleme ist Macht vom Blickpunkt der Akteure" (Crozier/Friedberg 1993: 13).

Die Pflegeversicherung, obwohl sie nach ihrer Anlage erstmalig stärkere Wettbewerbsstrukturen in einen Sektor der sozialen Dienste einzieht, teilt dennoch eine Gemeinsamkeit mit allen anderen sozialpolitischen Feldern zumindest in der Bundesrepublik: Gesetz, Ausführungsverordnungen und Rahmenvereinbarungen regulieren den Pflege-Sektor sehr stark, was einen zentralen Unterschied zu freien Märkten ausmacht, in denen – allerdings nur in einer a-priori-Modellannahme – „market actors live in murky worlds where it is never clear which actions will have which consequences" (Fligstein 1996: 659).

Genau diese Unberechenbarkeit marktlichen Handelns ist in den meisten sozialpolitischen Handlungsfeldern gerade aus politischen Gründen weitgehend wegreguliert worden. Damit repräsentieren sie regulierte Felder, in denen die Logik der Institutionalisierung von Märkten umgekehrt wird. *Während ein zentraler Handlungs-Impuls von Markt-Akteuren darin besteht, stabile Welten zu konstruieren, um die eigenen Optionen zu erhöhen, liegt für sozialpolitische Akteure der Schlüssel zur Erweiterung des Spielraumes eben darin, Instabilitäten zu produzieren.* Diese zweite Variante ist bislang meist mit Blick auf gewerbliche oder rein staatliche Akteure angewandt worden (vgl. Crozier/Friedberg 1993; Friedberg 1995). M. E. bieten aber gerade sozialpolitisch „inszenierte" Märkte wie die Pflege und andere soziale Dienste ein weiteres plausibles Feld, um dieses Analyse-Raster zu testen.

Die Pflegeversicherung „inszeniert" in der Tat einen Markt, aber die Grenzen zu gewerblichen Märkten sollten bewußt bleiben. Sie liegen nicht nur in der fehlenden Konsumentensouveränität der Pflegebedürftigen, deren Angehörige keineswegs generell als „gute Advokaten" handeln.[50] Die konkrete Ausgestaltung der Pflegeversicherung stützt sich trotz der neuen Bedeutung von Geldleistungen außerdem nicht auf ein „generalisiertes Tauschmedium", wie es das Geld auf gewerblichen Märkten darstellt. Stattdessen steuert der MDK die Nachfrage nach Pflegeleistungen, das über die Pflegeversicherung abgedeckte Angebot an Sachleistungen wird über Verträge zwischen korporativen Akteuren verhandelt, und das Angebot wird zusätzlich über die Bedarfsplanung der Bundesländer mitgesteuert.

Auch in einer stärker wirtschaftssoziologischen Variante greift der Begriff des „Marktes" nicht richtig. Da aber bei der Umsetzung der Pflegeversicherung dennoch marktähnliche Transaktionen ablaufen und die Akteure die Koordination von Angebot und Nachfrage über ihr Handeln stärker instituti-

---

50 Dieses Argument gilt angesichts der Entstehung neuer Alten-Generationen ohnehin nicht für alle Gruppen von Hilfsbedürftigen (vgl. Bäcker/Heinze/Naegele 1995).

onalisieren, bieten sich zwei Schemata mit jeweils unterschiedlichen Aspekten an: „organizational fields“ (diMaggio/Powell) und „konkretes Handlungssystem“ (Crozier/Friedberg).

Die Verwendung der analytischen Figur des *organizational field* und die Beschreibung der Strukturierung solcher Felder (vgl. Kap. 3.3) gerät den Neo-Institutionalisten allerdings zu stark marktbezogen, so daß genuine Politikfelder wie die Sozialpolitik nicht angemessen davon erfaßt werden. Um die Handlungslogiken richtig erfassen zu können, muß die statische Betrachtung von organizational fields um die dynamische Sicht auf „konkrete Handlungssysteme“ erweitert werden. M. E. eignet sich diese analytische Begrifflichkeit aus der strategischen Organisationsanalyse auch deshalb, weil hier die Schnittstellen organisierten Handelns stärkere Beachtung finden als die formale Organisation:

> „Nach der Prüfung unserer Fälle läßt sich damit der grundlegende Satz aufstellen, daß die Regulierung in den menschlichen, von uns ‘konkrete Handlungssysteme’ genannten Systemen, sich weder durch die Unterwerfung unter ein Regulierungsorgan, noch durch die Asübung eines selbst unbewußten Zwangs, noch durch automatische Mechanismen gegenseitiger Anpassung vollziehen. Sie findet vielmehr in Spielmechanismen statt, durch die die rationalen ‘strategischen’ Kalküle von Akteuren nach den Prämissen eines strukturierten Modells integriert werden. Nicht die Menschen werden reguliert und strukturiert, sondern die Spiele, die ihnen angeboten sind. Letztlich ist ein konkretes Handlungssystem nur eine Gesamtheit strukturierter Spiele“ (Crozier/Friedberg 1993: 171).

In der Umsetzung der Pflegeversicherung werden die „Spiele“ insbesondere über die formellen Regeln der Vertragsbeziehungen strukturiert. Darüber hinaus nehmen einzelne Akteure aus den Organisationen Einfluß auf die Spielregeln, indem sie Erwartungsmuster durch Rollenwechsel verändern, interne Konflikte nach außen wenden oder zusätzliche Beziehungen neben den Vertragsbeziehungen installieren.

Schon das formale Geflecht der Vertrags- und Verhandlungsbeziehungen bietet durch die differenzierte Staffelung unterschiedliche Ansatzpunkte, um Einfluß auf die Spielregeln nehmen zu können; insbesondere Versorgungs- und Rahmenverträge erweitern die Spielräume der nicht-staatlichen Akteure, weil sie selbst dadurch einen Teil der „Spielregeln“ konstruieren.

Dieses Netz an Verträgen – wie auch die teilweise sehr detaillierten Regulierungen durch Ausführungsverordnungen wie die Pflege-Buchführungsverordnung (PBV) des BMA – suggerieren, daß die Rolle der beteiligten Organisationen, die Struktur der Leistungen sowie die Art der Beziehungen stark vorgegeben sind:

> „Unabhängig von seiner Aktualität ist der Gesetzesentwurf exemplarisch für den Willen des Gesetzgebers, ein Verhandlungssystem vielfältig zu normieren, um durch die Vorgabe von Strukturen die politisch gewünschten Ergebnisse zu erzielen“ (Groser 1994: 37).

Tatsächlich jedoch sind nur formelle Verfahren vorgegeben, deren konkrete Ausgestaltung den korporativen Akteuren überlassen worden ist. De facto sind staatliche Akteure berechtigt, auch auf die Vergütung über Verordnungen zu entscheiden (§ 90 SGB XI). Im Prinzip liegt mit dieser „Rute im Fenster“ eine Grundbedingung für korporatistische Verhandlungs-Verfahren über Interventions-Drohungen des Staates vor (vgl. Schmitter/Lehmbruch 1979).

Doch dieser Mechanismus greift schon deshalb kaum, weil eine Intervention von ministerieller Seite ein Politikum schaffen würde, das wiederum ein Knäuel von Konflikten entrollen würde. Möglicherweise würde dies – entgegen den Intentionen des BMA – sogar die Kostenmanagement-Möglichkeiten der Kassen unterlaufen, wenn es deren Verhandlungsposition zum irrelevanten Faktor macht.

Es ist unwahrscheinlich, daß das BMA zum Mittel der Gebührenordnung greifen wird. Die Funktion der Delegation an Dritte besteht gerade in der Pflegeversicherung dagegen darin, daß diese Konflikte in das Verbandssystem verlagert werden. Innerhalb des regulierten Feldes ist eine Vorgabe besonders geeignet, die Machtbeziehungen zwischen Anbietern und Nachfragern zu strukturieren: der Begriff der „leistungsgerechten Vergütung“ (§ 82 Abs. 1 SGB XI). Die Interpretation dessen, was „leistungsgerecht“ heißt, bietet sich als Kristallisationskern für die Institutionalisierung von Erwartungen und damit von Rollen der Akteure an: Was leisten die Anbieter, was sollen sie leisten ? Welche Leistungen entstehen aus organisatorischem Eigeninteresse, welche sind an die Pflegebedürftigen „adressiert“ ? Was müssen die Kassen für den ihnen auferlegten Sicherstellungsauftrag tun, um Leistungen zu garantieren ? Welche Rolle spielt das Vergütungssystem für die Qualität der Leistungen ? Die Ausfüllung dieser Fragen durch schrittweises kollektives Handeln treibt die Institutionalisierung des *organizational field* der Pflegeversicherung weiter voran.

Die Beziehungen der Organisationen untereinander bekommen für die Institutionalisierung ebenfalls eine eigene Bedeutung, weil es gemäß dem Schema von *Crozier/Friedberg* interorganisatorische Koalitionen gibt. So existieren beispielsweise Interessen-Koalitionen zwischen den für Infrastruktur zuständigen Abteilungen überörtlicher Sozialhilfeträger und den Leistungserbringern, wenn es um eine infrastruktursichernde Vergütung geht. Dieselben Sozialhilfeträger entfalten mit ihren finanzpolitischen Experten in den Vergütungs-Verhandlungen jedoch einen teilweise noch größeren Kostendruck, weil ihre Ausgaben nicht gedeckelt sind, aber von der Verhandlungsweise der Pflegekassen mitbestimmt werden. Diese Entwicklung verstärkt die intraorganisatorischen Widersprüche in den Behörden und erschwert die Orientierung. Weil sich die unterschiedlichen Rollen nicht auf unterschiedlichen Ebenen befinden, sondern am gleichen Gegenstand – der Pflegeinfrastruktur – anknüpfen, ist die Option einer „multiplen Identität“ weitgehend versperrt, mit deren Hilfe organisationsinterne Widersprüche in „produktive Irritationen“ umgewandelt werden (vgl. Wiesenthal 1990).

Sozialmedizinisch orientierte Repräsentanten des MDK wiederum fühlen sich zuweilen den Einrichtungen und Diensten näher als den Kostenträgern, von deren Geld sie finanziert werden. Informationen über die Umsetzung der Pflegeversicherung werden durchaus zwischen MDK und Pflegeeinrichtungen inklusive deren Verbänden ausgetauscht (Interviews). Durch derartige informelle Beziehungen ist die künftige Ausrichtung von Qualitätsstandards auch von Einschätzungen abhängig, die über den MDK in die Pflegekassen transportiert werden.

Auf Seiten der Pflegekassen wird das Gefühl, mit den Verhandlungspartnern und anderen Akteuren gemeinsam ein *organizational field* zu bilden, dadurch eingedämmt, daß sie als kulturelles Muster weiterhin die Krankenversicherung internalisiert haben. Das zeigt sich auch in Verhandlungen, in denen die Pflegekassen die Strukturen von Altenheimen meist gleichsetzen mit den Strukturen von Krankenhäusern (Interviews). Die Kassen beziehen ihre Kompetenz und kollektive Identität weiterhin aus dem Gesundheitswesen. Für die Anbieter der Altenhilfe hingegen ist es rational, über Beziehungen zu den Kassen deren Handlungslogik mittelfristig auf die Besonderheiten „ihres" Sektors auszurichten, um die Umweltturbulenzen zu stabilisieren und die Verhaltensweise der Partner in Machtbeziehungen verläßlicher zu machen. Ein nicht-intendierter Effekt einer solchen Strategie – ist sie erfolgreich – besteht darin, daß sich das Feld weiter institutionalisieren würde. Der Einfluß der verhaltensstrukturierenden Normen aus der Krankenversicherung ist damit ebenfalls ein wichtiger Parameter.

Die Institutionalisierung eines Feldes – die weniger durch bewußtes Handeln als durch Nebenfolgen dieses Handelns sich bildenden Rollen und Orientierungsmuster – sind nicht mit Stabilisierung gleichzusetzen, wie es bei Parsons oftmals geschieht (vgl. Parsons 1951). Zumindest wird aus der Sicht der strategischen Organisationsanalyse deutlich, daß Stabilität oftmals interpretiert werden muß als ein dynamisches, sich einpendelndes Kräfteverhältnis, weniger als statischer Effekt aus funktionalen Imperativen des Systems oder fixierten Rollen der Akteure (vgl. Crozier/Friedberg 1993: 72). In den folgenden Kapiteln soll daher anhand einer Fallstudie die sich abzeichnende Transformation von Verbänden und eines Verbändesystems geschildert werden, vermittelt über Machtbeziehungen und Politisierung. Dieser Wandel wird auch die weitere Institutionalisierung der Pflegeversicherung beeinflussen.

5. Das deutsche Modell der Wohlfahrtsproduktion im Wandel: politische Ökonomie sozialer Dienstleistungen

5.1 Ökonomie sozialer Dienstleistungen: Ko-Produktion und Vertrauensgut

Theoretische Ansätze zur Verbreitung von Dienstleistungen in modernen Industriegesellschaften haben zahlreiche Begrifflichkeiten hervorgebracht, mit denen sich Dienstleistungen charakterisieren lassen. Zu den Klassikern zählen insbesondere diejenigen Sozialwissenschaftler, die sich im weitesten Sinne mit einer „Theorie der Dienstleistungsgesellschaft" befaßt haben. Die wichtigsten Kriterien zur Beschreibung der Spezifika von Dienstleistungen lauten: „Kosten-Krankheit" (Baumol 1967) wegen der Rationalisierungssperren aufgrund hoher Personalintensität, was jedoch keineswegs ein weiteres Beschäftigungs-Wachstum des tertiären Sektors ausschließt (vgl. Fourastié 1954). Dieser skeptische Blick auf Produktivitätssteigerungen im Dienstleistungssektor fügt sich in die These von der „Selbstbedienungs-Ökonomie" (Gershuny 1978): Demnach lösen die steigenden Kosten professionalisierter Dienstleistungen eine Zunahme von Do-It-Yourself-Tätigkeiten aus.

Auch das „Spiel zwischen Personen" (Bell 1972) als eine soziologische Beschreibung der Interaktionsdichte personenorientierter Dienstleistungen und konkretere Ausfüllung des „uno-actu-Prinzips" der Gleichzeitigkeit von Konsum- und Produktionszeit wird häufig verwendet. Allerdings geraten hier die vielen Sektoren technologie- und produktionsorientierter Dienstleistungen aus dem Blick, die gerade dadurch, daß das „Spiel zwischen Personen" aufgehoben wird, neue Rationalisierungspotentiale in sich bergen (vgl. Scharpf 1986); die Informatisierung und Computer-Technologie trägt das Ihre dazu bei. In einer eher funktionalistischen Deutung stehen die Funktion von Dienstleistungen als „Gewährleistungs- und Reproduktions-Arbeiten" (Berger/Offe 1980) im Vordergrund.[51]

Zwischen produktionsorientierten Dienstleistungen (Unternehmensberatung, handwerkliche Instandhaltung, Werbung, Weiterbildung u.a.) und personenorientierten Dienstleistungen (Friseure, Kulturveranstaltungen, Reparaturen u.a.) gibt es eine Reihe charakteristischer Unterschiede, wobei jedoch die Unterschiede bei einer funktionalen (konkrete Tätigkeit) Betrachtung

---

51 Vgl. als zusammenfassende Betrachtungen außerdem Albach 1989; Häußermann/Siebel 1995.

noch größer sind als bei einer sektoralen (konkreter Arbeitsbereich).[52] Soziale Dienstleistungen – also beratende, betreuende, pflegerische oder medizinische Tätigkeiten im Gesundheitswesen, in der Alten-, Jugend- und Behindertenhilfe sowie in Beratungsstellen – werden zu den personenorientierten Dienstleistungen gezählt. Aus ökonomischer wie soziologischer Sicht weisen sie eine Reihe von Charakteristika auf, die auch die Struktur von Verbänden in diesem Sektor mitformen. Dabei ist zwischen idealtypischen und durch die organisatorische Realität überformten Eigenschaften zu unterscheiden, ebenso wie zwischen Spezifika der Nachfrage und Spezifika des Angebots.

Ein hervorstechendes idealtypisches Merkmal sozialer Dienstleistungen mit weitreichenden Folgen für die realen Organisationsformen ist das „uno-actu-Prinzip“: Konsumzeit und Angebotszeit fallen zusammen, weil Produzent und Konsument gleichzeitig anwesend sein müssen, um die Dienstleistung zu verrichten (vgl. Herder-Dorneich/Kötz 1972; Maleri 1973). Ableitbar aus diesem Prinzip sind weitere Eigenschaften wie Immaterialität der Leistung, Nicht-Lagerfähigkeit, geringe Rationalisierbarkeit.[53] Doch der sozialpolitisch wie organisationssoziologisch gleichermaßen entscheidene Punkt ist, daß das Verhalten des Klienten einen entscheidenden Einfluß auf Effektivität, Effizienz und Qualität der sozialen Dienstleistung hat: Soziale Dienste sind stark klientengesteuert und werden durch die Nachfrager „koproduziert“ (vgl. Gross/Badura 1977). Qualitätssichernde Maßnahmen müssen daher nicht nur bei den Organisationsformen der Anbieterseite, sondern auch bei den Verhaltensweisen der Klienten bzw. der Responsivität der Dienste für die Bedürfnisse von Klienten ansetzen.

Die Klienten sind zwar an der Tätigkeit als solcher mitbeteiligt, doch die Qualität der Dienste steuern sie nicht. Die meisten industriellen Produkte, aber auch viele Dienstleistungen sind mittels ex-post-Vergleichen desselben Produkts oder verschiedener Produkte – nach mehrmaligem Konsum – in ih-

---

52 So trifft etwa das Argument, Dienstleistungen seien generell sehr personalintensiv und damit wenig rationalisierbar und entsprechend teuer (vgl. Fourastié 1954; Baumol 1967), nur einen Teil der produktions- wie personenorientierten Dienstleistungen. Kulturveranstaltungen ziehen beispielsweise eine große Menge von Menschen gleichzeitig an einen Ort; hier ist das Verhältnis von Nachfrager zu Anbieter sehr unterschiedlich. Dieser Aspekt spielt bei sozialen Dienstleistungen ebenfalls eine Rolle. Trotz der verbreiteten Annahme, stationäre Einrichtungen seien teurer als ambulante Dienste, bergen Heime weitaus mehr Rationalisierungspotential. Denn hier werden nicht nur mehr „Technologien“ eingesetzt; zugleich können aufgrund der räumlichen Dichte weitaus mehr Menschen von einer bestimmten Menge an Personal versorgt werden als bei den dezentral organisierten ambulanten Diensten.

53 Die schwache Rationalisierbarkeit gilt als Kriterium mit Blick auf den Pflegesektor allerdings nur bedingt. Gerade im stationären Bereich ist ein Teil sozialer Interaktion über Gerontotechnik substituierbar oder ergänzungsfähig; diese teilweise Entkopplung von Tätigkeit und Personal bildet einige Flächen für Rationalisierung, auch wenn die Frage des Qualitätsgewinns oder auch -verlustes zunächst unbeantwortet bleibt (vgl. von Bandemer/Hilbert 1996).

rer Qualität zu beurteilen. Über „Abwanderung“ oder „Widerspruch“ (vgl. Hirschman 1974) erhöht sich dann der Druck auf die Konsumenten bei mangelnder Qualität der Güter. Dieses Modell der Konsumentensouveränität fußt allerdings auf einer Reihe modelltheoretischer Vorstellungen und Verkürzungen, die in der Praxis zweifelhaft sind. Dennoch ist der theoretische Vergleich mit sozialen Diensten aufschlußreich. Denn diese gelten als ein klassisches „Vertrauensgut“ (Zweifel/Eichenberger 1988: 161), dessen Güte vom Klienten kaum beurteilt werden kann; ex-post-Vergleiche wirken zudem bei lebenswichtigen Gesundheitsdienstleistungen kaum noch steuernd, weil bereits irreparable Schäden eingetreten sein können.

Hier zeigen sich deutliche Grenzen einer möglichen marktlichen Steuerung sozialer Dienste. Zudem weist die Nachfrage nach sozialen Diensten mehrere Besonderheiten auf: der persönliche Bedarf tritt häufig sehr plötzlich und unter Entscheidungsdruck auf; außerdem ist die persönliche Situation dann meist kritisch, so daß echte Wahlentscheidungen – außer vermittelt über die Vertretung durch Dritte – kaum möglich sind (vgl. Klages/Merten 1981). Die in funktionierenden Gütermärkten vorausgesetzte Konsumentensouveränität ist folglich stark eingeschränkt.

Aus diesen Gründen greifen bei sozialen Diensten meist „funktionale Äquivalente“ zur reinen Konsumentensteuerung, die die Nachteile von Vertrauensgütern partiell aufheben. Ein häufig anzutreffendes Merkmal der realen Organisation sozialer Dienste ist die wettbewerbsferne Form der Leistungserstellung und die Gemeinnützigkeit der meisten Anbieter als Antwort auf theoretisches Marktversagen (vgl. Badelt 1985). Die Nachfrager finanzieren außerdem nicht direkt über eigenes Einkommen, sondern vermittelt über Sozialleistungsträger; damit sind Nachfrage, Finanzierung und Angebot getrennt. Zu dieser „Marktstruktur“ treten noch weitere Äquivalente zur modelltheoretisch angelegten Konsumentensteuerung hinzu.

In erster Linie sind das die Professionen (insbesondere im Gesundheitswesen), staatliche Regulierungen oder eine institutionalisierte, professionelle Interessenvertretung von Klienten über Ombudsleute u.ä. (vgl. Evers u.a. 1997). Vermittelt über die Professionen geht die Bestimmung und Implementation von Qualität und Programmen damit in die Hände von Organisationen als typische Behausung von Professionen über, die einen wesentlichen Anteil an der Zielausrichtung sozialer Dienste haben (vgl. Luhmann 1973). Dadurch beeinflußt die Eigenschaft des „Vertrauensgutes“ auch die Beziehungen zwischen Finanziers und Anbietern sozialer Dienste als maßgeblichen Organisationen in diesem Feld.[54]

54 Die wachsende Bedeutung von Organisationen auf dem Feld der sozialen Dienste beschleunigt auch die zahlreichen „Substitutionseffekte“. Vormals familial oder in andern kleinen sozialen Netzen erbrachte Leistungen werden an das professionelle Hilfesystem delegiert. Zwar verbürgen solche Systeme häufig mehr Gerechtigkeit beim Angebot von Leistungen, doch die Selbsthilfepotentiale und traditionellen gemeinschaftlichen Hilfe-

Hieran knüpft sich im übrigen auch ein entscheidender Ansatzpunkt für die Politisierung des Verbändesystems bei der Umsetzung der Pflegeversicherung. Denn ein zentrales, verbandspolitisch gewendetes Argument aus der Theorie der Nonprofit-Organisationen wird dem „Streß" dauerhafter Verhandlungsbeziehungen ausgesetzt: Bislang stützten sich Vertreter der gemeinnützigen Wohlfahrtsverbände u.a. darauf, daß gerade die Gemeinnützigkeit dafür sorgt, die in einem rein gewerblichen Markt von „Vertrauensgütern" ansonsten notwendigen aufwendigen Qualitätskontrollen weitgehend überflüssig zu machen, weil das Gewinnerzielungsmotiv ausgeschaltet sei und andere Motivationen dominierten (vgl. Prinz 1993; Salamon 1987). Vertreter gemeinnütziger Verbände heben damit auf Elemente des „Marktversagens" ab, die das Feld der sozialen Dienste theoretisch prägen. Doch die Logik der Pflegekassen, ihrer Verhandlungs-Strategien sowie ihrer Kontroll-Kompetenzen widerspricht dieser Vorbedingung durch Gemeinnützigkeit: Die Kassen konzentrieren sich auf die Leistungsbeschreibung und Finanzierung, die organisatorische Besonderheit von Verbänden ist sekundär. Die parallelen Beziehungen zu privat-gewerblichen Anbietern und die sich daraus ergebenden Vergleichsmöglichkeiten mit Wohlfahrtsverbänden festigen diese Entwicklung (siehe auch Kap. 6.2).

Die erschwerte Kontrolle der Qualität bei sozialen Diensten wird aus Sicht der Finanziers umgewandelt in das Problem, wie ex-ante die Leistungen beschrieben werden können. „Qualitätssicherung" auf der Basis einer reinen Kosten-Rationalität der Finanziers bekommt einen anderen Zuschnitt als Qualitätssicherung aus der Sicht der Klienten: Es bedeutet für diese, daß sie kontrollieren wollen, welche Leistungen die Anbieter überhaupt erbringen. Um diesen Kontroll-Mechanismus installieren zu können, bietet sich ein Set aus Leistungs- und Qualitätsbeschreibungen über Verträge, Dokumentationen der vollbrachten Leistungen durch die Anbieter sowie punktuellen Kontrollen an. Weil ein solches System jedoch wegen der Immaterialität der sozialen Dienste nicht den Qualitätskern erfaßt, kommt den Details und Regelungsverfahren bei den Beziehungen zwischen korporativen Finanziers und Anbietern so eine große Bedeutung zu (vgl. Knappe/Burger 1994).

Umgekehrt strukturieren ausgehandelte Vergütungssysteme – die ein mittelbares Ergebnis der Konsequenzen von Vertrauensgütern und des unoactu-Prinzips sind – auch die Qualität der erbrachten Leistungen, indem sie Zeitmargen vorgeben oder Anreize setzen, über Mengen- oder Fallausweitung größere Erlöse zu erzielen (vgl. Herder-Dorneich/Wasem 1986). Solche induzierten Strategien können die konstitutiven Interaktions-Beziehungen zwischen Klient und Helfendem standardisieren und dadurch die entscheidenden positiven Effekte der Ko-Produktion durch den Klienten aushebeln.

---

formen erodieren, was einen weiteren Ausbau des professionellen Hilfesystems auslöst (vgl. Badura/Gross 1976): ein sich selbst verstärkender Zirkel, der als „Modernisierungsfalle" des Sozialstaates zuschnappen kann (vgl. Offe/Heinze 1990).

Die in den Bundesländern ausgehandelten Modulsysteme für die ambulante Pflege sind auch in dieser Hinsicht eine relevante Dimension verbändesoziologischer Analysen (siehe Kap. 6.2).

Die Qualität sozialer Dienste verdankt sich jedoch nicht nur der (entscheidenden) primären Ebene, dem Ko-Produktions-Verhältnis von Klient und Helfendem. Darüber sind noch zwei weitere Ebenen eingezogen: die organisatorischen Rahmenbedingungen des einzelnen Dienstes und die Verkoppelung unterschiedlicher Hilfsangebote zu präventiv wie kurativ wirksamen „Angebotsketten" (vgl. Hegner 1991). Auch aus diesem Grund haben Experten die Dreiteilung von Pflege-Qualitätsstandards in „Strukturqualität" (personelle, räumliche, organisatorische, technische Ausstattung), „Prozeßqualität" (Behandlungsablauf, Interaktion, Kommunikation) sowie „Ergebnisqualität" (Wirkung der Leistung anhand physischer, psychischer, sozialer Faktoren) eingeteilt (vgl. Görres 1995).

Gerade die Qualitätsdimension von Angebotsketten deutet daraufhin, daß planerische Elemente konstitutiv für die Qualität von sozialen Diensten sind, was nicht determiniert, daß diese Planung staatlich organisiert ist. Damit zeigt sich auch in diesem Punkt, daß eine rein marktliche Steuerung auch aus ökonomischer Sicht wichtige Synergie-Effekte durch präventive und therapeutische Planung zunichte machen würde.[55]

Die Erhaltungs- und Gewährleistungsfunktionen von Dienstleistungen verlangen, wenn Effektivität und Effizienz optimal sein sollen, im übrigen nach Reservekapazitäten (vgl. Berger/Offe 1980): Der Bedarf läßt sich nicht entlang einer Zeitachse punktgenau abschätzen, weil die Artikulation der Bedürfnisse unsicher ist wie im Fall der meisten sozialen Dienstleistungen oder die „Nachfrage" unfreiwillig, aber nicht erzwingbar ist, wie im Falle der Polizei. Dadurch entstehen Vorhaltungskosten für Dienste und Personal, die nicht permanent und auch nicht permanent mit den gleichen Leistungen befaßt sind (vgl. Olk 1994). Von wem und welchem Ausmaße solche Reservekapazitaten finanziert werden, ist im übrigen ein weiterer Aspekt der Politisierung, wie sie bei der Umsetzung der Pflegeversicherung beobachtbar ist. Denn die Größe der Reservekapazitäten ist durchaus eine *politische Funktion*, die über normative Zielvorgaben oder Alternativen wie Verhandlungen entschieden werden muß.

Der schwer bestimmbare Bedarf an sozialen Diensten verweist noch auf einen anderen Aspekt, der auf ein klassisches Terrain der Soziologie der So-

55 Mit Planung ist hier allerdings in erster Linie die Abstimmung von Angebotsstrukturen untereinander gemeint, nicht die Abstimmung von Angeboten und Bedarf. Die letztere Dimension der Planung begibt sich insbesondere in der Pflegeversicherung in eine zunehmende Spannung zur neuen Dynamik des Angebots. Außerdem ist diese Planung auch eines der letzten wichtigen Instrumente zur Legitimation staatlichen Handelns in der Pflegeversicherung; ein Aspekt, der möglicherweise die sozialpolitischen Ziele dominiert (siehe auch Kap. 6.1).

zialpolitik vorstößt. Stärker noch als andere Zweige der sozialen Sicherheit wirken soziale Dienste mittelschicht-zentriert und steuern diejenigen Schichten weitgehend aus, die dieser Dienstleistungen eigentlich am stärksten bedürfen. Denn die Inanspruchnahme basiert u.a. auf kommunikativen und interaktiven Fähigkeiten, die ein klassisches Merkmal der Mittelschichten sind und erzeugt damit ein diametrales Muster von Nachfrage und Bedarf (vgl.Wirth 1982). Diese Wirkungskette sozialer Dienste muß ebenfalls reflektiert werden, wenn man die Effekte der unterschiedlichen Inanspruchnahme von Geld- und Sachleistungen in der Pflegeversicherung und ihre Bedeutung für die Struktur des Pflegemarktes analysiert (siehe Kap. 7).

Beinahe alle der vorgenannten Aspekte verweisen darauf, daß organisationssoziologische Merkmale bei den sozial voraussetzungsvolleren sozialen Diensten – im Vergleich zu reinen Transferleistungen in der Sozialpolitik – von besonderer Bedeutung sind. Das betrifft aber auch das Problem, daß die Eigenlogik von staatlichen und nicht-staatlichen Organisationen die Ziele, Implementation und Bedarfsorientierung von Sozialpolitik wesentlich bestimmen kann (vgl. Gross/Badura 1977; Lenhardt/Offe 1977). Verbändetheoretisch angeleitete Analysen der Umsetzung der Pflegeversicherung schlagen daher Pflöcke ein, an denen sich zukünftig auch Untersuchungen des policy-output dieser neuen Sozialversicherung befestigen lassen könnten.

5.2 Im Schatten der Medizin: der Sonderfall Pflege

Der deutsche Wohlfahrtsstaat ist ein besonders eindrucksvolles Beispiel für die Dominanz der Medizin als Profession im Chor der Sozial- und Gesundheitsdienstleistungen. Historisch war der Pflege – hier stets in der Kombination von Kranken- und Altenpflege gemeint – durch ihre Verankerung in religiösen Gemeinschaften die Institutionalisierung zum Beruf mit Erwerbscharakter lange versperrt (vgl. Ostner/Krutwa-Schott 1981; Sachße 1986). Im Vergleich dazu traten die Mediziner zu Beginn des 20. Jahrhunderts als eine Gruppe auf, die durch Tauschgeschäfte mit dem Staat relative Autonomie und Definitionsmacht als Profession erlangten und die „Statuspolitik" (Naschold 1967) zum entscheidenden Merkmal ihrer Standesvertretungen und Körperschaften machten (vgl. Groser 1992; von der Schulenburg 1984; Sprondel 1972).

Im Vergleich zum faktisch hundertprozentigen Organisationsgrad von Ärztekammern und Kassenärztlichen Vereinigungen als Körperschaften mit „Zwangsmitgliedschaft" fallen die Organisationsgrade in den Pflegeberufen mager aus: In Berufsverbänden waren bis zur Einführung der Pflegeversicherung weniger als zehn Prozent organisiert (vgl. Scheffler 1995; Schulte/Drerup 1992), der gewerkschaftliche Organisationsgrad lag ungefähr doppelt so hoch (vgl. Bräutigam/Schmid 1996). Den Weg zur Definitionsmacht und vor allem zur teilautonomen Regulierung der Nachfrage nach Pflegeleistungen hat die Pflegeversicherung eher versperrt: Sie wertet die Pflege inhaltlich auf, entzieht ihr aber Selbstregulierungs-Kompetenzen (vgl. Kap. 4). Außerhalb des Rahmens der Pflegeversicherung ist allerdings ein Aufholprozeß der Bildungsinstitutionen zu verzeichnen, insbesondere bei der akademischen Verankerung der Pflegewissenschaft. Die Defizite in diesem Bereich prägen bislang die Situation in Deutschland in hervorstechender Weise. Im europäischen Vergleich sind Forschung und Ausbildung stark unterentwickelt (vgl. Robert Bosch Stiftung 1992).

Allerdings lenken die Elemente der Pflegeversicherung, die direkt oder indirekt den Wettbewerb fördern, die Aufmerksamkeit viel stärker auf hauswirtschaftliche und benachbarte Leistungen, deren Berufsgruppen zu Unrecht momentan von der pflegewissenschaftlichen Diskussion dominiert werden; doch dieser Berufszweig ist noch schwächer institutionalisiert als die Pflege (vgl. Nokielski/Bartholomae 1995). Die Kombination von schlechten Arbeitsbedingungen sowie einem schwachen professionellen Institutionalisierungsgrad hat in der Pflege einen ausgeprägten Hang zur „Larmoyanz“ gefestigt, wie langjährige Beobachter in der Organisationsberatung verfolgt haben (Interview 21). Die medizinischen Professionen konnten sogar durchsetzen, daß sich die Pflegeberufe selbst sprachlich lediglich als „abgeleitete“ Tätigkeiten definieren:

> „Wenn Pflegende selbst sich bis heute (!) einer irreführenden Terminologie und Kategorisierung von Pflege bedienen – und dies offensichtlich unreflektiert durch alle Hierarchie- und Entscheidungsebenen von Pflege hindurch –, so darf es nicht verwundern, wenn diese Verflachung des Bedeutungsgehaltes von Pflege auch in ihrer Außendarstellung wirksam wird“ (Müller 1998: 32).

Auf dieser Selbsteinschätzung der Pflege können die Finanziers der Pflegeversicherung – die Pflegekassen – auch in den Vergütungsverhandlungen aufbauen, indem das Qualifizierungsniveau für pflegerische Tätigkeiten niedrig angesetzt wird und damit restriktive Vergütungssätze unterbreitet werden können. Somit haben berufssoziologische Aspekte einen mittelbaren Einfluß auf die Beziehungen zwischen Kostenträgern und Anbietern. Die deutlich unterlegene Position der Pflegeberufe bei der „Machtverteilung im Gesundheitswesen“ (Wanek 1994) verknüpft sich mit der relativ schwächeren Position der korporativen Anbieter im Pflegebereich (vgl. Kap. 4) und bedingt, daß sich die Pflegekassen in der Lage von „Quasi-Nachfrage-Monopolisten“ befinden.

Der schwache Institutionalisierungsgrad der Pflege spiegelt sich jedoch auch auf der Seite der Dienste und Einrichtungen wider. Ist für das Gesundheitswesen eine ausgefeilte Krankenhaus- und Versorgungsstatistik verfügbar, so fällt die Datenlage für die Pflegeinfrastruktur sehr dürftig aus (vgl. Alber 1990; Klein/Salaske 1996). Dieses Defizit prägt in auffälliger Weise sämtliche sozialpolitischen Leistungen, die von der Sozialhilfe finanziert werden bzw. lange Zeit finanziert wurden. Man kann hierin einen sozialstatistischen Widerhall der in Deutschland historischen „Spaltung des Sozialstaats" (Leibfried/Tennstedt 1985) in Armuts- und Arbeiterpolitik – institutionell verkörpert in Sozialhilfe versus Sozialversicherung – verspüren. Damit läßt sich zumindest das bis zur Einführung der Pflegeversicherung nur schwach entwickelte Interesse des Staates an einer differenzierten Gesamtstatistik der Altenpflege erklären. Die Inkorporierung der Pflege in das System der Sozialversicherung bereitet allerdings den Boden für den politisch vermittelten Willen nach größerer Transparenz.[56]

Etwas anders sieht das Erklärungsmuster für das Interessendefizit auf der Seite der Wohlfahrtsverbände als maßgeblichen Trägern der Altenhilfe aus. Diese haben nur an einer hoch aggregierten Statistik Interesse, weil sie hier ihre ökonomische und sozialpolitische Bedeutung herausstreichen können. Mehr Transparenz durch eine ausdifferenzierte Beschäftigten-, Platz- und Angebotsstatistik hätte dagegen den Nachteil, daß manche dadurch aufgedeckten Schieflagen im Angebot staatliche Kontrollen und Interventionen hervorrufen könnten (vgl. Alber 1992: 62).

Traditionell mutet die Einschätzung an, insbesondere in den Alten- und Pflegeheimen habe sich die Versorgungslage in den letzten Jahrzehnten verschlechtert, auch was die Ausstattung mit Personal angeht (vgl. Rückert 1992; Schulz-Nieswandt 1990). Im internationalen Vergleich fällt Deutschland bei der Versorgung mit ambulanten Diensten und stationären Plätzen in der Tat weit zurück (vgl. Alber 1993). Dennoch muß man die behaupteten Defizite der Infrastruktur relativieren, zumindest wenn man die Versorgungsquote, Ausstattung und die Beschäftigten-Entwicklung bilanziert.

Neuere Untersuchungen zeigen, daß beispielsweise die Alten- und Pflegeheimplätze in Einbett-Zimmern von 36 Prozent im Jahr 1960 auf 74 Prozent im Jahr 1994 zugenommen haben; in Pflegeeinrichtungen war der Sprung in diesem Zeitraum besonders groß, nämlich von sechs auf 39 Prozent (vgl. Schölkopf 1996: 5). Das Verhältnis von Personalausstattung zu vorhandenen Plätzen in frei-gemeinnützigen Altenhilfe-Einrichtungen verringerte sich von 1 zu 4,1 im Jahr 1970 auf eine Relation von 1 zu 2 im Jahr 1996 (ebenda: 6). Bei den ambulanten Diensten fällt diese Entwicklung nicht ganz so positiv aus. Dennoch konnte ab den 80er Jahren auch dort die Versorgungsquote beständig erhöht werden.

Diese Relativierung der pessimistischen Einschätzung von vorhandenen Versorgungsstrukturen sagt allerdings weder über die Angemessenheit der Personal-Qualifikationen noch über veränderte Herausforderungen durch eine gerontologisch neu zu beurteilende Klientel in den Heimen und Diensten etwas aus. Auch die Abstimmung von Bedürfnissen neuer Alten-Gene-

---

56 In § 109 SGB XI ist beispielsweise eine einheitliche Bundesstatistik über ambulante und stationäre Pflegeangebote vorgesehen, die allerdings noch installiert werden muß.

rationen und dem vorhandenen Angebot an teilstationären oder betreuten Wohnformen sowie die Präsenz adäquater Rehabilitations-Einrichtungen kann auf der Basis der Daten kaum beurteilt werden.

Offensichtlich ist, daß die reinen Altenwohnheime in der Bundesrepublik beinahe eine Rest-Größe sind und die pflegerischen Angebote immer mehr in den Vordergrund gerückt sind: zwischen 2,9 und 8 Prozent schwanken die Angaben für das Jahr 1994. Mehrgliedrige Einrichtungen mit Pflegeplätzen machen hingegen einen Anteil von 47,4 Prozent aus (vgl. Klein/Salaske 1996: 44). Anders als im Bereich der ambulanten Dienste dominieren bei den stationären Einrichtungen weiterhin deutlich die frei-gemeinnützigen Wohlfahrtsverbände als Träger (siehe folgende Abbildungen).

Abbildung 10: *Trägeranteile im stationären Bereich nach Heimadreßbuchangaben*

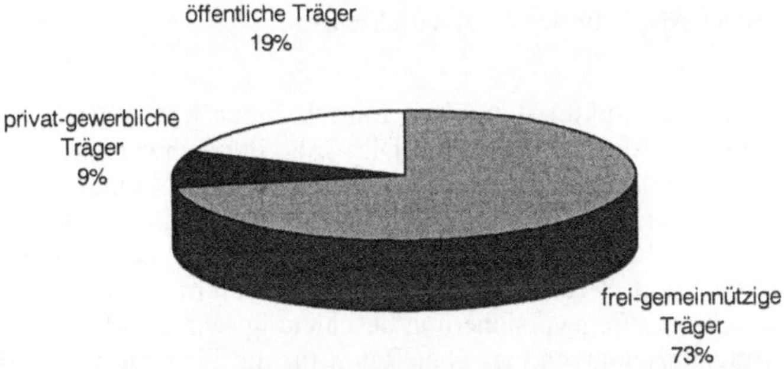

Quelle: Klein/Salaske 1996: 44; eig. Berechnungen

Abbildung 11: *Trägeranteile im stationären Bereich nach Heimplatzstatistik-Angaben*

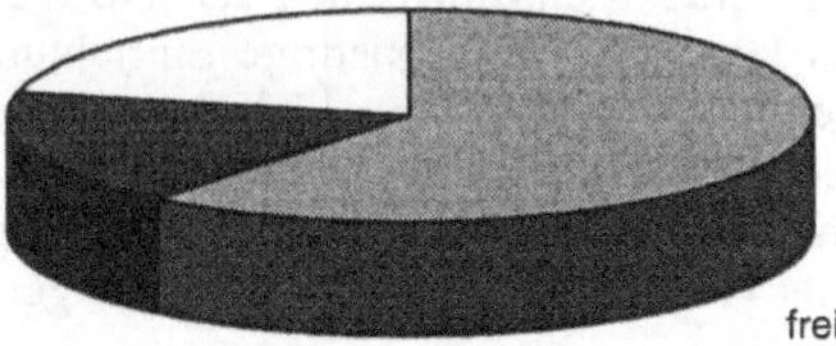

Quelle: Klein/Salaske 1996: 44; eig. Berechnungen

Die Bewohner-Struktur stationärer Einrichtungen befindet sich in einem offensichtlichen Änderungsprozeß: Die Zahl der schwerstpflegebedürftigen, psychisch Kranken und Sterbenden nimmt zu (vgl. Kühnert/Naegele 1994). Dadurch verlagert sich der Schwerpunkt pflegerischer Tätigkeiten von Betreuung in Richtung medizinisch und gerontopsychiatrisch orientierter Altenpflege (vgl. Becker/Meifort 1994). Inwiefern diese Strukturverschiebung durch die Pflegeversicherung beschleunigt wird, und inwiefern die neuen Vertragsbeziehungen hier über Raum für die Finanzierung und Organisation veränderter Arbeitsplatzprofile verfügen, ist eine offene Forschungsfrage.

Auf die ambulanten Dienste kommen durch die hohe Zahl an Demenzerkrankten – 83 Prozent dieser Altengruppe leben derzeit zuhause (vgl. Deutscher Bundestag 1994) – Anforderungen zu, die die Pflegeversicherung bislang durch ihre stark medizinisch-somatischen Einstufungskriterien nur unzureichend berücksichtigt. Die Koordination mit Ärzten, Sozialarbeitern, Hauswirtschaftskräften u.a. wird dringlicher, zumal die Beratung und Betreuung privater Pflegepersonen ein zukünftig bedeutsamer Arbeitsbereich sein wird.

5.3 Kooperativer Sozialstaat: Verhandlungen und Verträge

Die Staatstheorie hat sich bereits vor zwei Jahrzehnten von omnipotenten Staatsvorstellungen verabschiedet und ihre Konzeption des semi-souveränen Staates inzwischen verfeinert. Empirische Arbeiten insbesondere in der Wirtschaftssoziologie dokumentieren, daß viele Politikfelder und Wirtschaftssektoren weder über reine Staatsintervention noch über reine Markt-Mechanismen gesteuert werden, sondern vielmehr über ein Netzwerk von Akteuren, über eine Mischung von Hierarchie und Verhandlung, über Instrumente des „kooperativen" oder „reflexiven Rechts" aus staatlicher Sicht.[57] Begrifflich gewendet wurde in der Staatstheorie damit ein

> „Weg vom hoheitlichen zum kooperativen Staat, von der zentralstaatlichen Weisung zur dezentralen Koordination, von der regulativen Steuerung zur partnerschaftlichen Übereinkunft, von der Normsetzung zur Überzeugung" (Hesse 1987: 80)

beschritten. Durch die Brille staatlicher Akteure betrachtet, stellen sich in immer komplexer werdenden und funktional ausdifferenzierten Politikfeldern insbesondere Steuerungsprobleme hinsichtlich der Implementation, der Motivation der Adressaten von Politik sowie des Wissens um steuerungsrelevante Wirkungsketten auf staatlicher Seite (vgl. Mayntz 1987). Kooperatives Staatshandeln und die Funktionsweise von „policy-networks" sind Varianten, wie solche Steuerungsprobleme ihrerseits „gesteuert" werden können.[58]

Mit Blick auf den Sozialsektor der Bundesrepublik ist der „kooperative Staat" (Ritter 1979) aus mehreren Gründen keine so große Neuigkeit. Zum einen hat das im BSHG formalisierte Subsidiaritätsprinzip seit den sechziger Jahren eine Arbeitsteilung und Aufgabendelegation zwischen frei-gemeinnützigen Wohlfahrtsverbänden und der staatlichen Sozialadministration forciert; über diese Zusammenarbeit hat sich zudem eine starke Interessenkonvergenz zwischen Verbänden und Staat entwickelt, die erst mit der aufbre-

---

57 Vgl. zu den unterschiedlichen Anwendungsfeldern des governance-Konzeptes – das nach Meinung von Streeck (1994) das Neokorporatismus-Theorem in analytischer Hinsicht ablöst – insbesondere Hollingsworth/Schmitter/Streeck 1993; Kooiman 1993; Marin 1990; Marin/Mayntz 1991. Zum begrifflichen Paradigmen-Wandel wie empirischen Anwendungsbeispielen in der Staatstheorie vgl. Benz 1994; Dose/Voigt 1995; Grimm 1996; Scharpf 1991; Voigt 1995. Zu den soziologischen Voraussetzungen „reflexiven Rechts" bei der Selbstregulierung von gesellschaftlichen Teilsystemen vgl. Teubner 1982 sowie Traxler/Vobruba 1987.

58 Analytisch hilfreich ist es, dabei weiterhin zwischen „government" und „governance" als Dimensionen der Staatlichkeit zu unterscheiden. *Government* umfaßt das dreifache staatliche Monopol der Gewalt, der Abgaben und der Kompetenzzuteilung. *Governance* bezieht sich hingegen auf die Trias von Schutz-, Effizienz- und Distributionsfunktionen des Staates (vgl. Zürn 1996). Diese Differenzierung ähnelt dem alten Begriffs-Streit um den Staat als *Institution* (entspricht in etwa *government*) und *Funktion* (entspricht in etwa *governance*; vgl. Böckenförde 1971; Luhmann 1972).

chenden Krise der öffentlichen Haushalte zu erodieren begonnen hat (vgl. Schmid 1987; Windhoff-Héritier 1983; vgl. auch Kap. 3.1). Zum anderen haben die nicht-marktliche Steuerung dieses Sektors und die starke Verflechtung politischer Eliten von Staat und Verbänden dazu geführt, daß nicht wie in ökonomischen oder ökonomiennahen Bereichen bestimmte Transaktionskostenprobleme gelöst oder Effizienzfallen über „institutional choice" und neue „governance-Modelle" beseitigt werden mußten (vgl. Seibel 1992b).

Der Vertrag als typisches Instrument kooperativen staatlichen Handelns im Sozialsektor oszilliert mittlerweile zwischen klassischen öffentlich-rechtlichen Verträgen, Kooperationsverträgen und Leistungsverträgen (vgl. Münder 1994). Zudem wird er sowohl zwischen Staat und Leistungserbringern als auch zwischen para-staatlichen Akteuren wie Kranken- und Pflegekassen und Leistungserbringern verwendet. Vertragsförmige Beziehungen haben dabei unterschiedliche Phänomene hervorgerufen.

Nach Einschätzungen von Sozialrechtlern übersteigen die Regelungsbereiche des Vertragsrechts längst dessen gesetzliche Normen, erreichen einige Regelungen etwa im Bereich der Krankenversicherung „einen äußersten Punkt auf der Skala der 'Veröffentlichrechtlichung' im Sachbereich Wohlfahrtspflege um den Preis der Verletzung der grundrechtlich geschützten Vertrags- und Vereinigungsfreiheit" (Neumann 1992: 295). Dennoch ist damit nicht automatisch ein öffentlicher bzw. quasi-staatlicher Status der Verbände festgeschrieben, vielmehr wird dieser Status funktionalisiert:

> „Die Verbände ziehen sich gegenüber gesellschaftlichen Konkurrenten, die ihre faktische Monopolstellung bedrohen könnten, auf einen privilegierten Status 'halbstaatlicher' Machtträger zurück. Gegenüber dem Sozialstaat pochen sie aber sehr wohl auf ihre Selbständigkeit und bestehen auf der Privatrechtlichkeit der Beziehungen zu den Leistungsträgern" (Neumann 1992: 67).

Die auch von den staatlichen Institutionen lange Zeit sanktionierte Stellung der Wohlfahrtsverbände als quasi-öffentliche Instanzen ist jedoch in den Sog eines langfristigen Politikwechsels geraten. Schon in den 80er Jahren entfachte die öffentliche Finanzknappheit erste Grundsatzkonflikte, etwa bei der Festlegung des Warenkorbes für die Regelsätze der Sozialhilfe (vgl. Backhaus-Maul/Olk 1998). Diese stärkere Konfliktaufladung ist deswegen besonders aufschlußreich, weil die Festlegung der Sätze einem typischen Gremium kooperativer Sozialpolitik anheimgegeben ist, dem Deutschen Verein für öffentliche und private Fürsorge. Dort arbeiten Kommunen und freigemeinnützige Träger seit Jahrzehnten zusammen, um gemeinsame Standards und Stellungnahmen zu sozialpolitischen Regelungsbereichen zu beraten und zu verabschieden.

Verbunden mit Generationswechseln in Ministerien und Behörden und einer wachsenden Effizienzlogik in der Daseinsvorsorge erodiert jedoch der „public status" (Offe) der Wohlfahrtsverbände merklich. Die Abschaffung des privilegierten Status frei-gemeinnütziger Träger im BSHG und in der Pflegeversicherung verleiht dieser Entwicklung formalrechtlich Ausdruck. Dieser öffentliche Status ist bisher jedoch ein Eckpfeiler des tradierten Verhandlungssystems zwischen Staat und Verbänden.

Wie bereits oben diskutiert, ist die klassische korporatistische Tauschlogik in diesem Sektor weitgehend eliminiert. Daher verkörpern die bisherigen Verhandlungs- und Vertragsbeziehungen letztlich den formalisierten Schlußpunkt einer institutionalisierten Aufgabenteilung und nicht das Instrument für die Transformation von Einzelinteressen in gemeinwohlorientierte Arrangements. „Kooperation" ist bis in die 80er Jahre hinein die Voraussetzung dieses Verhandlungssystems gewesen, nicht dessen Effekt. Trotz der Regulierung des gesamten Sektors über Pflegesätze und andere Verträge war „Status" das generelle Ordnungsprinzip, nicht „Kontrakt". Ansonsten läge die schiefe Interpretation nahe, daß der durch die Pflegeversicherung eher noch gewachsene Stellenwert von Vertrags- und Verhandlungsbeziehungen neokorporatistische Strukturen noch stärker festigt (vgl. Johne 1997).

Eine solche Interpretation verkennt, daß sich Funktion und Akteursinteressen des Pflege-Verhandlungssystems vom vorigen System unterscheiden. Kooperation ist hier zwar ebenfalls rechtlich anempfohlen, doch die Interessenlagen der Akteure – insbesondere von Pflegekassen und Leistungserbringern – stehen in vielen Punkten in einem deutlichen Spannungsverhältnis zueinander.

Das gesamte System der Pflegeversicherung – in dem Abstimmungsgremien wie die kommunalen Pflegekonferenzen keinen integralen Bestandteil, sondern ein politisches Anhängsel darstellen – paßt nicht in die überlieferte Schablone „kooperativer Sozialpolitik". Damit könnte es zum Schrittmacher für andere Sektoren der sozialen Dienste avancieren, eine Frage, der hier nicht weiter nachgegangen werden kann.

5.4 Diversifizierte Barmherzigkeit: der Wandel der Wohlfahrtsverbände

Die Wachstumsimpulse durch sozialen und demographischen Wandel und die Einführung der Pflegeversicherung haben den sozialen Diensten insgesamt eine neue Dynamik eingepflanzt. Das läßt sich auch an der stetig steigenden Zahl von Unternehmensberatungen ablesen, die sich auf den Sozialsektor spezialisieren.[59] Auch dadurch kursieren Managementbegriffe und -

59 Viele dieser Unternehmensberatungen und Wirtschaftsprüfungsgesellschaften sind Ausgründungen aus Wohlfahrtsverbänden. Daneben existieren auch noch weitere Unternehmen aus dem Umfeld der gemeinnützigen Verbände, wie die BSU Wirtschaftsberatungs-

methoden stärker als früher in den Wohlfahrtsverbänden, was in den Organisationen keineswegs unumstritten ist (vgl. Merchel 1995).

Die Debatte über die moralische Legitimation von Management in sozialen Organisationen ließe sich leicht mit einem trivialen Hinweis entschärfen: In bezug auf Ressourcen und Informationsgewinnung ist das Knappheitsproblem nicht weniger drängend als bei gewinnorientierten Unternehmen (vgl. Badelt 1993: 35). Infolgedessen wäre die aktuelle Hinwendung zu betriebswirtschaftlichen Instrumenten in gemeinnützigen Wohlfahrtsverbänden auch sozialpolitisch legitim und vordringlich. Allerdings werden Knappheitsprobleme in politisch regulierten Verbandsökonomien anders bewertet und verarbeitet als in wettbewerblichen Ordnungen. Hinzu kommt, daß eine reine „Verbetrieblichung" die Strategiefähigkeit der wohlfahrtsverbandlichen Gebilde stark beeinträchtigen würde, weil ebenfalls wichtige, aber dann kaum berücksichtigte Managementdefizite im Bereich der Spendenakquisition und ehrenamtlichen Arbeit die Handlungsautonomie der Verbände massiv verringern würde (vgl. Nährlich 1998).

5.4.1 Zwischen Legitimation und Produktion

Wohlfahrtsverbände sind zugleich Betriebe (ökonomische Logik) und politische Organisationen (politische Logik). Die Einrichtungen sind formal betrachtet Mitglieder in einem Verband, die allerdings rechtlich meist stärker an ihren Verband gebunden sind als etwa Unternehmen in einem Arbeitgeberverband. Betriebe sind die Wohlfahrtsverbände als Anbieter sozialer Dienstleistungen und bedeutende Arbeitgeber (Dienstleistungsfunktion). Politische Organisationen sind sie als korporative Mitgliederverbände und als sozialpolitische Lobbyisten (Interessenvertretungsfunktion) sowie Kooperationspartner staatlicher Programme.

Das deutsche System der Wohlfahrtsverbände war lange Zeit durch relativ starke administrative Regulierungen, schwachen politischen Tausch und praktisch keinen ökonomischen Tausch geprägt. Die momentanen Trends deuten bei oberflächlicher Betrachtung darauf hin, daß sich dieser Sektor stärker ökonomisiert. Die Lockerung eines stark administrativen Systems macht die beteiligten Organisationen als Organisationen mit ihren spezifischen Interessen stärker kenntlich.

Eine analytische Unterscheidung ist dabei hilfreich: Marktliche Steuerung und betriebswirtschaftliche Prinzipien sind zwei verschiedene Katego-

---

gesellschaft in Stuttgart oder die neugegründete BFS Service GmbH in Köln, eine Tochter der Bank für Sozialwirtschaft. Alle diese Beratungsunternehmen bieten ihre Dienstleistungen sowohl privat-gewerblichen als auch gemeinnützigen Trägern an. Auch dadurch wird ein Mechanismus in Gang gesetzt, der über Trägergrenzen hinweg „Organisationsmythen" und neue betriebliche Rationalitäten diffundieren läßt (siehe Kap. 7.3 und 7.4).

rien. Sie beschreiben einerseits interorganisatorische Beziehungen (Markt) und andererseits intraorganisatorische Handlungsprinzipien (Betrieb). Effizienz reiht sich in die letztere Kategorie ein; beispielsweise können auch staatliche Leistungen mehr oder weniger effizient erbracht werden. Unterschlagen wird dabei allerdings häufig, daß „Effizienz" – in Wirtschaftsunternehmen wie in Wohlfahrtsverbänden – ein soziales Konstrukt ist (vgl. Becker/Küpper/Ortmann 1992; Mintzberg 1991; Ortmann 1994). Ohne diese Prämisse sinken alle Thesen zum „Effizienzdruck" zu einem schlichten Ökonomismus ab: Wenn Organisationen dem Effizienzdruck des Marktes nicht gewachsen sind, werden sie untergehen. Daß hingegen die Art, wie Effizienz definiert wird und warum sie erhöht werden soll, mit mikro- wie makropolitischen Beziehungen und Strategien verbunden ist, hebt auch die moderne Organisationstheorie hervor.

Ein Großteil dessen, was in der Sphäre der Wohlfahrtsverbände zur Zeit unter Ökonomisierung diskutiert wird, verdankt sich einer stärkeren betriebswirtschaftlichen Orientierung, die aber mit marktlicher Steuerung der sozialen Dienste zunächst nicht viel zu tun hat.[60] Kennzeichen der Debatte sind Modelle der Kostenrechnung und des *Controlling*s (vgl. Reiss 1993), des Personalmanagements, der Produktbeschreibungen und stärkeren „Kundenorientierung" sowie der Leitbilder. Als häufiges Merkmal von Reorganisationsprozessen kommt die Ausgründung von GmbHs (*outsorcing*) hinzu. Diese Umorientierung – meist begrifflich zu „Sozialmanagement" verknappt – ist eingebettet in Rahmenbedingungen, die den Wandel direkt oder indirekt beeinflussen:

- Fiskalische Engpässe (öffentliche Finanzkrisen und der Rückgang von Subventionen) zwingen die Verbände, ihren Organisationsstandard mit Hilfe neuer Organisationsmodelle zu halten bzw. möglichst konfliktarm zu senken.
- Die öffentliche Kritik an mangelnder Transparenz, Effizienz und Flexibilität der Verbände wächst.
- Ehrenamtliche Arbeit als kostengünstige Ressource kann angesichts des sozialen Wandels nicht mehr problemlos mobilisiert werden (vgl. Bäcker/Heinze/Naegele 1995; Heinze/Bucksteeg 1995; Olk 1987). Dadurch wird auch die gesellschafts- und organisationspolitische Sonderstellung der Wohlfahrtsverbände geschleift.
- Sozialrechtliche Änderungen (BSHG-Novellierung und Pflegeversicherung) verlangen eine stärkere Transparenz und Vergleichbarkeit der

60 Daß die weiterhin starke politische Regulierung und ihre Verhandlungsbeziehungen weniger zur Kenntnis genommen werden, liegt nicht nur an neuen Modernisierungspfaden, sondern offenbart auch ein methodisches Problem. Die Erhebung organisatorischer Entwicklungen fördert gerade bei Instrumenten wie Interviews mit Experten in erster Linie Veränderungsszenarien und Brüche zutage. Die interoganisatorischen Handlungsroutinen und politischen Basisgerüste bleiben dagegen meist latent.

Leistungen; zudem muß vermehrt mit Budgets gearbeitet werden (vgl. Bauer/Hansen 1995); mittel- bis langfristig wird das Selbstkostendeckungsprinzip, das die gesamte Finanzierungspraxis der Wohlfahrtspflege durchzieht, durch Leistungsentgelte ersetzt werden, wie im neuen Paragraphen 93 des BSHG. Ausnahmen im Sektor der freiwilligen sozialen Leistungen etwa in der Randgruppen-Sozialarbeit werden jedoch bestehen bleiben.

- Formal und teilweise auch real werden Wettbewerbsmodelle bei den sozialen Diensten eingeführt, sowohl über Ausschreibungen auf kommunaler Ebene als auch durch die erstmalige Gleichstellung privat-gewerblicher und frei-gemeinnütziger Anbieter im Pflegeversicherungsgesetz.
- Die Integration der europäischen Sozialpolitik und der Binnenmarkt bedingen, daß auch soziale Dienstleistungen transferiert werden können. Das bedeutet nicht nur potentielle Konkurrenz, sondern auch das Risiko, daß steuerliche Privilegien der gemeinnützigen Verbände teilweise wegfallen könnten (vgl. Loges 1994).
- Die größere Zahl von extern sozialisierten Seiteneinsteigern bei den Wohlfahrtsverbänden (vgl. Heimerl 1993: 46) schafft ein Potential von Mitarbeitern mit anderen Handlungsmaximen als den traditionellen.
- Die Wohlfahrtsverbände sind als quasi-öffentliche Institutionen auch in die allgemeine Modernisierungsdebatte im öffentlichen Sektor eingewoben, die um Prinzipien wie Budgetierung, Kontraktmanagement, Ergebnissteuerung, *outsorcing* und Leistungstiefe kreist (vgl. Naschold 1995).

Aufschlußreich ist, daß sich in den 90er Jahren im Vergleich zu den 80er Jahren der Druck von der *Legitimation* hin zur *Organisation* der Wohlfahrtsverbände und den *Produktionscharakteristika* sozialer Dienstleistungen verschoben hat. Forderte in den 80er Jahren die Selbsthilfebewegung das sozialpolitische Selbstverständnis und das Mobilisierungspotential der Wohlfahrtsverbände heraus[61], so müssen sich die Verbände inzwischen vorwiegend ökonomisch motivierter Kritik an ihrer Position und Leistungsfähigkeit stellen.

Die Wohlfahrtsverbände haben sich mehr und mehr von öffentlichen Geldern abhängig gemacht und damit ihre Verbandskonjunktur an die allgemeine Konjunktur angekoppelt: Sinken die Steuereinnahmen, dann sinken automatisch auch die Spielräume zur Gestaltung von verbandspolitischen Prioritäten in der Sozialpolitik, weil die Spendeneinnahmen im Vergleich dazu weitaus geringer sind (vgl. Thamm 1995). Darunter leidet der Anspruch der Wohlfahrtsverbände, das eigene Profil auch in eigene Schwerpunkte der Tätigkeit umzusetzen. Die schrumpfenden öffentlichen Zuschüsse können a-

---

61 Dieser Druck hat auch deswegen abgenommen, weil ein großer Teil der Selbsthilfebewegung mittlerweile in das System der Wohlfahrtsverbände integriert ist, vorwiegend über die Mitgliedschaft im Paritätischen Wohlfahrtsverband.

ber gerade in einer Zeit, in der sich das Spendenaufkommen stärker auf viele spezifische Organisationen und Initiativen verteilt, nur begrenzt durch Eigenmittel kompensiert werden (vgl. Goll 1991).

Aus knapperen Ressourcen, öffentlichen Kontrollbedürfnissen und der wachsenden Zahl privat-gewerblicher Anbieter leiten sich die aktuellen Forderungen nach mehr Effizienz und Transparenz des verbandlichen Handelns ab (vgl. Allemeyer 1995). Auch aus der Innensicht der Verbände steigt der Druck an, betrachtet man z. B. Rechnungen, nach denen den Wohlfahrtsverbänden durch Managementfehler jährlich rund fünf Mrd. Mark verloren gehen sollen, bei einem Gesamtumsatz von 42 Mrd. Mark (vgl. Oppl 1992b: 157). Hinzu kommt die Einführung neuer Steuerungsmodelle in einer Reihe von Kommunen. Budgetierung und Kontraktmanagement machen auch vor den Wohlfahrtsverbänden nicht halt und stellen neue Anforderungen an die Verbandsorganisation.

Eine andere Herausforderung stellt die Mobilisierung ehrenamtlicher Arbeit dar, denn noch ist ehrenamtliche Arbeit das entscheidende politische Argument für die Verbände in der Konkurrenz zu privat-gewerblichen Anbietern. Mit der wachsenden Partizipation der Frauen am Arbeitsmarkt und der Abnahme konfessioneller und weltanschaulicher Bindungen scheint zumindest das klassische Potential ehrenamtlicher Arbeit zu schwinden. Offensichtlich lassen sich viele Ehrenamtliche nicht mehr in verbandliche Strukturen einbinden; dafür steigt andererseits die Bereitschaft, sich außerhalb davon projektbezogen und punktuell zu engagieren (vgl. Heinze/Bucksteeg 1995).

Der Zugriff auf Ehrenamtliche verliert vor dem Hintergrund des sozialen Wandels tendenziell an Stabilität. Die Wohlfahrtsverbände haben bei noch immer weit verbreiteter, grundsätzlicher Bereitschaft zum freiwilligen unentgeltlichen Engagement zunehmend Probleme, Ehrenämter zu besetzen. Nicht zuletzt weist soziale ehrenamtliche Tätigkeit bei den Verbänden oder öffentlichen Sozialdiensten einen hohen Grad an Organisierung auf. Künftig müssen sich die Wohlfahrtsverbände offensichtlich neuer Akquisitionsmethoden bedienen, um das „neue Ehrenamt“ mobilisieren und halten zu können. Dazu zählen zeitliche Dispositionsmöglichkeiten, materielle und symbolische Gratifikationen, organisatorische Hilfestellungen, Versicherungsschutz, Teilnahme an Fortbildungsveranstaltungen u.ä. Auch neue Verknüpfungen zwischen hauptamtlicher und ehrenamtlicher Arbeit gehören dazu.

Insgesamt scheinen die von den Wohlfahrtsverbänden gegenüber den öffentlichen sozialen Dienstleistungsanbietern behaupteten Vorteile faktisch an Bedeutung zu verlieren. So hat das Größenwachstum, das mit wachsender Abhängigkeit von öffentlichen Geldern einhergeht, auch die allgemeinen Organisations- und Handlungsmustern der Wohlfahrtsverbände verändert. Dies läßt sich schlagwortartig wie folgt umschreiben: Von der Motivation in Form spontaner persönlicher Kontakte zur formellen Koordination größerer Organisationseinheiten; vom spontanen Engagement bei auftauchenden Problemen zur langfristig angelegten Organisation anerkannter sozialer Problemlagen. Wie für viele Bereiche staatlichen Handelns sind Regelhaftigkeit, Hierarchie, langfristige Planung und Kontrolle auch für die sozialen Dienste und Einrichtungen der Wohlfahrtsverbände unverzichtbar (vgl. Hegner 1992). Diese Bürokratisierung scheint mittlerweile jedoch auf einen Gegentrend zu treffen: die Ökonomisierung der Wohlfahrtspflege.

5.4.2 Ökonomisierung und Wettbewerbsdruck

Funktional betrachtet müssen die Wohlfahrtsverbände seit jeher den Spagat schaffen zwischen „staatlicher Verpflichtung und ihrer Rolle als Animateure sozialer Solidaritäten und freiwilliger Mitarbeit" (Evers 1990: 198). *Strukturell* betrachtet wächst die Spannung zwischen zunehmendem Ökonomisierungsdruck und traditionellen, wenig effizienten Organisationsstrukturen. So stellt die wachsende Konkurrenz privat-gewerblicher Anbieter und die Gleichstellung privat-gewerblicher und gemeinnütziger Organisationen durch das Pflegeversicherungsgesetz die bürokratische Struktur der Wohlfahrtsverbände in Frage.

Auch im Bundessozialhilfegesetz sorgen Änderungen für einen stärkeren Ökonomisierungsdruck. In der Novelle des BSHG vom August 1994 hat sich der Schwenk vom Selbstkostenprinzip zu prospektiven Budgets im Bereich sämtlicher Pflichtleistungen vollzogen (vgl. Igl 1994). Der Paragraph 93 des BSHG sieht nun vor, daß Vereinbarungen nicht wie früher über die „Höhe der zu übernehmenden Kosten" getroffen werden, sondern über „Inhalt, Umfang und Qualität der Leistungen sowie über die dafür zu entrichtenden Entgelte" (§ 93 Abs. 2 BSHG). Durch diese Änderung müssen viele Einrichtungen und Träger nun nach betriebswirtschaftlichen Regeln Budgets bewirtschaften. Gleichzeitig führt diese Novellierung dazu, daß die Vorrangstellung der Wohlfahrtsverbände geschliffen wird, da die prospektiven Budgets Vergleichbarkeit herstellen und Wohlfahrtsverbände nur bei gleichem Angebot bevorzugt werden müssen (vgl. Wenzel 1995).

Die rechtlichen Neuerungen – neben den schrumpfenden öffentlichen und verbandseigenen Finanzen – haben in jedem Fall die Diskussion über „Sozialmanagement" weiter angefacht (vgl. Lewkowicz 1991). Dahinter verbirgt sich nichts anderes als die Übertragung von Managementbegriffen auf soziale Organisationen. Die Festlegung von Zielen, Personalplanung, Planung und Controlling, Organisationsentwicklung und die Formulierung einer Unternehmensstrategie lassen sich ebenso auf gemeinnützige Wohlfahrtsverbände in ihrer Rolle als Dienstleister anwenden (vgl. Kahle 1994; Nährlich 1998). Das verdeutlicht auch die Diskussion um Corporate Identity und Lean Management in der Wohlfahrtspflege (vgl. Blum 1994; Krome 1993; Vogel 1993). Diese Diskussion offenbart zugleich, daß die sozialstrukturelle Basis der Verbände, früher verstanden als Dienstgemeinschaft auf dem Fundament geteilter Überzeugungen und Normen, mehr und mehr erodiert und daher moderne instrumentelle Wege gesucht werden, die Verbände zu integrieren.

Die Wohlfahrtsverbände orientieren sich stärker als früher an Dienstleistungsunternehmen (vgl. Olk/Rauschenbach/Sachße 1995). Indikatoren dafür sind die Entwicklung von Leitbildern – in denen auch die „Kunden" soziale Dienste eine Rolle spielen – und die verstärkte Rekrutierung von Seiteneinsteigern mit meist ökonomischer Ausbildung, die unterschiedliche Ursachen und Effekte haben (siehe auch Kap. 7.3.2).

Zum Teil wird diese Umorientierung aber auch dadurch gefördert, daß staatliche Institutionen – insbesondere die Kommunen – die Diskussion über das „Neue Steuerungsmodell" und die Kundenorientierung in der öffentlichen Verwaltung forcieren; da Wohlfahrtsverbände in der Art ihrer Finanzierung und ihrer Einbindung in staatliche Sozialpolitik teilweise als „quasiöffentliche" Organisationen agieren, trifft auch sie der Legitimationsdruck, ähnliche Binnenreformen zumindest zu proklamieren: ein sehr plastischer Fall von Isomorphismus, wie ihn Neo-Institutionalisten analysieren (vgl. Heinze/Strünck 1996).

Eine solche Umorientierung ist – unabhängig von Motiven und Intentionen – angesichts der erforderlichen Flexibilität bei den sozialen Diensten zweifellos ein wichtiger Modernisierungsimpuls. Allerdings muß eine stärkere Vermarktlichung der sozialen Dienste weder direkte Ursache noch Folgewirkung der Dienstleistungsorientierung der Wohlfahrtsverbände sein (vgl. Olk 1994).

5.4.3 Europa und Ostdeutschland: Rückkopplungen zweier Sonderentwicklungen

Auch auf anderer Ebene zeichnet sich eine stärkere Ökonomisierung der Wohlfahrtspflege ab. In der Europäischen Union kursieren verschiedene Konzepte für die Einbindung der Non-Profit-Organisationen in die Sozialpolitik, dominiert vom Konzept der „Économie Sociale" (vgl. Kuper 1990). Allen ist gemein, daß sie primär die Dienstleistungsfunktion der Verbände sehen und sie als transferierbare Wirtschaftsgüter behandeln (vgl. Schmid 1994b).[62] Angespornt durch die „Économie sociale" wächst die europäische Kritik am deutschen Gemeinnützigkeitsrecht, das den Wohlfahrtsverbänden vor allem Steuervorteile einräumt (vgl. Loges 1994). Auch ist es denkbar, daß im Rahmen der „Économie sociale" ausländische, verbandlich organisierte Anbieter mit dem gleichen Recht Subventionen einfordern können

62 Die Économie Sociale ist kein originäres Konzept der EU-Kommission, sondern ein Terminus aus der französischen Sozialpolitik, der ganz allgemein auf die Balance von wirtschaftlichen und sozialen Zielen abstellt (vgl. Evers 1991: 231).

(vgl. Oppl 1992a: 362). Ob durch die europäische Integration zusätzlicher Druck durch grenzübergreifenden Wettbewerb auf dem Feld der sozialen Dienste zu erwarten ist, bleibt eine offene Frage. Die Privilegien der deutschen Wohlfahrtsverbände würden auf Europa-Ebene auf längere Sicht geschliffen, käme es tatsächlich zu einem grenzübergreifenden „Wettbewerb" von Anbietern sozialer Dienste. Im kapitalintensiven stationären Bereich und in Grenzregionen findet Wettbewerb schon heute statt; in vielen anderen Bereichen, vor allem den ambulanten Diensten, sprechen die erforderlichen örtlichen Kontakte und die politische Einbindung der Dienste eher gegen eine „bedrohliche" ausländische Konkurrenz. Zudem haben Arbeitsgesetzgebung und die Kostenübernahme durch deutsche Träger die freie Wohlfahrtspflege national hinreichend stabilisiert; Anbieter aus dem Ausland werden eher als komplementäre Organisationen hinzustoßen (vgl. Prognos 1991: 25).

Eine Sondersituation stellt die Position der Wohlfahrtsverbände in den neuen Bundesländern dar. Der Einigungsvertrag sieht in seinem Artikel 32 die Übertragung des Systems der westdeutschen Wohlfahrtspflege auf die neuen Länder vor. Seither läßt sich beobachten, wie sich Wohlfahrtsverbände strukturieren, wenn es praktisch keine Kultur ehrenamtlichen Helfens gibt. Konfessionell geprägte ehrenamtliche Arbeit war in der weitgehend atheistischen DDR ein Randphänomen; das Gros der sozialen Dienste wurde von der staatlichen „Volkssolidarität" getragen, heute eine Mitgliedsorganisation des DPWV. Darüber hinaus fungierte auch das DRK als eine zentralisierte Massenorganisation (vgl. Schmid 1994a: 189).

Die Wohlfahrtsverbände in den neuen Bundesländern stehen zum Teil vor spezifischen Organisationsherausforderungen. So hat sich der DPWV mit der Volkssolidarität einen breit gelagerten und zentralisierten Dienstleistungsverband einverleibt. Größe und ehemalige Ideologie des Verbandes stellen den DPWV daher vor neue Leitbildprobleme (vgl. Beck 1992: 389).

Offenkundig hat der Staat durch massive infrastrukturelle Vorleistungen das fehlende soziokulturelle Hinterland ersetzt. Das Ergebnis: In den neuen Bundesländern agieren die Wohlfahrtsverbände als eher quasi-staatliche Organisationen, die fast ausschließlich öffentliche Aufgaben übernommen haben (vgl. Angerhausen et al. 1994: 15). Für die Mobilisierung der Mitglieder wirft dies Probleme auf (vgl. Schmid 1994a: 199), für das Selbstverständnis der gesamtdeutschen Wohlfahrtspflege eine generelle Frage: Der „Lernprozeß im Zeitraffer" (Angerhausen et al. 1994) hat nicht zum status quo wie in Westdeutschland geführt, sondern zu einem halb-öffentlichen Status und geringem Selbstorganisationspotential.

Der sozialstrukturelle Wandel in Westdeutschland ist nicht mit der „atheistischen" Sozialstruktur der neuen Bundesländer zu vergleichen, auch wenn die schwindenden Potentiale klassischer ehrenamtlicher Arbeit die Wohlfahrtsverbände vor ähnliche Probleme stellen. Zudem läßt sich vermuten, daß in der Aufbauphase von Organisationen, noch dazu in sozialstrukturellem Neuland, zunächst die Dienstleistungsfunktion dominiert. Eine nachträgliche „Ideologieproduktion“ (das kann auch eine betont marktwirtschaftliche Ideologie sein) ist dadurch nicht ausgeschlossen.

Problematisch für die strategische Argumentation der Wohlfahrtsverbände ist allerdings, daß der staatlich alimentierte Aufbau in den neuen Ländern die oft bemühten komparativen Leistungsvorteile der Wohlfahrtsverbände und damit ihre Legitimation infragestellt. Außerdem kann sich aus der „nachholenden Modernisierung“ der ostdeutschen Wohlfahrtsverbände auch eine „überholende Modernisierung“ entwickeln, deren Betonung von „Sozialbetrieben“ die Entwicklungstrends in Westdeutschland noch beschleunigt.

5.4.4 Innerorganisatorische Modernisierung

Die meisten Wohlfahrtsverbände haben auf den vielfältigen Ökonomisierungsdruck schon reagiert. Sie haben in ihren Geschäftsstellen Controlling und Kostenstellenrechnung eingeführt, die auch Effizienzdruck auslösen sollen (vgl. Reiss 1993). Allerdings drängt auch das Pflegeversicherungsgesetz zur Einführung dieser betriebswirtschaftlichen Instrumente. Denn Wirtschaftlichkeitsprüfung (§ 79 SGB XI), Qualitätssicherung (§ 80 SGB XI) und die Kennzeichnung der Träger als „selbständig wirtschaftende Einrichtungen“ (§ 71 SGB XI) machen die Einführung von Controlling unumgänglich.

Die neuen Instrumente verursachen allerdings auch verbandsinterne Konflikte, denn nun wird transparent, welche Stellen wieviel Kosten verursachen. In einem gewinnorientierten Unternehmen ist eine solche Konsequenz funktional und erwünscht. In einem gemeinnützig und normativ geprägten Wohlfahrtsverband hingegen kann sie in Teilen dysfunktional sein. Solche instrumentellen Veränderungen werden folglich das Verhalten der Mitarbeiter langfristig prägen, wenn es sich durch „Generationswechsel“ bei den Funktionären nicht schon geändert hat. Auch die Einführung von Controlling ist ein Indikator dafür, daß die „Ökonomisierung“ der Wohlfahrtspflege schon seit längerer Zeit die starke weltanschauliche Verankerung der Wohlfahrtsverbände auflöst. Denn vor der Einführung von Controlling-Instrumenten galt es meist als rationale verbandspolitische Strategie, Effizienzanforderungen von sich abzuwenden und normative Begründungen abzugeben (vgl. Czytrich 1984: 7).

Neben der Einführung von Controlling und Kostenstellenrechnung, der Diskussion um „Corporate Identity“ und der wachsenden Bedeutung betriebswirtschaftlicher Qualifikationen und Fortbildungsangebote ist die „GmbH'isierung“ die derzeit auffälligste Strategie. Die GmbHs der Wohlfahrtsverbände sind meist Ausgründungen, seltener Neugründungen. Das spektakulärste Beispiel einer Neugründung ist eine Bestattungs-GmbH, die die Caritas in Herne gegründet hat und die für hitzige, auch ordnungspolitische Diskussionen gesorgt hat (vgl. Die Zeit 16/95). Bislang liegen keine zuverlässigen Daten über die Zahl von GmbHs vor; noch zu Beginn der 90er Jahre wurde konstatiert, daß die Rechtsform der GmbH trotz ihrer Kompatibilität mit der Wohlfahrtspflege in den Wohlfahrtsverbänden nur sehr selten praktiziert werde (vgl. Goll 1991: 129). Dies dürfte sich jedoch mittlerweile stark geändert haben, ist allerdings quantitativ schwer abzuschätzen, weil noch keine neueren repräsentativen Untersuchungen dazu vorliegen.

Die Motive für die Ausgründungen ehemals verbandsinterner Abteilungen in gewerbliche oder gemeinnützige GmbHs sind vielfältiger Art; die Chance, dadurch dem Immobilismus des Vereinsrechts zu entkommen, spielt jedoch meist eine zentrale Rolle. Formalrechtlich werden auf diese Weise „Idealverein" und „Zweckverein" voneinander getrennt. In relativ selbständigen GmbHs mit eigenen Geschäftsführern wird der Einfluß ehrenamtlicher Vorstände zurückgedrängt, obwohl diese im Aufsichtsrat nach wie vor ihr Mandat ausüben. Außerdem haftet der Gesamtverband nicht mehr für etwaige Zahlungsprobleme ausgegründeter GmbHs; outsorcing ist daher auch ein Instrument des Risikomanagements. Daß auch Wohlfahrtsverbände solchen Anforderungen mittlerweile nachkommen, offenbart, daß der Kostendruck nicht mehr so leicht an Dritte weiterzugeben ist und der Staat keineswegs mehr pauschal Finanzierungsrisiken übernimmt.

Manche Motive für die Ausgründungen von GmbHs lassen weitere Rückschlüsse auf den Ökonomisierungsdruck zu. So haben einige Wohlfahrtsverbände für den Bereich „Versorgung, Hausrat und Hauswirtschaft" GmbHs ausgegründet. Solche Ausgründungen werden nicht selten damit begründet, daß auf diese Weise die entsprechende Abteilung vom teuren ÖTV-Tarif in den günstigeren Tarif der Gewerkschaft Nahrung, Genuß, Gaststätten (NGG) geschoben werden kann.

Für besonders „marktnahe" Aufgaben werden ebenfalls GmbHs gegründet, um sich über den Verkauf von Dienstleistungen zusätzliche Finanzierungsquellen zu erschließen, ohne den Gemeinnützigkeitsstatus des Verbandes zu gefährden. Beispielsweise wird häufig ein Teil der ehemaligen Finanzabteilungen in eine separate Dienstleistungsgesellschaft ausgegründet. Auch die neue Strategie des „Fundraising", der Spendenwerbung durch Kampagnen, wird von solchen Stellen aus gefahren. Darüber hinaus sollen aber auch Dienstleistungen an potentielle Konkurrenten wie die gewerblichen Anbieter verkauft werden, um die Refinanzierungsmöglichkeiten des Dachverbandes zu verbessern. Auf diese Weise verschwimmt eine deutliche Demarkationslinie zu gewerblichen Anbietern. Organisatorischer *Wandel* bei Wohlfahrtsverbänden bedeutet daher auch organisatorische *Diversifizierung*. Demnach stellt sich die Frage, ob es in Zukunft noch *die* Wohlfahrtsverbände geben wird, oder ob nicht unter den einzelnen „Markennamen" entsprechende Tochterverbände arbeiten werden. Die Motive zur Ausgründung von GmbHs reichen folglich von der Erhöhung der Marktmacht, über die Refinanzierung und Haftungsregelung bis zur Eindämmung ehrenamtlicher Steuerung. Die GmbH'isierung signalisiert daher nicht nur den wachsenden Effizienzdruck und die Ökonomisierungstendenzen in der Wohlfahrtspflege, sondern kann auch als Indikator dafür gelten, daß sich die hauptamtlichen Mitarbeiter weiter von der ehrenamtlichen Steuerung emanzipieren. Aus organisationssoziologischer Sicht sind Ausgründungen von GmbHs unter anderem die logische Fortführung der Professionalisierung des Hauptamts in den Wohlfahrtsverbänden durch eigenständigere und flexiblere Organisationsformen. Sie demonstrieren auch, daß das Vereinsrecht „keine Ewigkeitsformel" (Seibel 1989: 64) für die freie Wohlfahrtspflege sein muß. Allerdings könnten die Wohlfahrtsverbände auch schnell in eine Dilemma-Situation kommen: Die für ihre Legitimation wichtige Mobilisierung von ehrenamtlicher Arbeit wird durch GmbH-Strukturen und die Annäherung an gewerbliche Organisationsformen eher erschwert. Für ihre Position zwischen Staat und Markt ist das Ehrenamt jedoch nach wie vor eine wichtige Säule. Reorganisation von Arbeitsstrukturen und ehrenamtlicher Arbeit komplementär zu verbinden, bleibt eine große Herausforderung für die Verbände.

Abgesehen von GmbH-Ausgründungen sind auch innerhalb der vereinsrechtlichen Grenzen Modernsierungstendenzen erkennbar. So werden schon seit längerem Stabsstellen eingerichtet, etwa für die Pressearbeit oder die Koordination von Landesgeschäftsstelle und örtlichen Untergliederungen. Diese Änderungen lassen sich nicht durch schlichtes Größenwachstum erklären, das auch mit einfachen Linienorganisationen zu bewältigen wäre (vgl. Endruweit 1981: 110). Die Installierung von Stabsstellen ist meist ein Indikator dafür, daß die Output-Erstellung schwieriger geworden ist (z.B. durch öffentliche Aufmerksamkeit) und die einfachen Rollendifferenzierungsmethoden der Linienorganisation nicht mehr ausreichen.

Durch die Ökonomisierung der Wohlfahrtspflege drängt die Dienstleistungsfunktion der Wohlfahrtsverbände ihre (advokatorische) Interessenvertretungsfunktion in den Hintergrund. Armutsberichte als ein wichtiges Element der Interessenvertretung taugen nicht zum Beweis des Gegenteils. Denn sie tragen indirekt ebenfalls einen Teil zur Dienstleistungsfunktion bei, indem sie den entsprechenden Wohlfahrtsverband in der Öffentlichkeit auch als Träger profilieren.[63] Die Debatte um Effizienzsteigerung, Vermarktlichung und Ökonomisierung ist allerdings nicht so neu, wie manche Analysen

63 Ein subtiles Beispiel dafür ist die Armutspolitik des Paritätischen Wohlfahrtsverbandes, der zusammen mit dem DGB vor einiger Zeit den gemeinsamen nationalen Armutsbericht öffentlichkeitswirksam vorgestellt hat (Hanesch 1994). Unbestritten ist der Paritätische Wohlfahrtsverband auf dem Feld der Armutspolitik stark engagiert. Doch gerade in bezug auf den nationalen Armutsbericht läßt sich auch eine Verknüpfung mit eigenen Organisationsinteressen erkennen. Im Vergleich zu allen anderen Wohlfahrtsverbänden ist der DPWV so gut wie unbekannt (vgl. INFAS 1993: 4). Ein Armutsbericht ist eine ideale Plattform, um den Verband stärker zu popularisieren, ohne direkte Öffentlichkeitsarbeit betreiben zu müssen.

suggerieren. Schon zu Beginn der 80er Jahre (als die Kommunen ebenfalls strapazierte Kassen hatten) gab es einen solchen Trend, der sich auch in Fortbildungsangeboten der Wohlfahrtsverbände niederschlug (vgl. Will 1984). Allerdings besitzt insbesondere der Wettbewerb zwischen privatgewerblichen und gemeinnützigen Anbietern eine ganz neue Qualität, deren Konsequenzen jenseits der Wohlfahrtsverbände und ihrer Organisationsformen durchaus ambivalent sind: Mehr Wahlfreiheit und Klientenorientierung sind ebenso denkbar wie die Genese einer Zwei-Klassen-Versorgung.

5.4.5 Funktionswandel der Vertragsbeziehungen

Nicht nur in der Pflegeversicherung läßt sich ein Wechsel „von Status zu Kontrakt" ablesen (vgl. Kap. 3.6) – dessen Ambivalenz in den folgenden Kapiteln herausgearbeitet werden soll –; eine ähnliche Modifikation von vertraglichen Instrumenten läßt sich auch in anderen Bereichen der sozialen Dienste beobachten.[64] Eine Reihe von Kommunen hat das Instrument des „Kontraktmanagements" eingeführt, um bisherige Finanzierungsmodelle durch ausgehandelte und gegenseitig deckungsfähige Budgets sowie Leistungsverträge abzulösen (vgl. auch Deutscher Städtetag 1995; Kulbach/Wohlfahrt 1996).

Das bezieht sich sowohl auf freiwillige Leistungen (z. B. Drogen- oder AIDS-Beratungsstellen), die bislang über kleinteilige Zuwendungen mit anschließenden Einzelverwendungsnachweisen finanziert wurden als auch auf gesetzliche Pflichtleistungen wie etwa die Betreuung von Asylbewerbern; im Prinzip gilt für beides bislang noch das Selbstkostendeckungsprinzip. Häufig reklamierte Ziele der neuen Kontraktmodelle sind die stärkere Beachtung von Qualitäts- und Wirtschaftlichkeitsstandards, größere Effizienzanreize und größere Transparenz; die Wohlfahrtsverbände erhalten dadurch aber auch mehr Planungssicherheit. Die Budgets sind in den allermeisten Fällen gekürzt, so daß Kontraktmanagement auch ein Element der Sparpolitik im Sozialsektor ist. Auch gesetzliche Pflichtleistungen nach dem BSHG (Behindertenhilfen, Familienhilfen u.a.) sollen nach einer Novellierung des BSHG künftig über im voraus vereinbarte Budgets und nicht mehr über nachträgliche Kostendeckung finanziert werden (vgl. Bauer/Hansen 1995).

Die Finanzierung über Budgets kann aus organisationssoziologischer Perspektive das Verhältnis der Verbände zu ihren Einrichtungen nicht unberührt lassen. Sowohl die Verteilung eines Gesamtbudgets durch den Verband als auch die umgekehrte Version eines Budgets für einzelne Einrichtungen

64 Vgl. zu dem in der Forschung praktisch nicht existenten Feld der Akteursbeziehungen in der kommunalen Sozialpolitik als Ausnahmen Backhaus-Maul/Olk 1994, Treutner 1995 sowie insbesondere den Forschungsbericht von Thomas Ellwein (1994), der sich mit unterschiedlichen historischen und politischen Bezügen diesem Thema widmet.

werden die Wohlfahrtsverbände langfristig politisieren, weil dadurch Konflikte stärker in die Verbände verlagert werden.

Festzuhalten bleibt jedoch, daß Kontraktmanagement in den jeweiligen Segmenten sozialer Dienste unterschiedliche Motive und auch Wirkungen haben kann. So ist plausibel zu machen, daß im Bereich der kommunalen Sozialpolitik der Status der Wohlfahrtsverbände – trotz größeren Rationalisierungsdrucks – eher noch gefestigt und die Verbandlichung der Sozialpolitik noch vorangetrieben wird (vgl. Strünck 1996a). Die Kontraktbeziehungen in der Pflegeversicherung hingegen politisieren diesen Status und beschleunigen damit die Angleichung privat-gewerblicher und gemeinnütziger Organisationsformen (siehe Kap. 7.4). Daher muß auch das analytische Schema „von Status zu Kontrakt" nach Politikfeldern differenziert und idealtypisch verwandt werden.

6. Die Umsetzung der Pflegeversicherung: eine Fallstudie

6.1 Die Ausgangslage in Nordrhein-Westfalen

Der bundesdeutsche Föderalismus hat auch die Altenhilfe-Strukturen mitgeprägt. Jedes Bundesland hatte in den vergangenen Jahrzehnten seine eigenen Landesaltenpläne, Länder wie Rheinland-Pfalz und Baden-Württemberg akzentuierten den ambulanten Bereich mit ihrem Programm der Sozialstationen.[65] Beim Aus- und gelegentlichen Umbau der Infrastruktur waren weniger die Parteien, als vielmehr die Ministerialbürokratie der entscheidende Faktor.

Neben diesen institutionellen Unterschieden haben auch die soziokulturellen Differenzen ihre Schneisen in die Strukturen der Altenhilfe geschlagen. So sind in Süddeutschland die Wohlfahrtsverbände – insbesondere die beiden konfessionellen – besonders dominant als Träger von Einrichtungen und Diensten; je weiter man Richtung Norden geht, desto schwächer wird im Durchschnitt die Position der Wohlfahrtspflege. In Nordrhein-Westfalen gilt dies allerdings nicht. Das aus sehr unterschiedlichen wirtschafts- und sozialstrukturellen Regionen zusammengesetzte Land hat sich bei den sozialen Diensten ähnlich „versäult" wie die niederländische Gesellschaft es lange Zeit war. Im Altenhilfebereich werden in NRW nahezu 80 Prozent aller Dienste und Einrichtungen von Wohlfahrtsverbänden getragen, mit den jeweiligen regionalen Ausschlägen zur Arbeiterwohlfahrt oder zur Caritas und Diakonie.

Diese Dominanz gilt vor allem für den stationären Bereich. In der ambulanten Pflege hat eine vom Land in Auftrag gegebene Studie hingegen offenbart, daß inbesondere in Ballungsräumen privat-gewerbliche Anbieter mittlerweile über die Hälfte aller Klienten betreuen (vgl. Ministerium für Arbeit, Gesundheit und Soziales 1995). Diese Studie spielt bei der Umsetzung der Pflegeversicherung im übrigen eine Schlüsselrolle, weil sie von Pflegekassen wie privat-gewerblichen Anbietern verwendet wird, um Besonderheiten und Bedeutung der Wohlfahrtsverbände zu relativieren.[66]

---

65 Das Infrastruktur-Programm „Sozialstationen" in Rheinland-Pfalz nutzte der damalige Landessozialminister Heiner Geißler im übrigen, um eigene praktisch-politische Antworten auf seine in den 70er Jahren programmatisch formulierte „Neue Soziale Frage" zu geben: mehr politische und soziale Unterstützung für schwache Interessen und Nicht-Organisierte.

66 Die Studie – an der auch von privat-gewerblichen Pflegeverbänden Kritik geübt wurde – rückt eine Reihe von negativen Vermutungen über privat-gewerbliche Anbieter zurecht. So wurde herausgearbeitet, daß die meisten privat-gewerblichen Anbieter keineswegs private Gelder von vermögenden Rentnern abziehen, sondern sich zu einem Großteil aus

In der stationären Altenhife zählten sowohl der Personalschlüssel als auch die früher über die Sozialhilfe finanzierten Pflegesätze bislang zu den höchsten in der gesamten Bundesrepublik, was einen Teil der in NRW besonders ausgeprägten Konflikte um die Umsetzung der Pflegeversicherung erklärt. Nach Baden-Württemberg hat NRW mit 2,55 Heimbewohnern pro Pflegekraft (B.-W.: 2,35) den zweithöchsten Personalschlüssel bis zur Einführung der Pflegeversicherung. Zum Vergleich: In Bremen, dem in dieser Hinsicht schlechtesten Bundesland, kommen 3,4 Heimbewohner auf eine Pflegekraft (Moldenhauer 1997: 34).

Hinzu kommt eine historische Zweiteilung des Landes, die sich gerade in den neuen Verhandlungsbeziehungen sichtbar ausprägt. Die beiden Groß-Regionen Westfallen-Lippe und Rheinland verfügen jeweils über einen Landschaftsverband als überörtliche Sozialhilfe-Träger, zwei AOKn – die in NRW mitgliederstärksten und daher tonangebenden Kranken- und Pflegekassen – sowie zwei Medizinische Dienste (Nordrhein und Westfalen-Lippe). Die Bezirke der Wohlfahrtsverbände sind in der Regel nicht zweigeteilt, sondern stärker aufgefächert, bis auf den Paritätischen Wohlfahrtsverband, der über einen Gesamt-Landesverband verfügt.

In den letzten Jahrzehnten markierte in der Altenhilfe insbesondere eine Dimension die (unsichtbare) Grenze der beiden Regionen: der Aufbau gerontopsychiatrischer Versorgungsstrukturen im Rheinland, unterfüttert von einem eigenen „Landesärzte-Programm". Im Rheinland existierten bis zur Einführung der Pflegeversicherung auch zusätzliche Pflegestufen, die gerontopsychiatrischen Anforderungen besondere Rechnung trugen. Genau diese Pflegeaspekte sind jedoch in den Vergütungsverhandlungen mittlerweile umstritten, weil sie vom Pflegebegriff des SGB XI je nach Interpretation nicht gedeckt sind.

Für die besonderen Konflikte und Machtbeziehungen in NRW ist dieser Punkt nicht unwesentlich, weil er sowohl auf die Widersprüche in Organisationen wie den Landschaftsverbänden als auch auf die teilweise sehr auffälligen Unterschiede zwischen beiden Landesteilen merklichen Einfluß hat. So schöpfte beispielsweise der Landschaftsverband Rheinland einen Großteil seiner sozialplanerischen Kompetenz in der Altenhilfe aus diesem Sonderprogramm, die ihm mit der Umsetzung der Pflegeversicherung mehr und mehr entzogen wird. Besonders markant sind jedoch die unterschiedlichen Einstufungs-Quoten der beiden Medizinischen Dienste zu Beginn der Umset-

---

Geldern der Krankenversicherung finanzieren. Dies unterstreicht im übrigen den Charakter von „Mischbetrieben", der sich durch die Rationalisierungs-Kanäle zwischen Kranken- und Pflegekassen deutlich ändert. Außerdem beschäftigen privat-gewerbliche Anbieter im Saldo mehr qualifizierte Kräfte als die Wohlfahrtsverbände, was allerdings ein Betriebsgrößen-Effekt ist. Weil pro Anbieter eine examinierte Kraft vorgewiesen werden muß, kommen die Privaten mit ihren häufigen Ein-Mann-Betrieben auf eine höhere Gesamtzahl (vgl. Ministerium für Arbeit, Gesundheit und Soziales 1995).

zung, um die es viele Konflikte und Deutungsversuche gegeben hat (siehe Kap. 6.1.2.5). In der Verbändelandschaft haben sich ebenfalls besondere Konturen herausgebildet, die in den folgenden Abschnitten analysiert werden sollen.

6.1.1 Plan versus Markt: das Landespflegegesetz

Die Aufgaben der Pflegekassen, der Leistungserbringer, des Medizinischen Dienstes und anderer Institutionen sind im Pflegeversicherungsgesetz relativ genau definiert; die Rolle der Bundesländer soll die Investitionskosten-Förderung sein, was die Länder aus Gründen der Einflußnahme durchgedrückt, zugleich aber mit einer sehr weichen Formulierung im Gesetzestext versehen haben:

„Die Länder sind verantwortlich für die Vorhaltung einer leistungsfähigen, zahlenmäßig ausreichenden und wirtschaftlichen pflegerischen Versorgungsstruktur. Das Nähere zur Planung und zur Förderung der Pflegeeinrichtungen wird durch das Landesrecht bestimmt" (§ 9 SGB XI).

Mit unterschiedlichen Konzepten haben die Länder die Investitionskostenförderung umgesetzt; beim nordrhein-westfälischen Landespflegegesetz (PfG NW) fällt jedoch besonders auf, daß es den Charakter eines „Planungsgesetzes" trägt, das im übrigen erst rund zwei Jahre nach Inkrafttreten des Pflegeversicherungsgesetzes verabschiedet worden ist, nämlich am 19. März 1996.

An die Investitionskostenförderung[67] ist die Bedingung gebunden, eine Bedarfsbestätigung zu bekommen, die das Pflegeversicherungsgesetz ansonsten nicht vorsieht, weil es gerade über die Zulassung ohne Bedarfsermittlung den Wettbewerb fördern will. Damit geraten die planerischen Ansprüche des PfG NW in Widerspruch zu den wettbewerblichen Ambitionen des Pflegeversicherungsgesetzes. Nach Vorgabe des PfG NW sollen die Kommunen Pflegebedarfspläne aufstellen; die Landschaftsverbände bestätigen den einzelnen Diensten und Einrichtungen auf überörtlicher Ebene dann den konkreten Bedarf und setzen die Investitionskostenförderung in Gang (§§ 6 ff. PfG NW); diese Förderung wird im übrigen aus den Haushalten der Sozialhilfeträger gespeist; das Land beteiligt sich direkt nur mit einem dreijährigen Programm mit insgesamt 420 Mio. DM, was im Bundesarbeitsministerium, bei den Kommunen und Landschaftsverbänden und anderen Akteuren den Vorwurf ausgelöst hat, das Land verweigere eine wirkliche Beteiligung an den Investitionskosten.

Diese Koppelung von Investitionskostenförderung und Bedarfsbestäti-

---

67 Zu den Posten, die gefördert werden, zählen Neu- und Erweiterungsbauten, Umbau und Modernisierung, Kauf von Gebäuden, Erstbeschaffung von Einrichtungsgegenständen, ein Teil der Mietkosten.

gung ist auch für die Träger der Förderung mit Unwägbarkeiten behaftet. Wenn in einer Kommune nach Aufstellung des Bedarfsplanes besonders attraktive Einrichtungen oder Dienste neu eröffnen und entsprechend viele Klienten an sich binden, geht die Förderung anderer Einrichtungen ins Leere; Investitionsruinen können entstehen. Zugleich bietet sich die Koppelung zur Kostenbegrenzung an; charakteristischerweise nimmt hier wiederum der Landschaftsverband Westfalen – zu den finanzpolitisch „restriktiveren" westfälischen Institutionen siehe auch unten – gegen das Sozialministerium und den Landschaftsverband Rheinland die Position ein, daß nur in öffentlich geförderten Einrichtungen „Pflegewohngeld" (siehe unten) als Förderung gezahlt werden dürfe (Interview 20). Dies würde zu einer systematischen Diskriminierung von privat-gewerblichen Anbietern führen – allerdings primär aus Kosten- und nicht aus ideologischen Gründen –, die im Ministerium strikt abgelehnt wird (Interview 27).

Über die für viele Dienste und Einrichtungen einkalkulierten Förderungen nimmt das Land im übrigen indirekt Einfluß auf Struktur und Organisation. So ist in den wesentlich detaillierteren Rechtsverordnungen des Ministeriums vorgeschrieben, daß von neugebauten Einrichtungen (was auch „umgebaute" und „modernisierte" Einrichtungen einschließt) nur solche gefördert werden, die zwischen 40 und 80 Plätze haben; die meisten Träger kalkulieren jedoch mit größeren Platzzahlen, um Wirtschaftlichkeitsreserven zu mobilisieren und die Personalplanung zu optimieren. Bei Umbauten brechen daher Konflikte auf, weil die organisatorische Neu-Orientierung nicht unabhängig von der Landesförderung gesteuert werden kann. Deutlich ist, daß die politische Ausrichtung des Landes vorsah und vorsieht, die „Mangelangebote" im Bereich der teilstationären Versorgung erkennbar zu bevorzugen.[68] Das hat jedoch zu Größenordnungen bei den Platz-Vorgaben in der Förderung geführt, die zwar politisch plausibel, nicht aber kompatibel mit der Organisationswirklichkeit von gemeinnützigen wie privat-gewerblichen Anbietern sind (vgl. Zuschrift 12/518). Damit fördert die Umsetzung der Pflegeversicherung aus Sicht der Träger das Dilemma, daß sie einerseits zu wirtschaftlicheren und personalorganisatorisch flexibleren Verbünden „gedrängt" werden, andererseits jedoch politischen Vorgaben wie „ambulant vor stationär" oder der Förderung teilstationärer Angebote nachkkommen müssen.

Für die gesamte „Marktsituation" ist nicht unwesentlich, daß sowohl im ambulanten wie auch im stationären Bereich erstmals privat-gewerbliche Dienste und Einrichtungen öffentliche Förderung beanspruchen können. Vor allem für die privat-gewerblichen ambulanten Dienste ist dies eine entscheidende Verbesserung durch die Pflegeversicherung, die erklärt, warum die

68 Besonders problematisch ist die vom Land bevorzugte Förderung solitärer, d. h. nicht in die vollstationäre Einrichtung eingestreute, Tagespflegeplätze. Solche Einrichtungen sind – aufgrund des hohen Belegungsrisikos – wirtschaftlich unattraktiv und werden von stationären Verbünden stets subventioniert (Interview 10).

meisten privat-gewerblichen Anbieter trotz vieler Ungewißheiten und neuer Bürokratisierung dem neuen Gesetzeswerk ein positives Gesamturteil ausstellen.

Dennoch ist die wettbewerbliche Ausgangslage verzerrt, weil die gemeinnützigen Träger früher schon Förderung genossen haben, die den privatgewerblichen nicht „ersetzt" wird. Die Schwerpunkte der im Zusammenhang mit dem Landespflegegesetz vom Sozialministerium erlassenen Rechtsverordnungen spiegelt auch die Zielrichtung des Landespflegegesetzes. Sie betreffen insbesondere die Investitionskostenförderung ambulanter Dienste, das „Pflegewohngeld" und Zusatzförderungen im stationären Bereich[69] sowie die Aufstellung kommunaler Pflegebedarfspläne (vgl. Ministerium für Arbeit, Gesundheit und Soziales 1996).

Eine Besonderheit ist das sogenannte „Pflegewohngeld" im stationären Bereich. Hier ist die individuell veranlagte Sozialhilfe zu einer objektorientierten Invesitionskostenförderung transformiert worden. Da die Pflegekassen nicht für die Investitionskosten zuständig, und das Land nicht alle weiteren Kosten in Pflege-Einrichtungen trägt, können zunächst den Bewohnern zusätzliche Kosten, die über die pflegebedingten Aufwendungen hinausgehen, in Rechnung gestellt werden; für die sogenannten „Hotelkosten", also Verpflegung und Reinigung, gilt das ohnehin. Sind die privaten Quellen der Bewohner erschöpft, greift in NRW das „Pflegewohngeld": Die Einrichtung selbst stellt beim örtlichen Sozialamt einen Antrag, demgemäß sich dann der Betroffene der Bedürftigkeitsprüfung unterziehen muß. Bis zu einer maximalen Höhe von 1.400 DM pro Monat erhält dann die Einrichtung, nicht der Bewohner, einen Anspruch auf Förderung. An dieser Regelung ist aus sozialrechtlicher und sozialpolitischer Sicht reichlich Kritik geübt worden.[70]

Auffällig ist jedoch, daß die Wohlfahrtsverbände in NRW – trotz ver-

---

69 Als politischen Schwerpunkt fördert das Land bis zum 31. Dezember 1998 Plätze in der Tages-, Nacht- und Kurzzeitpflege mit 100 Prozent. Die Mittel dafür stammen allerdings nicht aus dem Landeshaushalt, sondern aus den Haushalten der Landschaftsverbände, deren Einsparungen in der Sozialhilfe primär für die Investitionskostenförderungen eingesetzt werden. Das Land selbst steuert ein Sonderprogramm von 420 Mio. DM in drei Jahren bei, mit dessen Hilfe Tages-, Nacht- und Kurzzeitpflege weiter ausgebaut und mehrgliedrige Einrichtungen geförder werden sollen. Das Bundesarbeitsministerium nimmt solche Förderstrukturen wie die in NRW zum Anlaß, einzelnen Bundesländern vorzuwerfen, sie beteiligten sich nicht adäquat an der Förderung der Pflegeinfrastruktur (vgl. Hauschild 1995).

70 Der grundlegende Einwand stellt darauf ab, es sei „eine sozialrechtliche Kuriosität, daß zur Durchsetzung des Investititonsförderungsanspruches einer Pflegeeinrichtung die Pflegebedürftigen selbst mitwirken und einen Antrag mit so persönlichen Angaben stellen müssen, der sich vom Sozialhilfeantrag praktisch nicht unterscheidet" (Hauschild 1995: 14). Damit mißbrauche das Land die Sozialhilfe, um sich selbst nicht an den Kosten beteiligten zu müssen und zugleich einen anderen Begriff parat zu haben, der das überdecke. Außerdem wird bemängelt, daß die Eingrenzung dieser Invesititonskostenförderung auf „Bedürftige" nicht statthaft sei, weil dafür das Steuerrecht zuständig sei und die Sozialpolitik in Deutschland dem Grundsatz der Standardsicherung gehorche.

bandsinterner Kritik – als Spitzenverbände von Einrichtungsträgern diese Regelung im Landtag einhellig begrüßt haben (vgl. Zuschrift 12/161). Dies erklärt sich auch daraus, daß auf diese Weise die „alte Last“ – die früheren Aufwendungen für Investitionen – nicht wirklich „kompensiert“ wird, was den Wohlfahrtsverbänden einen Wettbewerbsvorteil gegenüber den zuvor gar nicht geförderten privat-gewerblichen Anbietern verschafft. Allerdings ist die Haltung der Wohlfahrtsverbände offenbar auch das Ergebnis informeller Verhandlungen.[71]

In der Praxis allerdings hat das Pflegewohngeld – ähnlich wie weitere Vorschriften der Pflegeversicherung – zu einem enormen Bürokratisierungs-Schub geführt: Für jeden Ausfall – wenn Bewohner ins Krankenhaus kommen oder vor Monatsende sterben – muß das Pflegewohngeld von den Landschaftsverbänden umgerechnet werden; auch die Beantragung durch die Einrichtungen pro Einzelfall ist relativ aufwendig. Insgesamt sind die Finanzierungsverflechtungen der einzelnen Sozialversicherungsträger und Behörden im stationären Bereich besonders komplex. Über eine stärkere Pauschalierung des Pflegewohngeldes wird bereits nachgedacht. Zudem wird durch den Zahlungsmodus des Pflegewohngeldes den Bewohnern beinahe jede Form des eigenen Organisationsmanagements aus den Händen genommen, was aus pflegewissenschaftlicher Sicht einen Rückschritt bedeutet.[72]

Folgenreich für die Beziehungen der einzelnen Akteure untereinander sind die Zusammenhänge zwischen Investitionskostenförderung und Vergütungssystemen. So ist beispielsweise die in NRW vorgesehene Förderung ambulanter Dienste mit einer Stundenpauschale von 4,20 DM indirekt an die Preisentwicklung in den Vergütungsverhandlungen gekoppelt. Denn die Pflegestunde, die der Förderung zugrundeliegt, wird auf der Grundlage der zwischen Pflegekassen und Leistungsanbietern verhandelten „Leistungskomplexe“ ermittelt: Zehn Punkte werden dabei in eine Minute umgerechnet. Sinken die Punktwerte in den Verhandlungen zukünftig, sinkt auch die Investitionskosten-Förderung. Zugleich – und dies ist ein für die Verhandlungsbeziehungen ebenfalls nicht-intendierter Effekt – offenbart diese Regelung des Landes, was die Pflegekassen in der Öffentlichkeit stets abstreiten,

71 Es hat Hinweise des Sozialministeriums gegeben, das Pflegewohngeld konzeptionell in der Öffentlichkeit zu unterstützen oder schlechtere Förderbedingungen zu akzeptieren. Den Sozialreferenten in den Wohlfahrtsverbänden war durchaus klar, daß hier ein System mit individuellem Rechtsanspruch aus politischen Gründen zweckentfremdet werden sollte (Interview 01). Unbeabsichtigt gibt auch ein Kassenvertreter zu, daß hier mit Begriffen kaschiert worden ist: „Ich persönlich finde das Sondermodell des Pflegewohngeldes gut, weil es eben keine Sozialhilfe ist“ (Interview 17).

72 „Wir haben für die Bewohner auch die Verwaltung ihres Lebens übernommen“ (Interview 28), diese Aussage eines Einrichtungs-Leiters hebt darauf ab, daß die reformerische Vorstellung, die Bewohner auch bürokratische Hürden des Alltags organisieren zu lassen, anstatt „ständig Kurse in Seidenmalerei und ähnlichem“ (ebenda) anzubieten, vom Bürokratisierungs-Schub der Pflegeversicherung ins Gegenteil verkehrt werde.

daß nämlich den angeblich zeitunabhängigen Punktwerten durchaus Zeitintervalle zugrundeliegen. Und die Transformation des Faktors „Zeit“ in den neuen Vergütungssystemen zieht eine Reihe organisatorischer und pflegekultureller Konsequenzen nach sich (siehe Kap. 6.2.3).

Außerdem wird durch die Koppelung der Förderung an die volle Pflegestunde erreicht, daß nur dann Zuschüsse gezahlt werden, wenn die Leistungen von den Klienten auch tatsächlich nachgefragt werden. Damit ergänzt das Landespflegegesetz die ansonsten stark planerischen Akzente um eine eher martkliche Komponente, die „theoretisch besonders gut mit den durch das PflegeVG gestärkten Marktkräften vereinbar erscheint (...)“ (Roth 1998: 40).

Andererseits greifen Pflegekassen und die ihnen zugeordneten Institutionen auch in die Spielräume der öffentlichen Instanzen ein. Da beispielsweise die Einstufungen des MDK auch für die aufstockende Zahlung von Pflegewohngeld relevant sind, steuern die Institutionen der Pflegekassen einen größeren Teil der Finanzierungsgrundlage der stationären Einrichtungen als sie selber ko-finanzieren. Relativ „restriktive“ Einstufungen durch die MDK sind daher durchaus im finanzpolitischen Interesse der Landschaftsverbände.

Ein anderer durch das PfG NW entfachter Entwicklungstrend ist die „Kommunalisierung“ der Infrastrukturplanung und der Beratung über Pflegeleistungen – eigentlich eine Aufgabe der Pflegekassen –, die in den Ausschüssen und Anhörungen zu zahlreichen erheblichen Kritikpunkten der Kommunen und der kommunalen Spitzenverbände geführt hat; an den konkreten Ausführungsbestimmungen via Rechtsverordnungen waren im übrigen weder die Kommunen noch andere Akteure beteiligt (vgl. Zuschrift 12/198; Articus 1995).

In einen unmittelbaren Widerspruch zum Pflegeversicherungs-Gesetz gerät das Landespflegegesetz dadurch, daß hier den Kommunen die Sicherstellung der Angebotsstrukturen übertragen wird (§ 2 Abs. 1 PfG NW), während im Bundesgesetz dieser Auftrag den Pflegekassen zugeordnet ist. Allerdings läßt sich auch aus den Bestimmungen des Bundesgesetzes eine verschwommene Mehrfachzuständigkeit unterschiedlicher Institutionen herauslesen (siehe folgende Abbildung).

Abbildung 12: *Infrastrukturverantwortlichkeiten in der Pflegeversicherung*

Norm	Zuständigkeit	Aufgaben
§ 8 Abs. 2 SGB XI	Länder, Kommunen, Pflegeeinrichtungen, Pflegekassen (unter Beteiligung des Medizinischen Dienstes)	- *Hinwirkung* auf die Gewährleistung einer leistungsfähigen, regional gegliederten, ortsnahen und aufeinander abgestimmten ambulanten und stationären pflegerischen Versorgung der Bevölkerung; - *Beitrag* zum Ausbau und zur Weiterentwicklung der notwendigen pflegerischen Versorgungsstrukturen, insbesondere Ergänzung des Angebots an häuslicher und stationärer Pflege durch neue Formen der teilstationären Pflege und Kurzzeitpflege sowie Vorhaltung eines Angebotes von die Pflege ergänzenden Maßnahmen der medizinischen Rehabilitation; - *Unterstützung und Förderung* der Bereitschaft zu einer humanen Pflege und Betreuung durch hauptberufliche und ehrenamtliche Pflegekräfte sowie durch Angehörige, Nachbarn und Selbsthilfegruppen.
§ 9 Satz 1 SGB XI	Länder	- *Verantwortlichkeit* für die Vorhaltung einer leistungsfähigen, zahlenmäßig ausreichenden und wirtschaftlichen pflegerischen Versorgungsstruktur

§ 12 Abs. 1 SGB XI	Pflegekassen	- *Verantwortlichkeit* für die *Sicherstellung* der pflegerischen Versorgung der Versicherten im Rahmen des Sicherstellungsauftrags; - *Zusammenarbeit* mit allen an der pflegerisch, gesundheitlichen und sozialen Versorgung Beteiligten; - *Hinwirkung* auf die Beseitigung der Mängel der pflegerischen Versorgungsstruktur; - *Zusammenwirken* mit den Trägern der ambulanten und der stationären gesundheitlichen und sozialen Versorgung zur Koordiniierung der für den Pflegebedürftigen zur Verfügung stehenden Hilfen (§ 12 Abs. 2 Satz 1 SGB XI); - *Sicherstellung*, daß im Einzelfall ärztliche Behandlung, Behandlungspflege, rehabilitative Maßnahmen, Grundpflege und hauswirtschaftliche Versorgung nahtlos und störungsfrei ineinandergreifen (§ 12 Abs. 2 Satz 2 SGB XI)

Quelle: Igl 1995b: 283

Zugleich sollen auf kommunaler Ebene Pflegekonferenzen installiert werden. Dieser Umstand und die geringe direkte Beteiligung des Landes an den Investitionskosten hat die nordrhein-westfälischen Kommunen, die die Verantwortung primär an die Selbstverwaltung der Pflegeversicherung und die Leistungsanbieter delegiert sehen, zu Hauptgegnern des Landespflegegesetzes werden lassen. Kontrastiert man zudem die Tatsache, daß den örtlichen Pflegekonferenzen formal betrachtet vielfältige Aufgaben bei der Infrastrukturabstimmung zukommen sollen (vgl. Rosendahl/Zängl 1997), mit den Ambitionen der Pflegekassen und den kaum exakt zu prognostizierenden Nachfragemustern (vgl. Halfar 1991), dann wird ihre reale Schwäche bei großem organisatorischem Aufwand deutlich.

Um die Investitionskosten-Förderung rankt sich noch weiterer Regulierungsbedarf, und zwar in der Frage der Abgrenzung von Investitionskosten und pflegebedingten Kosten, woran vor allem die Pflegekassen großes Interesse haben, weil sie nur für die pflegebedingten Kosten zuständig sind. Auf Landesebene fehlt eine Abgrenzungsverordnung des Sozialministeriums weiterhin, weil das Interesse der Kassen sich daran heftet, Anschaffungsgüter und einen Teil der Pflegehilfsmittel möglichst in den Investitionskosten-Bereich zu transferieren, den öffentliche Institutionen dann mitfinanzieren würden (Interview 06). Die Regulierungen des Landespflegegesetzes – zusammengenommen mit zahlreichen Bundesvorschriften und gemeinsamen Empfehlungen der Spitzenverbände – geben Polemiken gegen den angeblichen Pflegemarkt Nahrung:

„Aber wir haben keinen Markt, sondern eine Gemengelage, in der Planungselemente überwiegen. Jemand hat mal gesagt: Die Bezirksplanungskommission der DDR war ein liberales Gremium im Vergleich zu den Gremien, die die Pflegeversicherung umsetzen" (o. V. 1997: „Preissstrategie der Kassen": 16).

Schematisiert man sämtliche formalen Beziehungen zwischen den Organisationen, wie sie sich aus der Kombination von Pflegeversicherungsgesetz und Landespflegegesetz unter dem Gesichtspunkt von Kosten- und Aufgabenverteilung ergeben, formt sich ein komplexer Schaltkreis (siehe folgende Abbildung).

Abbildung 13*: Das Netzwerk der Pflegeversicherung in Nordrhein-Westfalen*

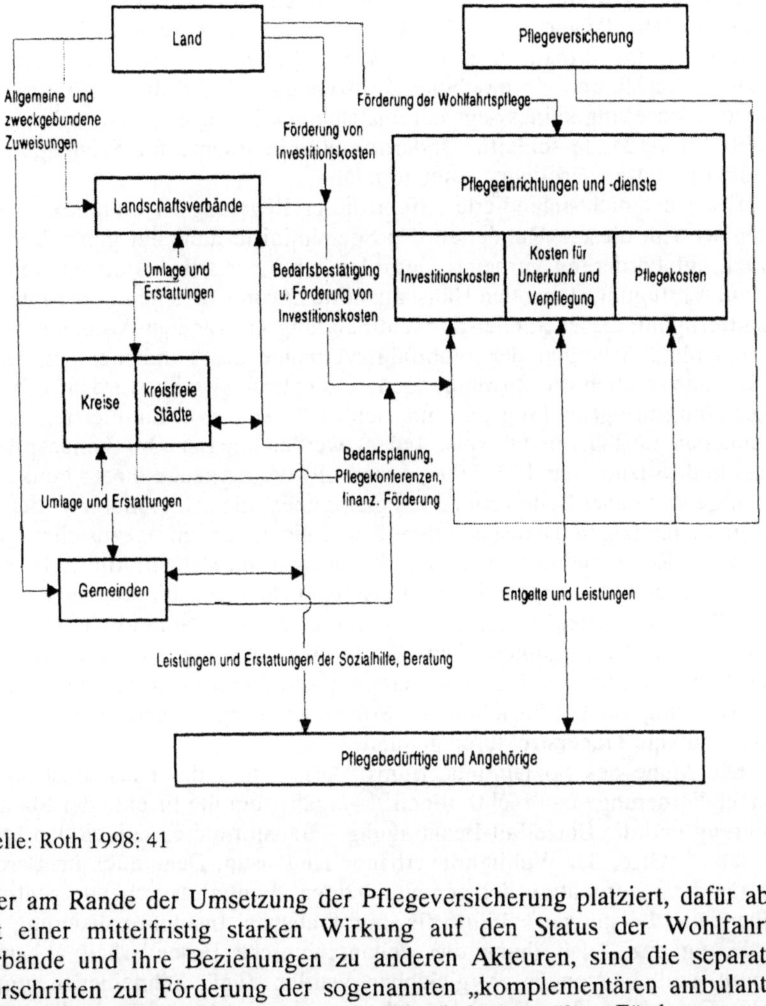

Quelle: Roth 1998: 41

Eher am Rande der Umsetzung der Pflegeversicherung platziert, dafür aber mit einer mitteifristig starken Wirkung auf den Status der Wohlfahrtsverbände und ihre Beziehungen zu anderen Akteuren, sind die separaten Vorschriften zur Förderung der sogenannten „komplementären ambulanten Dienste" in NRW. Da viele zuvor als Pauschalen gewährte Förderungen der Wohlfahrtspflege und der ambulanten Dienste durch die Pflegeversicherung obsolet geworden sind – und manche Kommunen durch zügige Streichung die Dienste verunsichert hat –, existieren je nach politischer Priorität jetzt noch Sonderprogramme auf Landesebene wie die Förderrichtlinien für die komplementären ambulanten Dienste in NRW. Darunter fallen präventive Maßnahmen, Entlastungsangebote für pflegende Angehörige oder psychosoziale Betreuung, die in der Regel von den Sozialversicherungsträgern nicht vergolten werden. Die Förderung mit Festbeträgen pro Pflegefachkraft wird ausschließlich gewährt an „Verbände der Freien Wohlfahrtspflege und ihnen angeschlossene Träger“ (vgl. Ministerium für Arbeit, Gesundheit und Soziales 1996b); im Prinzip also eine Sonder-Subventionierung frei-gemeinnütziger Dienste und ein möglicher Hinweis darauf, daß die Einführung der Pflegeversicherung keineswegs automatisch den herausgehobenen Status der Wohlfahrtsverbände schleift, sondern weiterhin Räume für Privilegien gegenüber privat-gewerblichen Anbietern läßt.

Doch der nicht-intendierte Effekt dieser Regelung ist komplexer. Zum einen wird in diesem Runderlaß des Sozialministeriums ein genereller Anspruch auf Förderung verneint: Gefördert wird nur auf Antrag im Rahmen der zur Verfügung stehenden Haushaltsmittel. Damit wird den in der internen Rechtfertigung dieser Sonder-Subventionierung verwandten Argumenten der besonderen Leistungen der Wohlfahrtsverbände das Fundament entzogen. Denn dann müßten die Zuwendungen automatisch gezahlt werden. Die Antragstellung bringt es hingegen mit sich, daß die zuvor unhinterfragt angenommenen Leistungen fallweise belegt werden müssen. Im Landespflege-Ausschuß (Sitzung am 1. 3. 1996, Protokoll) wurde genau dieser Punkt von privat-gewerblicher Seite zum Anlaß genommen, die „Besonderheit“ der von frei-gemeinnützigen Diensten erbrachten Leistungen infragezustellen, weil gerade im Runderlaß erkennbar sei, daß es sich um stark routinisierte, standardisierte und professionalisierte Leistungen handele, die an die Existenz von Pflegefachkräften gebunden seien und damit zur „Normalität“ von Pflege gehörten. Das Argument, Wohlfahrtsverbänden müßten die ehrenamtlichen Sonderleistungen vergolten werden, passe somit nicht zur administrativen Regelung der Förderrichtlinien. Solche Leistungen seien keineswegs an gemeinnützige Trägerstrukturen gebunden.

Die Mühe des Sozialministeriums, diese intern durchaus umstrittenen Sonder-Förderungen zu rechtfertigen[73] – ergänzt um die Effekte der Standardisierung und die Einzelfall-Beantragung – transformieren jedoch den „public status“ (Offe) der Wohlfahrtsverbände langfristig. Denn auch im Bereich der für die Legitimation der gemeinnützigen Wohlfahrtsverbände zentralen „Überschuß-Leistungen“ führt die bürokratische Institutionalisierung via Förderung dazu, daß ihnen die weltanschauliche Besonderheit abhanden kommt und Leistungen vergleichbar werden (vgl. Schneider-Siegmund 1996). Diese besondere Form der „Ökonomisierung durch Bürokratisierung“ trägt die Grenzen zu privat-gewerblichen Anbietern ab, gerade dadurch, daß mit administrativer Unterstützung zunächst neue errichtet werden. Damit erzielen die Förderrichtlinien innerhalb des Verbändesystems weitreichende

73 Die vieldeutige Aussage von Vertretern des Ministeriums: „Hier greifen wohl höhere strukturelle Erwägungen“ offenbart, daß es Reste klientelistischer Strukturen sind, die die Verabschiedung der Förderrichtlinien ermöglicht haben.

nicht-intendierte Nebenwirkungen, die ansonsten in der Sozialpolitik vor allem mit Blick auf die Empfänger von Sozialleistungen bekannt sind (vgl. Vobruba 1991).

Gerade die einzelne Beantragungs-Pflicht in den Förderrichtlinien offenbart den Wechsel „von Status zu Kontrakt“ in den Beziehungen der Wohlfahrtsverbände zu Dritten (vgl. Kap. 3.6), weil hier ehemals nicht verhandelbare Rechte und Pflichten letztlich in nachweisbare Leistungspakete umgewandelt werden, die langfristig für alle Anbieter verhandelbar und damit „kontraktfähig“ werden. Damit erodiert zugleich die Grundlage für neokorporatistische Arrangements, in deren Zentrum gerade der Status der Wohlfahrtsverbände das Tauschelement des Staates gewesen ist. Doch gerade in der Pflegeversicherung können staatliche Stellen nun nicht mehr über ihre Finanzierungshoheit vergleichbar wichtige Tauschelemente anbieten, weil die Pflegekassen die wesentlichen Finanzierungs- und Ordnungsaufgaben übernommen haben. Und die Interessenlage der Pflegekassen weicht von der des Staates in wesentlichen Punkten ab. Daß sich sogar in Resten staatlicher Privilegierung wie den Förderrichtlinien für komplementäre ambulante Dienste der Wechsel „von Status zu Kontrakt“ ankündigt, hat für den traditionellen Korporatismus weitreichende Folgen (siehe Kap. 7.4.2).

6.1.2 Verbände- und Organisationsprofile

Die folgenden Skizzen beziehen ihre empirische Substanz in erster Linie aus zahlreichen Experten-Interviews. Über die genauen Strukturen von Verbänden im Pflegebereich ist vor allem auf Landes- und regionaler Ebene kaum etwas bekannt. Auch die interorganisatorischen Beziehungen spielen sich weitgehend nicht-öffentlich und nicht-dokumentiert ab. Auf der Bais der Deutungsmuster aus den Experten-Interviews lassen sich daher in erster Linie Hypothesen generieren und keine Hypothesen testen.

6.1.2.1 Wohlfahrtsverbände

Der „Marktführer“ in der Altenhilfe ist in NRW die Caritas mit ihren vier Diözesan-Caritasverbänden und zahlreichen Kreis- und Stadtverbänden. Das schlägt sich indirekt auch in der Vorbereitung der Verhandlungen mit den Pflegekassen nieder. So haben alle in NRW vertretenen Wohlfahrtsverbände eine „Kommission Pflegeversicherung“ gegründet, über die sämtliche Verhandlungen für den ambulanten Bereich geführt werden sowie die generelle Koordination läuft.[74] Vorsitzender der Kommission ist ein leitender Mitar-

74 Es ist bezeichnend, daß im stationären Bereich nicht nur jeder Wohlfahrtsverband für sich verhandeln will, sondern daß auch innerhalb der Verbände keineswegs eine einheitliche Preis-Strategie gefahren wird (siehe auch Kap. 6.3). Während im ambulanten Bereich die

beiter der Caritas. Die in NRW tätigen Wohlfahrtsverbände werden hier nicht noch einmal separat vorgestellt (vgl. dazu Kap. 3.1).

Die normalerweise für die Koordination auf Landesebene zuständige „Liga" der Wohlfahrtsverbände hat diesen besonderen Bereich stärker ausdifferenziert. Die Pflegekassen haben sich in der ersten Verhandlungsrunde 1995 bereitgefunden, im ambulanten Bereich zentral mit der Kommission Pflegeversicherung zu verhandeln. Im ambulanten Bereich sind alle ambulanten Dienste – frei-gemeinnützige wie privat-gewerbliche – einem deutlich höheren Konkurrenzdruck ausgesetzt als im stationären Sektor, wo die Unterschiede und Klientelbindungen weitaus stärker und die Investitionskosten weitaus höher sind. Daher haben sich alle Wohlfahrtsverbände darauf geeinigt, im ambulanten Bereich eine Strategie für Einheitspreise einzuschlagen; im stationären Sektor hingegen ist es umgekehrt, weil die infrastrukturellen Voraussetzungen hier derart unterschiedlich sind, daß letztlich jede Einrichtung individuell angepaßte Abschlüsse benötigt. Die Strategie der Pflegekassen läuft im übrigen genau anders herum. Die Wettbewerbs-Situation im ambulanten Bereich wollen sie möglichst durch Einzelverhandlungen anfachen, während im stationären Bereich standardisierte Pflegesätze Effizienzreserven mobilisieren sollen (siehe Kap. 6).

Seitdem das erste Änderungsgesetz zur Pflegeversicherung (1. SGB XI-ÄndG vom 14. Juni 1996) noch einmal ausdrücklich Einzelverhandlungen gefordert hat, werden die Pflegekassen in den nächsten Runden zumindest nach regionalen Schwerpunkten die ambulanten Dienste separat verhandeln (vgl. o. V. 1997: „Wettbewerb kann nur...). Auch wenn damit die Verhandlungstätigkeit der Kommission Pflegeversicherung schon fast retrospektiv betrachtet werden muß, gibt ihre Arbeit Einblick in strategische Dilemmata der Wohlfahrtsverbände und ihre Stellung zu den privat-gewerblichen Anbietern. Erkenntnisse aus teilnehmender Beobachtung, Experten-Interviews sowie internen Dokumenten werden daher in den folgenden Kapiteln eingestreut. Aus den Mitgliedern der Kommission Pflegeversicherung haben die Wohlfahrtsverbände im wesentlichen auch die Schiedsstelle bestückt, die im Falle von Nicht-Einigungen in Verhandlungen entscheiden muß.

Argumentation und Strategie der Kommission Pflegeversicherung lassen erkennen, daß die Pflegeversicherung die unterschiedlichen Interessenlagen von Diensten und Einrichtungen einerseits und den übergeordneten Verbänden andererseits noch weiter schärft. So funktioniert die Kommission beispielsweise auch als ein Frühwarnsystem, falls Einrichtungen und Dienste einzelner Verbände mit Verhandlungsangeboten an die Pflegekassen vorpreschen sollten – was in NRW mehrfach vorgekommen ist – und damit die ge-

drohende zwischenverbandliche Konkurrenz möglichst eingedämmt werden soll, bestehen die vergleichsweise mächtigeren Träger von Einrichtungen darauf, für ihre teils sehr unterschiedliche Ausstattung auch entsprechend unterschiedliche Sätze vergütet zu bekommen.

meinsame Verhandlungsbasis schwächen.[75] Da die Kommission für alle Einrichtungen und Dienste in NRW das Verhandlungsmandat beansprucht, haben die neuen Vertragsbeziehungen der Pflegeversicherung die Wohlfahrtsverbände in Dilemmata manövriert. Der Anspruch auf das Mandat hat den Pflegekassen die Möglichkeit eröffnet, die Grundlage für diese Vertretungsbefugnis in Frage zu stellen. Der zähe Streit um die Vorlage von Vollmachten rankt sich nur vordergründig um ein formales Problem; tatsächlich nutzen die Pflegekassen die Vorgabe des Gesetzes, nur wirtschaftlich selbständige Einrichtungen seien Verhandlungspartner, um unterschiedliche Interessenlagen zwischen Verbänden und Mitgliedern stärker in Schwingung zu versetzen (siehe Kap. 6.2).

Zugleich ist die Kommission dafür zuständig, einzelne Dienste zu unterstützen, wenn die Pflegekassen für diese Verfahren bei der Schiedsstelle beantragen, um einen Punktwert für die ambulanten Leistungen festlegen zu lassen. Damit legitimiert sie aber indirekt Einzelverhandlungen, die sie eigentlich verhindern möchte.

6.1.2.2 Privat-gewerbliche Verbände und Anbieter

Auch die privat-gewerblichen[76] Dienste und Einrichtungen haben sich in NRW verbandlich organisiert, schwerpunktmäßig in den Verbänden BPA und VdAB (beide stationär) sowie LfK, BAD, AGH und AVAP (ambulanter Bereich).[77] Die Entstehungsgeschichte der Verbände verlief unterschiedlich und gibt Anlaß zu Konkurrenzen. Während der LfK ein aus örtlichen Arbeitsgemeinschaften gewachsener reiner Landesverband ist, handelt es sich bei den anderen Verbänden um Untergliederungen von Bundesverbänden; dies erklärt auch die Strategie des LfK, einen weiteren Bundesverband als „Verband der Verbände“ zu gründen, den SHK (Spitzenverband für die häusliche Krankenpflege), um damit auch zusätzliche Legitimation über die Landesebene hinaus zu gewinnen.[78]

---

75 Die empirische Basis für die folgenden Ausführungen bildet die teilnehmende Beobachtung an Sitzungen der Kommission Pflegeversicherung im Jahr 1997.

76 Die Verbände der privat-gewerblichen Anbieter lehnen für sich die Bezeichnung „privat-gewerblich“ ab und bevorzugen „private Verbände“. Da diese Formulierung jedoch alle nicht-staatlichen und damit auch gemeinnützigen Verbände erfaßt – die auch sozialrechtlich häufig als Private von den öffentlichen Trägern abgegrenzt werden – und sie außerdem aus politischen Gründen gewählt worden ist, wird hier weiterhin von privat-gewerblichen Verbänden gesprochen, um keine Mißverständnisse zu produzieren.

77 Die Verbändelandschaft ist jedoch in Bewegung. Mittlerweile sind BPA und AGH fusioniert und haben damit den ambulanten und stationären Bereich zusammengeschlossen, die bislang nach Verbänden getrennt waren. Innerhalb der Mitgliedschaft schafft dies durchaus Spannungen. Außerdem hat sich der VdAB ebenfalls eine stärkere Basis im ambulanten Sektor zugelegt.

78 Angesichts der bereits beachtlichen Konkurrenz auf Bundesebene wurde dem LfK vorgehalten, aus verbandsegoistischen Motiven die kontraproduktive Auffächerung der Ver-

Weil die Landschaft der privat-gewerblichen Anbieter keinen Platz für so viele Verbände läßt, sind der Wettbewerb um Mitglieder – in erster Linie bei den ambulanten Verbänden – ebenso wie Fusionierungspläne stark entwickelt. Zwar setzt jeder Verband etwas andere Akzente – manche legen mehr Wert auf die betriebswirtschaftliche Beratung ihrer selbständigen Mitglieder, andere eher auf die Vertretung in Verhandlungen –, doch im wesentlichen ähneln sich die privat-gewerblichen Verbände sehr stark. Da letztlich von den rund 1300 ambulanten Diensten gut 1000 organisiert sind, ist um diese Mitglieder ein Konkurrenzkampf mittels Veranstaltungen und Informationspolitik entbrannt, weniger mittels Mitgliedsbeiträgen:

„Im Moment bringt es finanziell auf jeden Fall etwas, Mitglied in einem Verband zu sein, denn von den guten Punktwerten für Mitglieder können die Beiträge locker bezahlt werden" (Interview 12).

Dennoch haben sich auch die privat-gewerblichen Verbände aus dem ambulanten Bereich zu einer Landesarbeitsgemeinschaft (LAG) zusammengefunden, in der ursprünglich alle Verbände gemeinsam mit den Pflegekassen verhandeln wollten. Ziel war es, den gleichen Punktwert zu erreichen wie die Wohlfahrtsverbände. Der LfK wollte jedoch einen zügigen Abschluß und hat vorauseilend zu einem Punktwert von 7,0 abgeschlossen (Schiedsstellen-Spruch für die Wohlfahrtsverbände: 7,8). Danach wurde er aus der LAG ausgeschlossen. Der LfK scheint durch seine separaten Verhandlungen allerdings Parameter gesetzt zu haben, denn der nachfolgende Abschluß der LAG lag ebenfalls bei 7,0.

Deutlich wird bei den Konflikten um Abschlüsse, daß sich bei den privat-gewerblichen Verbänden starke Konkurrenzen zwischen den Verbänden abzeichnen, was bei den Wohlfahrtsverbänden weniger der Fall ist. Die Konkurrenz-Situation wird außerdem dadurch befördert, daß es keine grundsätzlichen politischen Zuordnungen der privat-gewerblichen Verbände gibt, sondern punktuelle Zweck-Koalitionen das Mittel der Wahl darstellen. Hier macht sich bemerkbar, daß die privat-gewerblichen Verbände im Vergleich zur Wohlfahrtspflege als Interessenverbände um freie Mitglieder werben müssen, und das nicht nur, um ihre finanzielle Basis zu stärken. Entscheidender ist, daß politisch nur die stärksten Verbände wahrgenommen werden und erwartet wird, daß maximal drei Verbände in NRW nach einer Phase der Fusionen und Bereinigungen übrig bleiben werden. Diese Phase politischer Konsolidierung haben die Wohlfahrtsverbände als etablierte Spitzenverbände längst hinter sich.

Sinnfällig für die Konkurrenz um politische Repräsentation ist auch die Besetzung der privat-gewerblichen Mandate im Landes-Pflegeausschuß. Dort sind für die ambulanten Dienste der LfK und die AGH, für den stationären Bereich der VdAB vertreten. Weil die vom VdAB vorgelegten Mitglieder-

---

bändelandschaft weiter zu treiben (vgl. o. V. 1997: So viel Land wie möglich).

zahlen die des Konkurrenz-Verbandes BPA übersteigen – obwohl keiner der privat-gewerblichen Verbände über eine kontrollierte und aussagefähige Mitgliederstatistik verfügt –, bekam er den Zuschlag vor dem BPA. Obgleich der Landespflege-Ausschuß kein Entscheidungsgremium darstellt, ist hier das Forum, politische Vertretungsansprüche als Verband zu artikulieren und damit auch die Mitglieder zu binden. Daher haben diese Mandatierungs-Konflikte neue Turbulenzen auf privat-gewerblicher Seite entfacht (Interviews 09, 10).

Die Verbandlichung auch auf privat-gewerblicher Seite wird insgesamt sowohl von den politisch-administrativen Instanzen als auch von den Pflegekassen forciert. Gerade bei den Kassen wird deutlich, daß sie trotz des Willens, ihre „Marktmacht" gegen die Leistungsanbieter auszuspielen, die Verbände als Ansprechpartner erhalten wollen. Daher akzeptieren die Pflegekassen auch, daß die Mitgliedsbeiträge der Einrichtungen und Dienste in die von der Pflegeversicherung vergüteten Leistungen miteingerechnet werden (Interview 10).

Charakteristisch für die meisten ambulanten Mitglieder war bislang, daß sie typische Mischbetriebe darstellten: die Hälfte der Erlöse stammte aus dem Bereich der Krankenversicherung. Der Streit zwischen Gesundheits- und Arbeitsministerium um die Zuordnung der medizinischen Behandlungspflege – sie ist befristet bis 1999 nun den in ihren Ausgaben gedeckelten Pflegekassen zugeschlagen worden – sowie Sanierungsstrategien der Krankenkassen mit Hilfe von Leistungsverschiebungen in die Pflegeversicherung hat diesen Teil der Einnahmen jedoch beständig schrumpfen lassen. Die Verhandlungen im SGB V-Bereich sind daher gerade für die Privat-Gewerblichen zur Zeit noch konfliktreicher als die SGB XI-Verhandlungen (Interviews 12, 15).

6.1.2.3 Kommunale Verbände

In eine besonders zwiespältige Lage sind die Kommunen mit der Einführung der Pflegeversicherung geraten. Als örtliche Träger der Sozialhilfe sollen sie von Einsparungen der Pflegeversicherung profitieren; die Strukturen der Leistungen werden jedoch in erster Linie von den Pflegekassen ausgehandelt, deren „Restkosten" dann weiterhin von den Kommunen und anderen Sozialhilfeträgern aufgestockt werden müssen. An einer allzu aufwendigen Leistungsgestaltung haben weder Pflegekassen noch Kommunen ein unmittelbares Interesse.

Anders verhält es sich mit kommunalen Einrichtungen und Diensten. Deren Vertreter haben durchaus ein Interesse an einer komfortablen Finanzierungsbasis. Die Umsetzung der Pflegeversicherung hat diese unterschiedlichen Interessenlagen noch verschärft und zudem Organisationsreformen beeinflußt. In der nordrhein-westfälischen Schiedsstelle vertrat lange Zeit eine Sozialdezernentin die Interessen der öffentlichen Träger der Altenhilfe.

Nachdem sich jedoch in Form des „Verbandes der kommunalen Senioren- und Behinderteneinrichtungen in NRW e. V.“ (VKSB) die öffentlichen Träger eine eigene landesweite Vertretungsstruktur gegeben haben, ist die Interessenkollision aufgelöst worden. Zuvor hatte die kommunale Vertreterin sich bei vermeintlich „günstigen“ Punktwerten in der Schiedsstelle der Stimme enthalten, um die Kosten der öffentlichen Träger im Zaum zu halten (Interview 03).

Die deutlichere Trennung der Interessen wird auch dadurch angefacht, daß die öffentlichen Träger von Einrichtungen und Diensten wirtschaftlich eigenständigere Strukturen erhalten haben, eine durch die Pflegeversicherung forcierte Entwicklung. Zumeist als städtischer Eigenbetrieb mit weitgehender Budget-Verantwortung organisiert, entfalten die Träger Ansprüche, die Konditionen der Finanzierung mitzubestimmen. Der VKSB verfügt allerdings nicht über ein Mandat, weil die Einrichtungen die Verhandlungen mit den Pflegekassen selbst führen wollen, wie schon in der Vergangenheit die Verhandlungen mit den Sozialhilfeträgern. In aller Deutlichkeit bringt die Situation der öffentlichen Träger – die mit weniger als zehn Prozent aller Träger in NRW quantitativ kaum relevant sind – zum Ausdruck, wie prononciert die Wirkungen der Pflegeversicherung auf Organisationsstrukturen und Interessenlagen sind.

6.1.2.4 Pflegekassen

In den beiden Groß-Regionen Rheinland und Westfalen-Lippe dominieren in NRW die Allgemeinen Ortskrankenkassen (AOK) das Geschehen aufgrund ihrer großen Mitgliederzahl. Während bei den Verhandlungen im stationären Bereich jede Region an jeweils eine Kassenart delegiert worden ist, haben im ambulanten Bereich bislang die AOK Rheinland und Westfalen-Lippe die Verhandlungsstrategien beherrscht. Der zweitstärkste Kassenverband, der Verband der Angestellten- und Arbeiterersatzkassen (VdAK), ist stärker zentralisiert als die AOK und wird von den Leistungsanbietern daher als „flexibler und kooperationsbereiter“ (Interview 10) angesehen.

Aus theoretischer Sicht ist es wenig plausibel, den unterschiedlichen Organisationsstrukturen von Kassen einen entsprechenden Einfluß auf das Verhandlungs-Verhalten zuschreiben zu wollen. Bei der Abwicklung von Leistungsrecht sind die Kassen – insbesondere die AOK – ausdifferenzierte Bürokratien, doch im Vertragsrecht verfügen sie jeweils nur über eine kleine Zahl von Vertrags-Spezialisten. Die politischen Ambitionen dieser Vertrags-Experten sind mitentscheidend dafür, welche Verhandlungs-Strategie eingeschlagen wird.

Hierbei ist mitentscheidend, ob die Verhandlungen für den SGB V-Bereich der Krankenversicherung und die Verhandlungen für den SGB XI-Bereich der Pflegeversicherung in Personalunion oder von unterschiedlichen

Mitarbeitern der Kassen geführt werden. In Westfalen-Lippe – wo die AOK eine eher „harte“ Verhandlungsstrategie bevorzugt – liegt die Verantwortung für die beiden Bereiche in einer Hand, während sie im Rheinland getrennt ist. Die Personalunion in Westfalen-Lippe eröffnet eine ganze Reihe von Verhandlungsoptionen, die wegen der Nähe von Kranken- und Pflegeversicherung bei unterschiedlichen Konstruktionsprinzipien naheliegen:

- Leistungen können aus dem SGB V in den SGB XI-Bereich verlagert werden, weil dort die Deckelung greift und somit Kosten gespart werden können;
- Der Erfahrungsschatz aus dem Krankenversicherungs-Bereich läßt die Pflegeversicherung umso attraktiver erscheinen, weil hier die Verhandlungsmacht der Kassen stärker ist. Diese Macht gegen die Leistungsanbieter auszuspielen, verschafft eine stärkere Position;
- Es ist ungeklärt, ob nicht auch zum Teil in der Pflegeversicherung angesparte Summen wieder in den Krankenversicherungs-Bereich verschoben werden können;
- Das in der Krankenversicherung mittlerweile kultivierte Spar-Bewußtsein wird trotz der Deckelung der Pflegeversicherung in das Vertragsgeschehen mitübernommen.

Hinsichtlich der Organisationsstrukturen und Finanzierungsbasis lassen sich dennoch einige Aspekte erkennen, die für das Verhalten der Pflegekassen und ihrer Vertreter mitentscheidend sind. So sind für das Personal der Pflegekassen auch in NRW im wesentlichen Mitarbeiter der Krankenkassen „abgezweigt“ worden. Deren Erfahrungshorizont erstreckt sich jedoch auf Krankenhäuser und die Körperschaften der Mediziner, weniger auf die Strukturen von Pflege-Einrichtungen. Auch aus diesem Grund entsteht in den Verhandlungen immer wieder Konflikt-Stoff, etwa wenn in der Kurzzeitpflege die Kassen nur für tatsächlich belegte Betten zahlen wollen oder wenn der aus den Krankenhäusern bekannte enge somatische Pflege-Begriff zugrundegelegt wird: „Den Pflegekassen ist es noch heute schwer beizubringen, daß Altenheime keine Krankenhäuser sind“ (Interview 10). Auch in diesem Feld zeichnet sich daher der „Kampf der Rationalitäten“ (Crozier/Friedberg 1993: 226) zwischen Leistungsanbietern und Kostenträgern ab.

6.1.2.5 Medizinischer Dienst der Krankenversicherung

Nordrhein-Westfalen ist das einzige Bundesland, in dem zwei unterschiedliche Medizinische Dienste tätig sind: Nordrhein und Westfalen-Lippe. Daß die beiden Dienste auch unterschiedlich arbeiten, war die General-Vermutung, die einen der größten Konflikte in NRW geprägt hat: die Diskussion um die unterschiedlichen Einstufungsquoten in die drei Pflegestufen. Dabei waren zwischen Rheinland und Westfalen-Lippe markante Unterschiede aufgetreten: Während zum Stichtag 31. 8. 96 der MDK in Nordrhein rund 32,6 Prozent der Antragsteller in die („teurere") Pflegestufe III eingestuft hatte, waren es in Westfalen-Lippe lediglich 15,8 Prozent (vgl. Landtag Nordrhein-Westfalen 1996, Ausschußprotokoll 12/344: 3). Sozio-demographische sowie andere externe Faktoren als Erklärungsursachen fielen weitgehend aus.

Sowohl im Gesundheitsausschuß des Landtages als auch im Landespflege-Ausschuß waren diese Divergenzen mehrfach Diskussions-Gegenstand und Anlaß für heftige Kritik am MDK, dem das „völlige Unverständnis des Parlaments" (Landtag Nordrhein-Westfalen 1996, Ausschußprotokoll 12/291: 3) entgegengehalten wurde. Die starken Unterschiede sind nicht nur von landespolitischer Bedeutung, sondern bedeuten insbesondere für die betroffenen Pflegeheime, daß die Erlöse im Vergleich zu den vorherigen Einstufungen nach dem BSHG für diese Gruppen deutlich niedriger ausfallen.

Aufschlußreich für die Spielräume von Organisationen bei der Umsetzung der Pflegeversicherung sind die unterschiedlichen Erklärungsansätze, die gebündelt noch einmal in einem Gutachten der Universität Bielefeld für das Landessozialministerium „getestet" wurden (vgl. Institut für Pflegewissenschaft der Universität Bielefeld 1997). Eine von beinahe allen politisch Verantwortlichen geteilte Erklärung verdankte sich der unterschiedlichen Besetzung von Gutachterteams. Während im Bereich des MDK Nordrhein in der Regel zwei Pflegefachkräfte und ein Mediziner begutachtet hatten, waren die Teams in Westfalen-Lippe aus zwei Medizinern und einer Pflegefachkraft zusammengesetzt, was nahelegt, daß die Dominanz der Mediziner zur Folge hatte, daß ein enger Pflege-Begriff zugrundegelegt und entsprechend restriktiv eingestuft wurde.

Des weiteren florierten Einschätzungen, der MDK in Westfalen-Lippe habe weitaus seltener die Pflegefachkräfte und Pflegedokumentationen in den Heimen konsultiert als der MDK Nordrhein (Landtag Nordrhein-Westfalen 1996, Ausschußprotokoll 12/291: 5). Auch die Argumente, im Rheinland seien vermehrt externe Gutachter eingesetzt, allen Gutachtern größere Spielräume eingeräumt und andere interne Qualitätssicherungsmaßnahmen ergriffen worden, wurden bemüht. Offenbar sind Kooperationen zwischen Einrichtungen und MDK im Rheinland ebenfalls leichter und häufiger gewesen – auch aufgrund der „Sonderkultur" im gerontopsychiatrischen Bereich – als in Westfalen-Lippe. Das stärkste – allerdings stets informell gehandelte – Argument stellt jedoch darauf ab, der an sich unabhängige MDK Westfalen-Lippe habe von der AOK Westfalen-Lippe und anderen Kassen Quoten-Vorgaben bekommen (Interviews 06, 10). Kassenvertreter wiederum sehen den MDK Westfalen-Lippe selbst – mit seinen politisch ambitionierten leitenden Mitarbeitern – auf „striktem BMA-Kurs" (Interview 02) und messen ihm damit einen größeren Entscheidungsspielraum zu, als sie ihm zuzugestehen bereit sind.

Trotz mehrfacher Ausschußsitzungen und dem einschlägigen, aber auch wenig eindeutigen Gutachten[79] zu diesem Thema sind die Nachprüfungen – die der Verwaltungsrat des MDK Westfalen-Lippe nur halbherzig unterstützte – nur insofern bedeutsam gewesen, als daß sich beide MDK nun in der internen Qualitätssicherung stärker absprechen wollen. Auf Bundesebene sind zudem von den Spitzenverbänden der Pflegekassen neue Begutachtungsrichtlinien mit Zeitkorridoren verabschiedet worden, weil zwischen den Bundesländern die Einstufungsergebnisse relativ stark voneinander abweichen (vgl. Richtlinien der Spitzenverbände der Pflegekassen 1997). Die Korridore tragen wiederum einen Teil zur indirekten Standardisierung von Pflegeleistungen bei (siehe Kap. 6.2).

Offenkundig wird in NRW durch die Existenz zweier MDK, daß das professionelle Selbstverständnis des Dienstes – verkörpert in seinen leitenden Mitarbeitern – durchaus einen Einfluß auf die Landschaft der Einrichtungen und Dienste, vor allem aber auf das Klima zwischen den Akteuren und damit indirekt auf die konkrete Ausgestaltung der Pflegeleistungen in der Zukunft hat.[80] Beim MDK Nordrhein ist unverkennbar, daß das in langer Zugehörigkeit zum früheren vertrauensärztlichen Dienst gewachsene sozialmedizinische Ethos darin mündet, sich unabhängiger von den finanzpolitischen Er-

---

79 An mehreren Stellen des Bielefelder Gutachtens verstecken sich interessante Hinweise darauf, daß einzelne Dienststellen-Leiter sich vor allem über geringe Anteile in den „teuren" Pflegestufen profilieren wollten und bei anderen Mitarbeitern die finanzpolitischen Ansprüche der Krankenversicherung als professionelle Handlungsorientierung verinnerlicht worden seien. Da auch die Pflegekassen im Rheinland eine tendenziell „kooperative" Kultur mit den Einrichtungen und Diensten pflegen („Wer bei den Kranken- oder Pflegekassen meint, nur auf günstige Preise achten zu müssen, hat sein Geschäft nicht verstanden" Interview 17), scheint die restriktivere Orientierung des MDK Westfalen-Lippe durchaus einer stärker finanzpolitischen Grundrichtung der dominanten Träger der Pflegeversicherung geschuldet. Manche empfinden die klimatischen Unterschiede sogar als eine echte Grenzmarkierung: „Manchmal fühlt man sich im Grenzgebiet Westfalen-Lippe/Rheinland fast ein bißchen wie an der mexikanischen Grenze zu den USA" (Interview 26). Damit wird wiederum deutlich, daß die Umsetzung der Pflegeversicherung in einem breiten Handlungskorridor verläuft, dessen Ergebnisse für die Versicherten stark von Interessen, Machtbeziehungen und Organisationsstrukturen abhängen.

80 Hierzu paßt zudem, daß die Erfahrungen der Einrichtungen und Dienste mit dem eigenständigen Medizinischen Dienst der privaten Krankenversicherung, Medicproof, durchweg gut und angenehm sind (Interview 18), weil dieser Dienst offenbar weniger restriktiven Vorgaben unterliege und auch höher einstuft: 1996 stufte Medicproof insbesondere in der Stufe 3 im Vergleich zum MDK (24,2 Prozent bundesweit) mit 41,6 Prozent beinahe doppelt so viele Versicherten in die höchste Stufe ein (vgl. o. V. 1997: Gravierende Unterschiede). Die MDK lehnten außerdem 1996 28,5 Prozent der Antragsteller als „nicht pflegebedürftig" ab, während es bei den Gutachtern von Medicproof nur rund 15 Prozent waren (vgl. Frankfurter Rundschau, 4. 1. 97). Dies läßt sich sowohl mit größerer „Kulanz" des privaten Pflegeversicherungssystem erklären, als auch mit möglicherweise anderem Versichertenverhalten. Die privaten Pflegekassen vermuten, daß ihre Versicherten erst sehr spät in Anspruch nähmen, weil sie als privat Versicherte das Geld wegen der Kostenerstattung vorstrecken müßten (ebenda).

fordernissen zu bewegen. Das wird auch sichtbar in der Haltung zu den neuen Begutachtungs-Richtlinien, die in erster Linie „ein Politikum“ seien:

„Das ist kein medizinisches Gutachten, das ist Korinthenzählerei. (...) Wir haben gefeilscht um Minuten, es war furchtbar, wie auf dem Basar“ (Interview 11).[81]

Eine Anzahl weiterer Indikatoren für die unterschiedliche Gewichtung professioneller Standards bietet sich an: Während Vertreter des MDK Nordrhein an den Verhandlungen über Rahmenverträge beteiligt werden möchten, um auch Einfluß auf pflegerische Standards nehmen zu können, ist dies für Repräsentanten des MDK Westfalen-Lippe weniger wichtig (Interviews 11, 16). Auch die Linie, die Pflegepersonen der Bewohner als deren Vertrauenspersonen bei Begutachtungen grundsätzlich teilnehmen zu lassen, ist in Westfalen-Lippe weniger verankert. Insofern scheint sich der MDK Westfalen-Lippe tatsächlich stärker an der vom Bundesarbeitsministerium betonten finanzpolitischen Solidität und Stabilität der Pflegeversicherung auszurichten als an einer durch die eigenen Professionen und Aufgaben gespeisten sozialmedizinischen Teilautonomie.[82] Daß in NRW als einzigem Bundesland zwei MDK existieren und dieser Umstand plastisch vor Augen geführt hat, welche

81 Bei diesem Standpunkt fällt auf, daß im Gegensatz dazu in Westfalen-Lippe eher bedauert wird, daß die Zeitwerte nicht noch konkreter und verbindlicher gefaßt worden seien, um den Spielraum für Attacken auf den MDK zu minimieren: „Wenn man die Zeiten stärker vorgegeben hätte, wären wir fein raus gewesen“ (Interview 16). Die Sensibilität für die standardisierende Funktion von Zeitkorridoren, die als indirekte Vorgabe für den tatsächlichen Pflege-Prozeß weitertransportiert werden, scheint dort unterentwickelt zu sein.

82 Die interne Steuerung der MDK ist durchaus problematisch. Generell dürfen die ärztlichen Mitarbeiter nur 50 Prozent ihrer Arbeitszeit für die Pflegeversicherung verwenden; die andere Hälfte beanspruchen die Krankenkassen. Im Jahr 1997 wurden pro Monat rund 12.000 Neuanträge registriert, die von den ca. 200 Ärzten und rund 30 Pflegefachkräften in den MDK bearbeitet werden mußten. Aus berufssoziologischer Perspektive liegt eine wesentliche Konfliktlinie darin, daß vor Ort ähnliche Professionen aus unterschiedlichen Institutionen aufeinandertreffen. Belastend für die Mitarbeiter des MDK – insbesondere die Pflegefachkräfte – ist dabei, daß ihnen nachgesagt wird, „ausgemusterte“ Kräfte zu sein, die sich nicht der Belastung des Schichtdienstes aussetzen wollten (Interview 16). Auch von vielen Ärzten des MDK wird vermutet, daß sie durch die Anstellung in erster Linie vor der Arbeitslosigkeit bewahrt worden seien (zweifelsohne hat der große zeitliche und politische Druck in der ersten Phase der Begutachtung dazu geführt, daß ohne stringente Maßstäbe Mitarbeiter rekrutiert worden sind). Die Pflegekassen hingegen argwöhnen, daß das professionelle Selbstverständnis – und die möglichen Minderwertigkeitskomplexe gegenüber ihren Kollegen in den Einrichtungen und Diensten – die Kräfte des MDK zu sehr dazu verleiten, sich mit den Leistungsanbietern zu „solidarisieren“. In dieser Situation ist das Selbstverständnis der Mitarbeiter wohl nur zu stabilisieren, wenn die eigene sozialmedizinische Kompetenz betont wird. Doch die immensen Anforderungen durch die Begutachtungen lassen für diese professionsbezogene interne Steuerung kaum Raum; vielmehr bekommen die MDK – trotz Kritik einiger Kassenvertreter an „zu viel Autonomie“ (Interview 02) – die Rolle eines ausführenden Organs zugewiesen, anstatt sich als „modernes Dienstleistungsunternehmen und als Partner der Krankenversicherung“ (Medizinischer Dienst der Spitzenverbände der Krankenkassen 1995: 17) präsentieren zu können.

Spielräume durch unterschiedliche organisationsinterne Qualitätssicherung, aber auch Kultur und professionelles Selbstverständnis entstehen, ist nicht unerheblich für die Beziehungen zwischen Leistungsanbietern und Kostenträgern. Einige Verbände versuchen, größere Koalitionen für Pflegestandards und Qualitätssicherung zu schmieden – auch unter indirekter Einbeziehung des MDK –, um die zu finanzierenden Leistungen stärker zu profilieren, etwa über den Umweg von kommunalen Pflegekonferenzen. Zwar sind die Wohlfahrtsverbände personell eher in der Lage, solche Koalitionen zu managen, doch verfügen die privat-gewerblichen Verbände trotz ihrer wesentlich schlechteren Infrastruktur und korporativen Rückendeckung über eine stärker strategische Ausrichtung, die ihnen derartige Bündnisse erleichtert. Allerdings verfügen die Wohlfahrtsverbände als etablierte und gemeinnützige Träger über einen „Vertrauensbonus" bei sozialmedizinisch kompetenten Akteuren.

6.1.2.6 Landschaftsverbände und Kommunen

Betrachtet man die Kompetenz-Verschiebungen der Landschaftsverbände Rheinland und Westfalen-Lippe als überörtliche Sozialhilfeträger, aber auch als sozialplanerische Instanzen in NRW, so hat die Pflegeversicherung ihre finanzpolitische Logik gegenüber der sozialplanerischen Logik deutlich geschärft. Es seien „viele Kompetenzen in der Konzept-Entwicklung verloren gegangen", die jetzt in der Luft hingen (Interview 22). Zugleich ist die rein behördliche Funktion der Landschaftsverbände gewachsen, weil die für die Pflegeversicherung zuständigen Abteilungen im wesentlichen den Rechtsverordnungen des Landespflegegesetzes zur Investitionskostenförderung nachgebildet sind.

Die Landschaftsverbände sind in ein Dilemma geraten: Um als politische Institution nicht zu viele Kompetenzen an die Pflegekassen als dominanten Verhandlungspartner auf Kostenträgerseite zu verlieren, bilden sie eine Forderungs-Koalition mit den Leistungsanbietern, die gut ausgebaute Pflege-Infrastruktur in NRW im Niveau zu halten (Interview 22). Andererseits wird etwa beim Streit um die Abgrenzung von pflegebedingten Leistungen und Investitionskosten deutlich, wie stark die Kosten-Logik der Landschaftsverbände wird, die sowohl die Investitionskosten-Förderung des Landes finanzieren als auch über die gedeckelten Ausgaben der Pflegekassen hinausgehende Leistungen bei Bedürftigkeit weiterhin bezahlen. Auch am heftig umstrittenen und offiziell verworfenen Standard-Pflegesatz-Modell (SPM) haben die Landschaftsverbände als rationalisierungsinteressierte Kostenträger mitgewirkt (vgl. Moldenhauer/Fink 1997).

Zuweilen entsteht der Eindruck, ein wesentlicher Impuls des Landespflegegesetzes sei es, über Verordnungen zur Invesititionskostenförderung die in ihren Kompetenzen stark beschnittenen Landschaftsverbände weiterhin zu legitimieren (Interview 15). Zwar ist es rechtlich verbrieft, daß die Sozialhilfeträger in Verhandlungen nicht überstimmt werden können und damit eine Veto-Position besitzen, was formale Gleichheit beschert: „Wir selbst definieren uns als gleichberechtigte Kostenträger“ (Interview 20). Tatsächlich jedoch schürt die Umsetzung der Pflegeversicherung sowohl zwischen Pflegekassen und Landschaftsverbänden als auch zwischen Landschaftsverbänden und Kommunen neue Konkurrenzen. Über die Ende 1997 ohne Beteiligung der Landschaftsverbände terminierten „Probeverhandlungen“ der Pflegekassen mit einigen Einrichtungen waren die Verantwortlichen der Landschaftsverbände sehr verstimmt (Interview 22). Und die Verhandlungsführung liegt eindeutig bei den Verbänden der Pflegekassen. Hinzu kommen neue Interessenverschiebungen zwischen Kommunen und Landschaftsverbänden.

Da Pflegewohngeld nur gezahlt wird, wenn eine Bedarfsbestätigung vorliegt, entwickeln die Landschaftsverbände ein großes Interesse, Bedarfsanmeldungen der Kommunen zu prüfen. Denn diese müssen als örtlicher Träger der Sozialhilfe selber aufstockend zahlen, wenn der Bedarf nicht bestätigt wurde, haben also ein Interesse daran, möglichst viele Bedarfsanmeldungen weiterzuleiten, deren Ko-Finanzierung dann über die Landschaftsverbände läuft.[83] Bei den Landschaftsverbänden besteht wiederum ein den Pflegekassen entgegengesetztes Interesse in bezug auf mögliche Abgrenzungsverordnungen des Landes. Je mehr Leistungen den pflegebedingten Kosten zugeschlagen werden, desto geringer sind die Zahlungen des Landschaftsverbandes. Die starke Politisierung von Abgrenzungsverordnungen, ähnlich wie bei Gebührenverordnungen, erklärt, warum es bislang noch keine Aktivitäten in NRW dazu gibt. Dadurch ist dieser konfliktreiche Gegenstand an das Verhandlungssystem übertragen worden.

83 Natürlich besteht hier eine Grenze, weil auch die örtlichen Sozialplaner kein Interesse daran haben, selbst an späteren Investitionsruinen mitzuwirken.

6.2 Die Kontrolle von Ungewißheits-Zonen: Verhandlungs-Prozesse in der ambulanten Pflege

6.2.1 Autonomie versus Kontrolle: Rahmenverträge als Regeln

Die Rahmenverträge – auf Länderebene jeweils Verhandlungssache zwischen Landesverbänden der Pflegekassen und Dachverbänden der Leistungsanbieter – gehorchen im Gegensatz zu den Vergütungsverhandlungen der Logik von Kollektiv-Vereinbarungen. Obwohl das Konflikt-Klima auf dieser Ebene im Gesamtbereich der Pflegeversicherung gemeinhin milder ist, hat sich die gemeinsame Verabschiedung des Rahmenvertrags für die ambulante Pflege in NRW relativ lange hingeschleppt: von 1994 bis Ende 1995; im stationären Bereich existiert nach wie vor kein Rahmenvertrag. Sowohl die Verbände der privat-gewerblichen Anbieter als auch die hier nun einzeln auftretenden Spitzenverbände der Wohlfahrtspflege im Land haben den Rahmenvertrag im Oktober 1995 unterzeichnet (vgl. Rahmenvertrag ambulante Pflege). Im Rahmenvertrag sollen gemäß den gemeinsamen Empfehlungen der Spitzenverbände von Kassen und Leistungsanbietern insbesondere folgende Punkte geklärt werden:

- die Inhalte der Pflegeleistungen,
- organisatorische Voraussetzungen der Dienste,
- Dokumentation der Pflege,
- Qualifikation des Personals,
- Zugang des MDK zu den Diensten sowie Ablauf von Qualitäts- und Wirtschaftlichkeitsprüfungen durch den MDK,
- Erbringung von Leistungsnachweisen durch die Dienste,
- örtliche Zuordnung der Dienste sowie
- Details des Abrechnungsverfahrens.

Gut sichtbar werden die vielfältigen Kontrollansprüche der Pflegekassen, die im alten System der sozialhilfefinanzierten ambulanten Pflege so nicht präsent waren. Im Kern zielen sie auf eine transparente und nachprüfbare Leistungserstellung und Eingriffe in die organisatorische Autonomie, falls diese infrastrukturellen Ansprüchen im Wege stehen sollte.

Während für die meisten privat-gewerblichen Dienste die Anforderungen an die Transparenz der Leistungsstrukturen und Kontrollansprüche der Kassen Teil ihres Tagesgeschäftes waren und sind, werden im Falle der Wohlfahrtsverbände nicht nur Dienste, sondern auch Träger- und Dachverbandsstrukturen berührt. Außerdem werden anders als bei den rechtlich selbständigen Mitgliedern der privat-gewerblichen Verbände bei den korporativen

Mitgliedern der Wohlfahrtsverbände deren Funktionen auch in einem Schutz gegen externe Anforderungen gesehen. In einer Phase wachsender Zentrifugalkräfte innerhalb der Wohlfahrtsverbände (vgl. Kap. 5.4) müssen sich diese gerade in den standardsetzenden Rahmenverträgen vor ihren Mitgliedern als eigenständiges Kollektiv legitimieren.

Daher verwundert es nicht, daß Fragen wie die Eingrenzung möglicher Kooperationspartner oder der Zugang des MDK auf wohlfahrtsverbandlicher Seite den größten Klärungsbedarf während der Verhandlungen hervorriefen, ebenso wie Details zur Wirtschaftlichkeit und Pflege-Qualität (Interview 03). Auch gegen konkrete Vorgaben zu Leistungsnachweisen und -dokumentationen haben sich die Wohlfahrtsverbände gesträubt (Interview 02). Über Nebenabreden zum eigentlichen Vertrag wurden einige für die Verbände wichtige Punkte separat geklärt.[84] So wurde aufgeweicht, daß mögliche Kooperationspartner aus dem engeren Pflege-Bereich stammen müssen, um die verbandlichen Strukturen der Leistungserstellung nicht zu gefährden. Auch ein zu direkter Einfluß der Pflegekassen auf die örtliche Abgrenzung der Dienste wurde abgemildert.

Diese Nebenabrede scheint m. E. aber vor allem die Funktion zu erfüllen, Spielräume für die Mitgestaltung der Infrastruktur zu schaffen, für die formal die Kassen zuständig sind, die diese aber wegen zu geringer Kapazitäten nicht ausfüllen können bzw. nicht wollen (siehe unten). Die verbandliche Formung der Pflege-Infrastruktur als Option offenzuhalten, ist eine erkennbar wichtige Funktion des Rahmenvertrages für die Wohlfahrtsverbände, weniger für die Dienste als solche.

Daß die Pflegekassen in diesen primär infrastrukturellen Fragen Spielräume an die Anbieter – insbesondere die Wohlfahrtsverbände – abgegeben haben, steht im grellen Kontrast zu ihrem Verhalten in den Vergütungsverhandlungen (siehe Kap. 6.2.2). Daraus läßt sich m. E. ablesen, daß die Pflegekassen aufgrund ihrer Kompetenzen im engeren Leistungs-Vertragsrecht Kontrolle und Einfluß primär über die Vergütung und Vergütungsstrukturen ausüben wollen und weniger im „planerischen“ Bereich, für den ihnen kaum personelle und sachliche Kapazitäten zur Verfügung stehen und der weitaus komplexer geformt ist. Die Sicherstellung der pflegerischen Infrastruktur geben die Pflegekassen – obwohl es ihr gesetzlicher Auftrag ist – dort in die Hände anderer Akteure, wo planerische Anforderungen und politische Gestaltungsansprüche die Verhandlungen überfrachten und die eigenen personellen wie zeitlichen Ressourcen überfordern könnten.

Gegenstände des Rahmenvertrages, die unmittelbar mit Kostenstrukturen zusammenhängen, wie etwa die Personalqualifikationen, sind allerdings im Interesse der Kassen – entgegen Interessen von Wohlfahrtsverbänden wie auch privat-gewerblichen Verbänden an einer Marktzugangsbeschränkung

84 Vgl. das Schreiben des Vorsitzenden der Kommission Pflegeversicherung an den Vorsitzenden der LAG der Wohlfahrtsverbände vom 19. März 1996 (internes Papier).

(Interviews 12, 25) – so weich formuliert worden, daß dadurch keine Mindestkosten-Höhe festgeschrieben wird. Gerade hier setzt jedoch die Verbandspolitik der meisten Anbieter-Verbände an: Mit Hilfe festgezurrter Qualifikationsstrukturen ließe sich in Qualitätsprüfungen öffentlich machen, was dann im nachhinein mit dieser öffentlichen Beglaubigung in Vergütungsverhandlungen als Forderung legitimiert werden kann.

Für sämtliche Verbände auf Seiten der Leistungsanbieter sind die Rahmenverträge ein essentielles Instrument, um die eigene Verbandspolitik zu legitimieren: Sie repräsentieren klarer als die Vergütungsvereinbarungen ein Instrument kollektiver Vertragsschließung, bei der die Verbände als Garanten fungieren. Die damit gesetzten Standards sind exklusive Produkte verbandlichen Geschehens, während die Vergütungen auch mit einzelnen Diensten vereinbart werden können. Und wirksamen Schutz gegen Dumping-Praktiken konkurrierender Dienste können sich die Mitglieds-Dienste individuell kaum verschaffen. Über Kollektiv-Vereinbarungen zwischen Verbänden ist es hingegen möglich, bestimmte Dienste vom Leistungsgeschehen der Pflegeversicherung auszuschließen.

Im Gegensatz zur Vergütungspraxis – die sowohl im ambulanten wie auch im stationären Sektor auf Differenzierung ausgelegt ist – bestehen trotz diverser Kontrollansprüche der Pflegekassen mehr Möglichkeiten für die Verbände, Parameter zu vereinheitlichen, damit den Markt stärker selbst zu strukturieren und sich mehr Gestaltungsspielräume zu schaffen. Die Kontrollansprüche der Pflegekassen setzen zwar am einzelnen Dienst an, treffen jedoch die Autonomie der Verbände, weil diese bei zu weitreichenden Kompetenzen der Kassen kaum mehr Steuerungsmöglichkeiten hätten. Die Rahmenverträge bestimmen und sichern daher weit mehr den Status der Dachverbände, als daß sie die Struktur der Dienste modellieren.

Die sehr zähen und langwierigen Verhandlungen um den Rahmenvertrag in der ambulanten Pflege demonstrieren, daß die für den Pflege-Alltag möglicherweise wenig relevanten Bestimmungen für die Verbände von großer Bedeutung sind. Sie demonstrieren aber auch, mit welchen Fußangeln das von der Politik als vorgeblich bestes Steuerungsprinzip ausgewählte System der Selbstverwaltung und der Verbands-Verhandlungen bestückt ist. Ein reines Geldleistungs-Gesetz hätte dieses procedere vereinfacht, das auch im internationalen Vergleich keineswegs zum effektivsten und effizientesten Verfahren der Pflege-Absicherung gezählt werden kann (Interview 10).

6.2.2 *Definitionskampf als Status-Frage: Vergütungsverhandlungen in der ambulanten Pflege*

Daß die Vergütungsfrage ein Politikum ersten Ranges in der Pflegeversicherung darstellt, ist schon daraus ableitbar, daß die theoretisch vom Bundesarbeitsministerium als Erlaß verkündbare Gebührenordnung (§ 90 SGB XI) trotz vielfältiger Konflikte zwischen den Vertragspartnern wohl nie in Kraft treten wird; das BMA ist sich bewußt, daß damit sämtliche Konflikte auf das Ministerium gezogen würden, anstatt sie dem Verbändesystem zu überantworten (Interview 02).

Aus Sicht der Verbandsanalyse ist während der ersten Verhandlungsrunde im ambulanten Bereich – die mit einem Schiedsstellen-Spruch beendet wurde, gegen den die Wohlfahrtsverbände geklagt haben –, neben den Vergütungssätzen insbesondere ein Aspekt von besonderer Bedeutung: der Konflikt um die Mandate der Wohlfahrtsverbände für ihre Dienste. Ab April 1995 wurde in NRW ein neues Vergütungssystem verhandelt;[85] erstmalig wurde dabei offenbar, daß die Wohlfahrtsverbände nicht automatisch befugt sind, für ihre Dienste zu verhandeln, was in der Vergangenheit routinisiertes Prinzip gewesen war. Da die Pflegekassen Mitte 1995 bereits Erfahrungen mit Einzelverhandlungen im privat-gewerblichen Bereich gesammelt hatten, wollten die Verhandlungsführer diese auch vom Pflege-Versicherungsgesetz und dem ersten Änderungsgesetz vorgesehenen Einzelverhandlungen gerade im wettbewerbsorientierten ambulanten Bereich durchsetzen. Außerdem wollten sie nicht durch zu frühe Anerkennung der Kommission Pflegeversicherung dieses korporierte Gremium offiziell anerkennen.

Die Wohlfahrtsverbände legten dann Vollmachten der einzelnen Dienste vor, um auf diese Weise das im Gesetz nach dem Vorbild von Krankenhaus-Trägern formulierten „Individualprinzip" verbandsorientiert zu gestalten. Da die Kassen die Verhandlungen verzögerten und die Verbände den rechtlichen Spielraum im Sinne spitzenverbandlicher Vergütungs-Kompetenzen ausfüllen wollten, riefen sie im September 1995 die Schiedsstelle an, um insbesondere ihre Vertretungs-Kompetenzen, weniger die Vergütungshöhe, klären zu lassen.

In einer ersten Antwort der Pflegekassen[86] wird deutlich, daß auch innerverbandliche Zentrifugalkräfte die Wohlfahrtsverbände zu einem solchen Schritt bewogen haben. Dort erwähnen die Kassen, daß es mehrere Regionen gab, in denen Dienste sich nicht durch die Spitzenverbände vertreten sahen. Zudem ist bekannt geworden, daß mehrere konfessionelle Dienste in NRW

---

85 Die Rekonstruktion dieser Vergütungsverhandlungen stützt sich in der Chronologie insbesondere auf ein internes Papier: „Arbeitsgemeinschaft der Spitzenverbände der Freien Wohlfahrtspflege NW an die Schiedsstelle SGB XI vom 18. Juli 1995".

86 Stellungnahme der Landesverbände der Pflegekassen am 7. 1. 1995 zum Schriftsatz der Spitzenverbände der Freien Wohlfahrtspflege vom 20. 9. 1995.

mit eigenen Verhandlungsangeboten an die Kassen herangetreten sind, was von ihren Spitzenverbänden dann jedoch unterbunden wurde (Interviews 02, 03, 04).

Auch in den Sitzungen der Kommission Pflegeversicherung wurde erörtert, wie eigenmächtige Aktivitäten von Diensten, aber auch Einrichtungen abgewendet werden könnten, die letztlich das Verbandsgefüge angriffen, indem dort Daten für viele andere Mitglieder gesetzt würden, auf die die Verbände kaum noch Einfluß nehmen könnten. Während die Dienste schnell eine zuverlässige Geschäftsgrundlage erhalten wollten, standen und stehen für die Verbände ihre Kompetenzen auf dem Prüfstand; die Interessenlagen liegen durchaus unterschiedlich.

Die von den Verbänden als Vorwärts-Strategie gedachten Mandatierungen haben jedoch auch den Diensten vor Augen geführt, daß sie eigene Prioritäten setzen können, wenn es um die Leistungen der Verbände für die Dienste vor Ort geht. In einem internen Strategie-Papier eines nordrhein-westfälischen Wohlfahrtsverbandes vom November 1994 liest sich das wie folgt:

„Mandatierung ist somit keineswegs ein ausschließlich formaljuristischer Akt, sondern ein Akt mit organisationspolitischen Folgen. Aus diesen Überlegungen ergibt sich, daß Folgerungen für die künftige Struktur der Freien Wohlfahrtspflege und ihrer Verbände von den Pflegeeinrichtungen her bedacht werden müssen“.

Diese Sichtweise wird durch die Strategien der Pflegekassen gefördert, die meist auf die Bedeutung der „wirtschaftlich selbständigen“ Organisationseinheiten im Gesetz abstellen und damit die Verhandlungen auf die Ebene der konkreten Leistungserbringer herunterbrechen. Doch aus Sicht der Pflegekassen tut sich auch ein Dilemma auf. Einerseits reichen ihre Kapazitäten nicht dazu aus, tatsächliche Einzelverhandlungen zu führen; außerdem reduziert das Verbändesystem auch für sie Transaktionskosten. Immerhin laufen alle Informationen über die Pflegeversicherung ausschließlich über die Spitzenverbände. Andererseits spüren einige Kassenfunktionäre im Vergleich zum Gesundheitswesen erstmals die Möglichkeit, relativ autonom zu handeln: „Wir müssen unsere Marktmacht ausspielen, die Verbände sind dabei nur hinderlich“ (Interview 15).

Der Kampf um die Definition der Funktionen von Verbänden mag retrospektiv nicht mehr als entscheidender Konfliktstoff erscheinen, doch für die Machtbeziehungen der Pflegeversicherung – die sich gerade hier deutlich gezeigt haben – ist dieser Punkt elementar. Aus Sicht der strategischen Organisationsanalyse liest sich der zähe Konflikt um Vollmachten wie der Kern einer Machtbeziehung:

„Zumeist findet der Kampf nicht so sehr in Form einer offenen Diskussion der Kosten und Nutzen statt, sondern ist ein Kampf um die Definition des Problems, das heißt, um die Rationalität, die letzlich zur Anwendung kommen soll. Denn alle Gegenspieler wissen nur allzu gut, daß dann, wenn diese Definition einmal durchgesetzt ist, die Richtung der

Entscheidung schon sehr stark vorstrukturiert ist. Daher schreiben die Akteure den Kompetenzabgrenzungen und dem genauen Wortlaut, in dem die Probleme abgefaßt werden, eine solch große Bedeutung zu, eine Bedeutung, die sonst völlig absurd und unverständlich wäre“ (Crozier/Friedberg 1993: 227).

Diese Machtbeziehung ist im Falle der Wohlfahrtsverbände umso komplexer, als sie ihr zukünftiges Verhältnis zu den Mitgliedern stark berührt. Und deren Arbeitsgrundlagen wurden mit der Verhandlung des sogenannten „Modulsystems“ in der ambulanten Pflege mit entsprechenden Punktwerten am stärksten geprägt; daher entscheiden sich hier die künftigen Kompetenzen von Spitzenverbänden.

Ein anderes Beispiel für einen derartigen Kampf um Definitionen liefert der Art. 89 SGB XI, in dem die Rede von „leistungsgerechten Vergütungen“ ist. Um die Definition dessen, was leistungsgerecht ist, ringen die Verbände auf beiden Seiten weiterhin, weil sich hier letztlich die Legitimation der Vergütung verankert. Und diese Auseinandersetzung hat einer stärker betriebswirtschaftlichen Betrachtungsweise über den Umweg der privat-gewerblichen Verbände und einiger Beratungsunternehmen ebenfalls Auftrieb gegeben (vgl. Heiber 1997; Tews 1997b). Dadurch wird die ökonomische Untermauerung berufspolitischer Ziele in erster Linie durch privat-gewerbliche Verbände fortgeführt und setzt auch für die gemeinnützigen Verbände Daten.

Die starke Frontstellung der Kassen gegen die Wohlfahrtsverbände als Verhandlungspartner fügt sich durchaus in die theoretische Annahme, daß gerade in stark regulierten Kontexten – zu denen die Pflegeversicherung zweifelsohne zählt – Machtspielräume durch die Erhöhung der eigenen Unvorhersehbarkeit zu gewinnen sind (vgl. Friedberg 1995: 120; vgl. Kap. 3.5). Für die von der Politik und gesetzlichen Rahmenbedingungen eingerahmten Pflegekassen und ihre leitenden Mitarbeiter besteht in erster Linie durch Verzögerungs- und Konflikt-Taktiken die Möglichkeit, ihre relative Autonomie in den Machtbeziehungen zu erweitern. Solche gezielten Irritationen werden auch auf Bundesebene verwandt, obwohl hier durch die Distanz zur eigentlichen Leistungsebene das Verbändesystem mit seinen Empfehlungen Entlastungen schaffen kann. So haben die Spitzenverbände der Pflegekassen in ihren Bundesempfehlungen zum Modulsystem in der ambulanten Pflege vom Frühjahr 1997 abgelehnt, gemeinsam mit den Anbieter-Verbänden durchgeführte Untersuchungen zu Leistungskomplexen als Grundlage für ihre Empfehlungen zu geben (vgl. Tews 1997a).

6.2.3 Das Modulsystem: der Faktor „Zeit“ als Verhandlungsstoff

Aus ihren kollektiven Erfahrungen im Gesundheitswesen haben die Pflegekassen überall in der Bundesrepublik ein Vergütungssystem importiert, das an die ärztliche Einzelleistungs-Vergütung erinnert: das Modulsystem mit einzelnen Leistungskomplexen wie Teilwaschung, Hilfe bei der Nahrungsaufnahme oder Beheizen des Wohnbereichs. Im kollektiven Bewußtsein der Krankenkassen – deren Personal nun auch die Pflegeversicherung organisiert – dominiert das differenzierte Vergütungssystem mit den niedergelassenen Ärzten. Die Übertragung auf die Pflege birgt zwei Vorzüge: Zum einen sind hier die Leistungserbringer nicht monopolistisch in öffentlich-rechtlichen Körperschaften organisiert und zum anderen kann eine Expansion von Einzelleistungen keinen Schaden anrichten, weil die Pflegeversicherung gedeckelt ist.

Problematisch an dieser Blaupause ist jedoch, daß Pflegeleistungen nicht in der Form differenziert und voneinander separiert werden können wie diagnostische oder therapeutische Maßnahmen in der Medizin. Daß dennoch ein solches Modulsystem eingeführt wurde, setzt die Pflege daher einem Rationalisierungs-, aber auch Taylorisierungsdruck aus, weil sich das betriebliche Kalkül nun auf Einzelleistungen konzentriert (siehe unten). Allerdings besteht eine nicht-intendierte Wirkung der Übertragung dieses Systems darin, daß bei entsprechendem Management mehr Leistungen als zuvor abgerechnet werden können, gerade weil die Leistungen stärker ausdifferenziert sind und die Dienste den Faktor Zeit auch als Rationalisierungsinstrument zur Erlössteigerung nutzen können (siehe unten).

Die Übertragung der kollektiven Erfahrungen der Pflegekassen aus dem Sachbereich Krankenversicherung läßt sich vor der Folie neo-institutionalistischer Analyse-Schemata durchaus als eine Art „coercive isomorphism" (di Maggio/Powell 1991), eine erzwungene Angleichung von Strukturen interpretieren (vgl. Kap. 3.4); die institutionalisierten Routinen eines anderen Politikfeldes werden in Machtbeziehungen zwischen Organisationen aus diesem Feld und neuen Verhandlungspartnern implementiert, auch weil sie Unsicherheiten reduzieren und Orientierungsmarken bieten. Eine solche, tendenziell „funktionalistische" Erklärung verdeckt allerdings die manifesten Interessenlagen und politischen Kalküle hinter dieser Übertragung – was im folgenden diskutiert werden wird – und offenbart damit auch die Schwächen neo-institutionalistischer Erklärungen.[87]

Außerdem schafft die Übertragung dieser Prinzipien zugleich nicht-intendiert Raum für neue Spielräume von Anbietern, die diese entsprechend ihrer eigenen organisatorischen Konstitution nutzen (siehe unten und folgende Kap.). Hier bereits zeichnet sich ab, daß die Interpretation institutioneller

87 Der latente Funktionalismus in vielen – nicht allen – organisationstheoretischen Spielarten des Neo-Institutionalismus ist ein prinzipielles Problem. Man kann durchaus mit *Vobruba* (1997) den Sinn jeder funktionalistischen Erklärung historisch gewachsener und politisch geformter Institutionen anzweifeln: „Funktionalismen sind analytisch unbrauchbar" (179). Gewachsene Institutionen ex-post mit ihrem funktionalen Beitrag zur Regulierung eines Feldes und zur Reduzierung von Unsicherheit zu erklären, mißachtet die eigentliche Kausalität ihrer Entstehung und gerät schnell in das Dilemma, Zirkelschlüse zu produzieren.

Anpassung, flankiert von neuen Machtbeziehungen, um die Erkenntnisse der strategischen Organisationsanalyse über Spiele, Rationalitäten und Politisierung ergänzt werden muß (vgl. Kap. 3.5). Ansonsten bleibt die „Dialektik von Ökonomisierung und Politisierung" (Kap. 7) weitgehend im Dunkeln.

In NRW schlugen die Wohlfahrtsverbände von Beginn an die Strategie ein, von den Personal- und Sachkosten ausgehend Zeiteinheiten zu entlohnen. Doch der Faktor „Zeit" sollte nach dem Willen der Kassen nicht mehr unmittelbar in der Vergütung auftauchen. Denn ein charakteristischer organisationssoziologischer Unterschied zwischen ambulantem und stationärem Sektor liegt sicherlich darin, daß in den Heimen die gegenseitige soziale Kontrolle der Pflegenden und anderer Berufsgruppen so stark wirkt, daß nicht konzertiert „Zeit verschleppt" werden kann. Bei den vor Ort meist als Alleinpflegenden ambulanten Diensten wirkt dieser integrierte Kontrollmechanismus nicht.

Nach der Logik der Kassen hätte „der langsamste Dienst den Preis" (Interview 03) bestimmt, wäre eine Zeitvergütung vereinbart worden. Die Dienste hätten durch „Zeitschinden" höhere Erlöse erzielen können über eine Art modernisierte Selbstkostendeckung. Dies ist jedoch auch in NRW nicht realisiert worden, zugunsten eines Leistungskomplexsystems im Sinne der Kassen. Die Empfehlungen zu diesem Modulsystem haben die Spitzenverbände der Pflegekassen auf Bundesebene erarbeitet, ohne Beteiligung der Leistungserbringer (vgl. Bundesempfehlungen).

Das jetzige sogenannte „Modulsystem" kennt zwei verschiedene Typen von Leistungen: Einzelleistungen wie „Einkaufen" und verbundene Leistungskomplexe wie „Grundpflege mit Lagern" oder alle hauswirtschaftlichen Leistungen. Für beide Typen sind im Modulsystem Punktwerte vereinbart worden, etwa 250 Punkte für „Hilfe bei der Nahrungsaufnahme" oder 100 Punkte für „Lagern und Betten" (vgl. ebenda).

Strategisch ist auch der Zuschnitt der Leistungskomplexe von Bedeutung. In NRW haben sich die Pflegekassen mit allen Anbieterverbänden darauf geeinigt, auch „verbundene Leistungskomplexe" aufzulisten, die dann eine komplette Grundpflege umfassen, damit die Mitarbeiter nicht punktgenau nach Einzelleistungen arbeiten. Diese verbundenen Leistungskomplexe werden den gemeinnützigen Anbietern im übrigen höher vergütet als den privatgewerblichen, was aber nicht verwundert, da erstere generell höhere Punktwerte in NRW erzielen konnten.

Bei geschickter Planung – und hieraus erklärt sich unter anderem auch der Druck einiger Dienste, relativ zügig einen Abschluß zu erzielen – ist es auch möglich, größere Erlös-Steigerungen mit dem neuen Modulsystem zu erzielen. Hinzu kommt, daß gerade die starke Differenzierung in Einzelleistungen – angelehnt an die ärztliche Einzelleistungsvergütung und eigentlich kontraproduktiv für den integrierten Charakter von Pflegeleistungen – den Diensten ermöglicht, künstlich „neu" kreierte – weil stärker ausdifferenzierte

– Posten in Rechnung zu stellen. In der Presse wird ein Vertreter der Caritas damit zitiert, „es sei die Liste der abrechenbaren Leistungen erheblich erweitert worden“ (Frankfurter Rundschau, 19. 12. 96), auch wenn es andererseits kein Geld mehr für Beratung und kommunikative Hilfen gebe. Den Pflegekassen ist dieser Umstand bewußt:

> „Den Landesverbänden der Pflegekassen ist bekannt, daß viele Sozialstationen mit Einführung des Leistungskomplexsystems ihre Erlöse bei gleichem Leistungsumfang annähernd verdoppeln konnten“ (Landesverbände der Pflegekassen in Westfalen-Lippe 1997: 7).

Dahinter verbirgt sich auch die indirekte Einrechnung des Faktors „Zeit“, der sich im Modulsystem als Rationalisierungs-Vehikel anbietet: Je schneller gearbeitet wird, desto mehr Leistungskomplexe lassen sich abrechnen, desto höher kann der Erlös aus der Pflegeversicherung ausfallen. Umgekehrt betrachtet steigt allerdings auch der Zeitdruck bei der Erbringung der Pflegeleistungen, eine Fernwirkung aus der Abschaffung der Selbstkostendeckung. Daß hier eine zentrale Dimension in den Machtbeziehungen zwischen Pflegekassen und Anbietern berührt wird, offenbart auch die Klageschrift der Liga der Wohlfahrtsverbände in NRW gegen die Schiedsstellenentscheidung in der ambulanten Pflege (vgl. Redeker, Schön, Dahs und Sellner 1996).

Zentraler Klagepunkt ist weniger der Punktwert von 7,8, sondern vielmehr die Tatsache, daß die Schiedsstelle mit ihrer Entscheidung zugleich das Modulsystem der Pflegekassen legitimiert und damit Verhandlungsprozesse neutralisiert hat. In den Verhandlungen hatten die Wohlfahrtsverbände ein nach Zeitwerten und entsprechenden Umrechnungen der vorhandenen Personalkosten ausgerichtetes Modulsystem als Alternativ-Vorschlag präsentiert, der letztlich auf eine modularisierte Selbstkostendeckung hinausgelaufen wäre und deshalb nicht von den Kassen akzeptiert wurde. Da diese Grundsatz-Entscheidung der Schiedsstelle die Spielräume der Wohlfahrtsverbände stark verringert, reichten diese die Klage ein, die weiterhin am Sozialgericht Düsseldorf anhängig ist.[88] In der Klageschrift findet sich auch ein Hinweis auf die indirekte Kalkulation von Zeitwerten: „Immerhin hat der Verhandlungsvertreter der Kassen in der Schiedsstellenverhandlung eingeräumt, daß die Zeit ‘als interner Kalkulationsfaktor’ enthalten sei“ (ebenda: 5). Das Bundesarbeitsministerium geht sogar wie selbstverständlich davon aus: „In die Punktbewertung ist auch der Zeitaufwand eingegangen“ (BMA 1997: 63).

Diese indirekte Einrechnung der Zeit ist auch vom Kalkül der Pflegekas-

---

88 Dieses Vorgehen wurde insbesondere von der Spitze der Kommission Pflegeversicherung befürwortet, während in der Liga der Wohlfahrtsverbände auch Stimmen vertreten waren, die mit Rücksicht auf die ungewisse Lage der Mitglieder die Entscheidung akzeptieren wollten (Interna). Auch hierbei macht sich wiederum bemerkbar, daß der größere Druck auf die Ebene der Leistungserstellung die Verbände mit stärkeren Erwartungen konfrontiert. Da das Verfahren (Az.: S 1 P 31/96) zum Zeitpunkt der Fertigstellung der Dissertation noch anhängig war, konnte leider keine Einsicht in die Akten genommen werden.

sen gespeist. Das wird bei einem Blick auf die Bundesempfehlungen der Spitzenverbände der Pflegekassen vom Frühjahr 1997 deutlich, in denen relativ eng geschnittene Leistungskomplexe – deren Punktwerte für den Dienst als Maximalzeit-Anhaltspunkt fungieren – die Funktion erfüllen sollten, den Versicherten mehr Leistungen innerhalb des Budgets einzuräumen (vgl. Tews 1997a). An diesem Punkt zeigt sich, daß die Definition von Leistungskomplexen sowie die Hinterlegung mit indirekt zeitbezogenen Punktwerten der politischen Logik der Pflegeversicherung folgt, in erster Linie mehr Leistungen für das Budget der Versicherten auszugeben.

Es ist offenkundig, daß gerade das Modulsystem die Rationalisierung der Pflege beschleunigt (vgl. Meyer 1997). Denn Zeit wird tatsächlich zum eigentlichen Produktivitätsfaktor, gerade weil sie formal von der Vergütung abgetrennt wird: Die Leistung wird gleich vergütet, unabhängig davon, wie schnell und intensiv sie erbracht worden ist. Nicht zuletzt die Orientierung der Investitionskostenförderung des Landes an den Punktwerten (siehe Kap. 6.1.1) offenbart, daß hinter den Werten tatsächlich Zeitangaben stecken: zehn Punkte stehen für zehn Minuten Pflege. Dadurch wird die Orientierung an der Zeit beschleunigt, heruntergebrochen auf Leistungskomplexe: Dies bereitet durchaus eine stärkere „Taylorisierung" der Altenpflege vor (vgl. Berger/Kettler 1996).

Daß die meisten Dienste früher – zumindest in ihrer offiziellen Einschätzung – „Zeit verkauft haben" (Interview 18), kehrt sich nun um: Jetzt wird die Leistung an sich verkauft, und das in möglichst komprimierter Zeit. Ein beinahe schon zynischer Indikator dafür ist, daß der Einsatz von Magensonden zur künstlichen Ernährung – die Zeit spart – seit der Umsetzung der Pflegeversicherung deutlich zugenommen hat (Interview 05). Das verbürgt auch der Boom der zuständigen Sparte in der Geronto-Technologie, deren Manager optimistisch sind: „Schon jetzt sei eine Steigerungsrate von 35 Prozent an ambulanten Ernährungspatienten zu verzeichnen" (Boucsein 1998).

Optionen, höhere Erlöse durch geschicktes Management zu erreichen, eröffnen Felder für die Pflegenden, sich stärker als zuvor mit der Organisation der Dienste zu identifizieren: „Eigentlich hatte ich gedacht, daß die Module sehr viel Erregung und Zorn auslösen würden" (Interview 08), bilanziert eine Pflegedienst-Leitung, aber die jüngeren Kolleginnen orientierten ihre Pflege bereits sehr genau an den vorhandenen Modulen: Wenn für bestimmte Leistungen keine Module vorgesehen seien, würden diese Leistungen erst einmal zurückgestellt. Hieran läßt sich ablesen, daß das strategische Kalkül der Pflegekassen die traditionelle Bedarfsorientierung von Diensten und Einrichtungen sogar auf der Mitarbeiterebene um ein ausgeprägtes Kostenmanagement ergänzt. Der inszenierte Wettbewerb setzt einer tiefgehenden Rationalisierung jedoch Grenzen.[89]

---

89 Ob durch diesen „Tunnelblick" langfristig viele Charakteristika der Pflege wegrationalisiert werden, hängt nicht nur von den Modulen, sondern auch von der Pflege-Kultur in

6.2.4 *Verbandslogik versus Dienstelogik: Punktwerte als Politikum*

Streitpunkt in den Vergütungsverhandlungen war und ist – neben der Aufschlüsselung der Leistungskomplexe – der Wert eines einzelnen Punktes, nach dem sich schließlich der Erlös berechnet. Nachdem die Wohlfahrtsverbände die prinzipielle Geltung eines zeitunabhängigen Leistungskomplex-Systems akzeptiert hatten – was sie in der Klage gegen die Schiedsstellenentscheidung allerdings verneinten –, verfochten sie einen Punktwert von 11,5 Pfennigen, während die Kassen eine Zahl um die sechs Pfennige favorisierten. Nachdem – wie oben bereits erwähnt – die Wohlfahrtsverbände im September 1995 die Schiedsstelle angerufen hatten, trugen sie diese Forderung in der Schiedsstelle vor, die schließlich zu Beginn des Jahres 96 einen Punktwert von 7,8 Pfennigen für dieses Jahr festsetzte.

Die Höhe des Punktwertes ist für die verbandliche Integration angesichts des neuen Systems der Pflegeversicherung relativ bedeutsam. Vor allem die Studie des Landessozialministeriums (vgl. Ministerium für Arbeit, Gesundheit und Soziales 1995) – von den Pflegekassen immer wieder gerne zitiert – hat demonstriert, daß sich die privat-gewerblichen Anbieter insbesondere in städtischen Regionen bis zu 50 Prozent Marktanteile gesichert haben. Zugleich schätzen jedoch nahezu alle Akteure unter den Leistungsanbietern die Wettbewerbs-Situation ähnlich ein: Zwischen Wohlfahrtsverbänden und Privaten gebe es bislang so gut wie keinen Klienten-Wettbewerb: „Ein Wettbewerb findet gar nicht statt, auch nicht zwischen den Wohlfahrtsverbänden und uns“ (Interview 12; s.a. Interview 13).

Die Strategien der Wohlfahrtsverbände, im ambulanten Bereich möglichst einheitliche Preise durchzusetzen, verrät die Sensibilität für das eigentliche Problem: Besonders heikel sind nämlich Konkurrenzen gemeinnütziger Sozialstationen untereinander. Und wenn unterschiedliche Punktwerte in einer Region gelten, bedeutet dies für die Klienten, daß sie weniger Einsätze abrufen können bzw. mehr zuzahlen müssen. Und dies intensiviert die Vorstellungen der Dienste von möglichem Wettbewerbs-Druck, weniger den realen Wettbewerb, der nur bei der Erst-Entscheidung der Klienten eine gewisse Rolle spielt. Drohen tatsächlich Wechsel von Klienten, so werden in den Pflegekonferenzen sowohl von frei-gemeinnütziger wie auch von privatgewerblicher Seite aus Absprachen mit allen anderen Verbänden getroffen (Interview 28).

Kaum zu entscheiden ist die Frage, ob die Bereitschaft einer Reihe von gemeinnützigen Sozialstationen in NRW, auch zu dem von den Kassen avisierten Punktwert von 7,0 abzuschließen, auf ihre betriebswirtschaftliche Inkompetenz – wie die Wohlfahrtsverbände zumeist ihren eigenen Diensten

---

den entsprechenden Diensten ab. Zudem werden die neuen Generationen von Klienten eine reduzierte Pflege mit Abwanderung oder Widerspruch beantworten und damit den Wettbewerb gegen die Rationalisierung positionieren.

unterstellen, wie Sitzungen der Kommission Pflegeversicherung zeigten (Interna) – zurückzuführen ist oder vielmehr eine akzeptable Arbeitsgrundlage schafft. Die Pflegekassen erkannten jedenfalls höhere verbandspolitische Prioritäten der Wohlfahrtsverbände, wie sie in ihrer Stellungnahme zur Beantragung des Schiedsstellenverfahrens vom Februar 1996 formulieren:[90]

„Ferner ist von wesentlicher Bedeutung, daß zwischenzeitlich – entgegen der bekannten Behauptung der Arbeitsgemeinschaft für alle Sozialstationen Verhandlungsvollmacht zu besitzen – 9 Einrichtungen der Freien Wohlfahrtspflege in Nordrhein-Westfalen eine Vergütungsvereinbarung auf der Basis eines Punktwertes von bis zu 7,0 DPf mit den Landesverbänden der Pflegekassen geschlossen haben und dementsprechend tätig sind. Auf Wunsch kann die Übersicht über diese Pflegedienste dem Vorsitzenden der Schiedsstelle und den unparteiischen Beisitzern vorgelegt werden. Bei Gesprächen mit einer Reihe von Sozialstationen wurde deutlich, daß Darüber hinaus weitere Einrichtungen durchaus bereit wären, die Leistungskomplexe der Landesverbände der Pflegekassen mit einem Punktwert von 7,0 DPf zu akzeptieren, daß aber aufgrund strikter Vorgaben der Arbeitsgemeinschaft der Spitzenverbände der Freien Wohlfahrtspflege keine Möglichkeit für eine separate Vergütungsregelung gesehen wurde" (Blatt 6).

Diese „vorauseilende Bereitschaft" birgt aus Sicht der Wohlfahrtsverbände Probleme. Denn einheitliche Verhandlungsstrategien – um die Legitimation der Spitzenverbände als Preisgaranten und Tarifverbände vor ihren Mitgliedern zu sichern – werden durch dieses Verhalten ihrer Mitglieder unterminiert. Die Pflegekassen wiesen zusätzlich auf die Abschlüsse 750 privatgewerblicher Dienste zu einem Punktwert von 7,0 hin, deren Angemessenheit nach einem Jahr überprüft würde. Zudem trafen die Pflegekassen in ihrer Argumentation vor der Schiedsstelle einen neuralgischen Punkt der verbandlichen Integration (vgl. FN 89):

„Die Sozialstationen haben von privaten Pflegediensten abweichende Strukturen, die ggf. eine höhere Preisforderung rechtfertigen könnten, nicht einmal ansatzweise nachgewiesen. Nach gutachterlicher Aussage verfügen die Sozialstationen sogar über weniger examiniertes Personal als die privaten Leistungsanbieter. Die bisher behauptete höhere Qualität des Pflegepersonals wurde zu keinem Zeitpunkt der Verhandlungen dezidiert belegt" (Blatt 9).

Nach den Ergebnissen der vom Land in Auftrag gegebenen Studie läßt sich in der Tat kaum argumentieren, daß frei-gemeinnützige besondere und besonders förderungswürdige Strukturen im Vergleich zu ihren privatgewerblichen Konkurrenten hätten, und auch ehrenamtliches Engagement spielt im Bereich der Pflege eine untergeordnete Rolle (vgl. Ministerium für Arbeit, Gesundheit und Soziales 1995). Vielmehr ließe sich sogar anführen, daß mit den zahlreichenden Zivildienstleistenden den Sozialstationen Kostenvorteile entstehen.

---

90 Schreiben der AOK Westfalen-Lippe als federführender Kasse innerhalb der Landesverbände der Pflegekassen an den Vorsitzenden der Schiedsstelle für die Soziale Pflegeversicherung im Land Nordrhein-Westfalen vom 22. 02. 1996.

Abweichende Strukturen haben in erster Linie die Spitzenverbände, weniger ihre Dienste und Einrichtungen, und hier verbirgt sich ein besonderer Konflikt zwischen Dienste- und Verbandslogik. Denn die besondere finanzielle Förderung durch Globaldotationen und pauschale Zuschüsse ist stets durch ehrenamtliches Engagement, eigenes sozialpolitisches Profil und besondere Fachlichkeit gerechtfertigt worden. Diese Aspekte werden durch die besondere Rationalität der Kostenträger in der stark verbandlichten Pflegeversicherung jedoch an den Rand gedrängt; damit entziehen die Kostenträger – insbesondere die Pflegekassen – den Spitzenverbänden indirekt Verantwortung und ordnen sie stärker den Diensten als wirtschaftlich selbständigen Einrichtungen zu. Diese wiederum entwickeln ein im Vergleich zu früher weitaus stärkeres Interesse, möglichst zuverlässige Arbeitsgrundlagen zu schaffen und diese nicht per se an stark zentralisierte Verhandlungssysteme zu delegieren, wie die separaten Abschlüsse in NRW zeigen.

Die „Ökonomisierung" durch eine Konzentration auf betriebliche Belange löst damit zugleich einen Effekt der „Politisierung" aus, nämlich auf der Ebene der Spitzenverbände (siehe auch Kap. 7.4). Deren nicht-disponible Rechte auf der Basis ihres politisch gewachsenen „Status" geraten durch diese neuen innerverbandlichen Zentrifugalkräfte in Bewegung, werden durch die Rationalität der Kassen zusätzlich politisiert und damit disponibel und verhandelbar: „Status" wechselt über zu „Kontrakt" (vgl. Kap. 3.6).

Die Rationalität der Kassen wird allerdings auch von politischen Rahmenbedingungen geprägt, nicht nur von innerorganisatorischer Taktik. Die „Vorteile" und „Nachteile" von Vergütungsresultaten für die Versicherten sind von den Pflegekassen stets als Argument für ihre harte Verhandlungsstrategie angeführt worden: So haben sie etwa vorgerechnet, daß der von den Wohlfahrtsverbänden verfochtene Punktwert von 11,5 Pfennigen zum Beispiel bei einer Ganzwaschung einen Preis von 47,15 DM anstatt 28,70 DM bedeuten würde, was zur Folge hätte, daß die Versicherten von ihrem Budget weitaus weniger Pflegeleistungen finanzieren könnten und schneller auf Sozialhilfe angewiesen wären (siehe FN 89).

Rein finanztechnisch betrachtet ist diese Strategie wenig plausibel, weil eine gedeckelte Versicherung wie die Pflegeversicherung resistent gegen Kosten-Explosionen ist. Die eigentliche Ursache für das Verhalten der maßgeblichen Kassen liegt jedoch eher in den politischen Rahmenbedingungen. Der politische Anspruch des Arbeitsministeriums, in erster Linie die Versorgungsmenge auszuweiten und die Sozialhilfeabhängigkeit zu verringern, verlangt nach einer Verhandlungsposition, die auf niedrige Punktwerte ausgerichtet ist. Und dieser Druck ist an die Pflegekassen weitergegeben worden. Wäre das Verhandlungsergebnis anders ausgefallen, hätten dies mangels Vergleichs-Möglichkeiten die Versicherten ohnehin kaum bemerkt.

Die Dienste spüren jedenfalls immer dringlicher, daß ihre Arbeitsbedingungen vor Ort der entscheidende Parameter für Verhandlungen sein müssen, weniger übergeordnete verbandspolitische Strategien. Auch aus diesem Grund wachsen die Bedürfnisse der Dienste, ihre Dachverbände stärker als strategische „Arbeitgeberverbände“ in Anspruch nehmen zu wollen (Interviews 05, 28). Zunächst jedoch erhöht dieser Anspruch die Zentrifugalkräfte in den Verbänden, bis hin zu Überlegungen von konfessionellen Träger-Verbünden in NRW, einen separaten Arbeitgeberverband neben den traditionellen Dachverbänden zu gründen, dies allerdings auch aus tarifpolitischen Gründen (Interview 28).

Die zukünftige Vergütungs-Strategie der Kassen ist allerdings keineswegs determiniert, was die Höhe der Abschlüsse angeht. Verbandsfunktionäre des VdAK haben bereits signalisiert, daß die „strikten Übergangsbestimmungen“ (Frankfurter Rundschau, 7. 1. 97) zum Teil Probleme und Engpässe verursacht hätten, und daß ein Teil der Überschüsse von rund 8,5 Mrd. DM Ende 1997 für höhere Vergütungssätze verwendet werden könnte, was der Bundesarbeitsminister ablehnt, um die finanzpolitische Stabilität der Pflegeversicherung nicht zu gefährden; er will die über die gesetzlich vorgeschriebenen vier Mrd. DM hinausgehende Summe als Sicherheit für das demographische Risiko zurücklegen (vgl. Frankfurter Allgemeine Zeitung, 22. 8. 97 und 23. 8. 97).

Die Äußerung der Kassenseite zeigt jedenfalls, daß weitere Spielräume zur Modifikation der Vertragsbeziehungen offenstehen, deren Nutzung auch von der Handlungsfähigkeit privat-gewerblicher und frei-gemeinnütziger Anbieter-Verbände abhängt. Und sie zeigt auch, daß sich die Pflegekassen nicht nur vor dem Bundesarbeitsministerium legitimieren müssen, sondern durchaus auch vor den Forderungen organisierter Sozialverbände. Schließlich hatte der VdAK mit seinem Angebot vor allem auf die Kritik des Reichsbundes reagiert, die Pflege nehme „zunehmend unmenschliche Züge“ an und damit indirekt sogar einen Zusammenhang zwischen bisheriger Vergütung und sich verschlechternder Pflege-Qualität zugegeben (vgl. Frankfurter Rundschau, 7. 1. 97).

6.2.5 Formwandel der Vergütung: Funktionswandel der Wohlfahrtsverbände ?

Daß „Zeit“ indirekt doch zum Maßstab für die Leistungserstellung wird und damit die Einzel-Leistungen der Dienste im Zentrum der Vergütung stehen, erzeugt für die Spitzenverbände der Wohlfahrt einen weiteren nicht-intendierten Effekt: Es stellt sich die Frage, wie die zahlreichen Overhead-Kosten der Spitzenverbände weiter finanziert werden. Zwar wird die Verbands-Umlage der Mitglieder auch von den Pflegekassen in der Kalkulation mitfinanziert; doch im früheren System gab es mehr Optionen, zusätzliche Kosten-Blöcke neben den Pflegeleistungen mitzufinanzieren. Dieses Problem stellt sich in erster Linie erst einmal auf der örtlichen Ebene der Verbände. Dort wurden in der Vergangenheit die Geschäftsführer des gesamten Wohlfahrtsverbandes und andere Kostenstellen über Entgelte für die Pflege mitfinanziert (Interview 07). Auch große Trägerorganisationen wie die Caritas Betriebsführungs- und Trägergesellschaft (CBT) in Köln reagieren auf eine charakteristische Weise: Sie verlagern zentralisierte Bereiche wie die Finanzbuchhaltung wieder in die Heime (Interview 06).

Auf der Ebene von Spitzenverbänden erzeugen solche Umstrukturierungen des Overhead jedoch andere Probleme. Wird die tradierte Ko-Finanzierung dieser Verbandsstellen nun durch die Neuorganisation der Pflege erschwert, separiert sich der Bereich Pflege stärker vom restlichen Verband. Die Ausgründung von eigenen Gesellschaften für den Pflege-Sektor verleiht dieser Entwicklung Ausdruck, auch wenn es zahlreiche andere Motive dafür gibt. Zugleich überprüfen die Mitarbeiter in der Pflege, welche Leistungen die Spitzenverbände für sie tatsächlich noch erbringen können und müssen. Und hier katalysiert das Modulsystem ebenso wie die stärkere Standardisierung von Leistungen in der stationären Pflege eine neue Erwartungshaltung der Dienste und Einrichtungen: Sie erwarten bessere „betriebswirtschaftliche Unterstützung", auch durch vergleichende Informationen, auf welchem Niveau man als Dienst und Einrichtung steht; solche Informationen wollen sich einige Träger eventuell auch in Kooperation mit anderen Trägern organisieren (Interviews 05, 28). Solche Angebote laufen auf ein inner- und außerverbandliches „benchmarking" hinaus, das die Spitzenverbände gerade deshalb unterbinden wollen, um die Zentrifugalkräfte nicht noch mehr zu beschleunigen.

Doch aus der Perspektive der eigentlichen Leistungserbringer gilt es, jeweils den eigenen Dienst zu optimieren. Und hierbei fallen tradierte Verbandsstrukturen besonders auf: „Die Spitzenverbände müßten stärker die politische Vertretung übernehmen und stärker abstimmen" und „Wir müssen ein Arbeitgeberverband werden" (Interview 28), solche Aussagen laufen parallel darauf hinaus, politische Vertretung und betriebliche Beratung organisatorisch und personell in den Verbänden stärker zu trennen. Das Modulsystem und die weitere Umsetzung der Pflegeversicherung sind nicht die Antriebsfedern für diese Entwicklung, die ebenfalls stark von internen strategischen Entscheidungen und einzelnen Führungs-Persönlichkeiten abhängen, aber sie strukturieren ein Umfeld, in dem sich die Logiken der Dienste und Einrichtungen stark angleichen und den ursprünglichen verbandlichen „Überbau" als Einfluß-Faktor verdrängen; dieser Überbau wiederum sieht sich in allen Verbänden ähnlichen Herausforderungen gegenüber. Hierin kann man einen wesentlichen Impuls für einen Isomorphismus im neo-institutionalistischen Sinne erblicken (vgl. Kap. 3.4; siehe auch Kap. 7.4).

6.2.6 *Die privat-gewerblichen Verbände und die Pflegekassen: Spiel über zwei Banden*

Auch die privat-gewerblichen Verbände für den ambulanten Bereich haben in ihrer LAG konzertiert mit den Pflegekassen verhandelt und mit 7,0 einen Punktwert ausgehandelt, der 0,8 Pfennige unter dem für die Wohlfahrtsverbände festgelegten liegt. Doch ihre Verhandlungssituation wich von der der Wohlfahrtsverbände in mehrerer Hinsicht ab.

Zum einen sind rund ein Viertel aller privat-gewerblichen Dienste nicht in Verbänden organisiert; solche Dienste traten schon 1995 an die Pflegekassen heran, um möglichst schnell zu Vergütungs-Abschlüssen zu kommen. Die Punktwerte aus diesen Verhandlungen lagen teilweise bei fünf Pfennigen. Damit war in eine gemeinsame Verhandlungs-Strategie der privaten LAG schon eine Schneise geschlagen.

Hinzu kam, daß einer der Verbände – der LfK – ausscherte und einen eigenen Abschluß zu einem Punktwert von 7,0 mit den Kassen aushandelte, obwohl die Privaten den gleichen Wert wie die Wohlfahrtsverbände anpeilten, nämlich die 7,8 Punkte aus der Schiedsstellen-Entscheidung. Damit war die gemeinsame Linie zerschlagen, die restlichen Verbände in der LAG schlossen schließlich auch zu 7,0 Punkten ab, der LfK wurde aus der LAG ausgeschlossen (Interview 12). Daraus läßt sich bereits ableiten, wie immens die Konflikte zwischen den privat-gewerblichen Verbänden sind, die eine einheitliche Linie bei der Interessenvertretung bislang unterminieren. Es sind weniger strukturelle Unterschiede, als vielmehr personelle Konkurrenzen, die in NRW eine konzertierte Verbandspolitik der privat-gewerblichen Verbände verhindern. Als hauptamtliche Geschäftsführer treffen Personen mit unterschiedlicher beruflicher Sozialisation aufeinander: Neben den Inhabern von Pflegediensten leiten auch ehemalige Funktionäre aus der Wohlfahrtspflege, Unternehmensberater oder Ökonomen als Seiteneinsteiger den jeweiligen Verband. Auf diese Weise fächert sich aber auch das strategische und verbandspolitische Repertoire auf, vergleicht man es mit dem gebündelten Vorgehen der Wohlfahrtsverbände (siehe unten).

Unter den privat-gewerblichen Diensten als Mitgliedschaft der Verbände ist der Wettbewerb zudem weitaus stärker ausgeprägt als zwischen ihnen und den Wohlfahrtsverbänden bzw. innerhalb der Wohlfahrtsverbände. Das wirkt sich weniger auf die Entscheidung der Klienten aus, die auch bei privat-gewerblichen Diensten eher nach Qualitätsmerkmalen als nach dem Preis entscheiden. Aber Lohndumping zu dann extrem günstigen Preisen vermag dennoch Klienten zu locken. Und gegen diesen Dumping-Wettbewerb bieten die privat-gewerblichen Verbände ihren Mitgliedern eine Vereinheitlichung an, die sie selbst schützt, und die Pflegekassen von den Billig-Diensten zurückhält. Das erklärt auch, warum die privat-gewerblichen Verbände auch bei der Personalqualifikation ein relativ hohes Niveau vorschreiben möchten:

Marktbeschränkungen sind auch hier lukrativ für die Mitglieder (Interviews 12, 13).

Der im Gegensatz zu den Wohlfahrtsverbänden ausgeprägte Wettbewerb um Mitglieder und die Ausdifferenzierung in stationäre und ambulante Verbände setzt noch einen weiteren Parameter bei den Verhandlungsbeziehungen der privat-gewerblichen Verbände, deren Mitglieder meist einen Mix aus Leistungen der Krankenversicherung und der Pflegeversicherung als Finanzierungsgrundlage aufgebaut haben. So hat etwa der stationäre Verband VdAB in NRW im SGB V-Bereich der Krankenversicherung einen Vertrag mit den Krankenkassen zu einem relativ niedrigen Punktwert abgeschlossen. Die Krankenkassen haben diesen Wert jedoch als höchste Marke akzeptiert und schließen in der Folge nur noch darunter oder auf gleichem Niveau ab (Interviews 9, 12). Weil es im SGB V-Bereich keinen Wettbewerbs-Mechanismus gibt, ist der höchste Abschluß zugleich der attraktivste. Mit diesem Verhandlungsergebnis schafft sich der VdAB daher auch im ambulanten Sektor ein Standbein, indem er Neu-Mitglieder dadurch anlockt, daß sie unter seinem Dach die höchste Vergütung für krankenpflegerische Leistungen bekommen. Diese einzelverbandlich durchaus rationale Strategie hat jedoch das Kooperations-Klima unter den privat-gewerblichen Verbänden weiter belastet.

Auch mit der Schiedsstelle haben die Privaten Erfahrungen gesammelt. Der VdAB versuchte Ende 1995, nachdem er schon mit den Pflegekassen verhandelt hatte, für seine wenigen ambulanten Mitglieder einen mit dem Schiedsspruch für die Wohlfahrtspflege gleichrangigen Abschluß vor der Schiedsstelle zu erzielen. Dem war ein Verhandlungsmarathon von 13 Sitzungen zwischen März 1995 und März 1996 vorausgegangen (vgl. o. V. 1997: Premiere). Die Kassen reagierten auf diese Strategie, indem sie die Dienste einzeln ansprachen und einen Punktwert von 7,0 anboten bzw. Kostenerstattungsregeln mit einer Kompensation von nur 80 Prozent der Kosten androhten. Bis auf einen Dienst haben die 7,0 alle akzeptiert, womit die Kassen die verbandliche Steuerungsfähigkeit des VdAB in Zweifel gezogen hatten. Allerdings ging der letzte Dienst einzeln vor die Schiedsstelle und bekam dort einen Wert von 7,8 Punkten zugesprochen, weil die Kassen rechtswidrigerweise gedroht hatten, eine gemeinsame Absprache zur Übergangsregelung mit 30 Mark pro Einsatz aufzuheben. Da es ein VdAB-Mitglied war – was auch in der Fachöffentlichkeit kommuniziert wurde – war dem VdAB als erstem Verband damit die Gleichstellung eines Mitglieds mit den Wohlfahrtsverbänden gelungen (vgl. o. V. 1997: Vergütung NRW). Andererseits erzeugten die unterschiedlichen Abschlüsse in dieser direkten Abfolge innerhalb der Mitgliedschaft des VdAB auch Probleme (Interview 02).

Dieses Vorgehen der Kassen ist in NRW im übrigen typisch für den Umgang mit privat-gewerblichen Diensten, dessen Stil mittelfristig auch auf die Beziehungen der Kassen zu den Wohlfahrtsverbänden übertragen wird: So hat etwa in Westfalen-Lippe die AOK sowohl im SGB V, als auch im SGB XI-Bereich mehrfach zahlreiche privat-gewerbliche, verbandlich organisierte Dienste angeschrieben und einen festen Punktwert als Angebot für einen Vergütungsabschluß präsentiert. In der Hoffnung, eine ganze Reihe von Diensten würden individuell zu diesen Punktwerten abschließen, sollten diese separaten Abschlüsse dann als Druckmittel gegen die Verbände in den Verhandlungen genutzt werden (Interview 15). Den Kassen ist bewußt, mit solchen Strategien Konflikte in die Verbände hineinzutragen. Vor allem wollen sie die Parallel-Verhandlungen mit Privaten dazu nutzen, mittelfristig auch die gemeinnützigen Anbieter in niedrigere Abschlüsse zu drängen. Deswegen sind es in NRW vor allem die Pflegekassen, die besonders häufig auf die Studie des Landes zu ambulanten Pflegediensten verweisen, um die Professionalität und den hohen Standard privat-gewerblicher Dienste gegen die Argumente der Wohlfahrtsverbände ins Feld zu führen.

Interne Konflikte und das Risiko von Einzelverhandlungen fallen bei den privat-gewerblichen Verbänden allerdings nicht so stark ins Gewicht wie bei den Wohlfahrtsverbänden. Während letztere von den korporativen Mitgliedern als Schutzgemeinschaft verstanden werden, die für gemeinsame Standards bürgt, wird gerade das von den Mitgliedern der privat-gewerblichen Verbände nicht erwartet, weil sie ihre eigene betriebliche Situation vor Augen haben und diese berücksichtigt wissen wollen.[91] Zudem profitieren sie in erster Linie durch Informationsfluß und betriebswirtschaftliche Beratung von ihren Verbänden.

Auch wenn es den Pflegekassen bislang leichter gefallen ist, die privatgewerblichen Verbände und ihre Mitglieder gegeneinander auszuspielen, als einen Keil in die Verhandlungs-Strategie der konzertiert vorgehenden Wohlfahrtsverbände zu treiben, haben die privat-gewerblichen Verbände politische Strategien entwickelt, die in den Wohlfahrtsverbänden aufmerksam registriert, aber (noch) nicht adaptiert worden sind. Auch gemeinnützige Dienste und Einrichtungen nehmen über den Umweg von Klienten Einfluß auf die eigene Erlös-Situation, indem sie ihnen raten, von Fall zu Fall gegen die Einstufung des Medizinischen Dienstes zu klagen.[92] Doch eigens institutionalisiert hat solche „Klagen" noch kein Wohlfahrtsverband, wohl aber der

91 In der Personen eines Vorsitzenden eines privat-gewerblichen Verbandes, der gleichzeitig Inhaber eines Pflegedienstes ist, kommt diese Haltung zum Ausdruck. Er wünscht sich als Inhalber, daß verschiedenen Klienten zukünftig auch verschiedene Punktwerte berechnet werden könnten, obwohl er weiß, daß dies die Position des Verbandes in der Öffentlichkeit desavouieren würde (Interview 12).

92 In der Regel sollen dabei natürlich höhere Einstufungen erreicht werden; allerdings zeichnet sich in NRW im stationären Bereich eine Gegenbewegung ab, die mit der größeren Erfahrung der Versicherten wächst: „Jetzt klagen häufiger die Patienten selbst und wollen zurückgestuft werden, weil sie merken, daß sie dann weniger zuzahlen müssen" (Interview 11). Hier entwickelt die Institution der Pflegeversicherung ausnahmsweise tatsächlich über „Voice" (Hirschman) der Versicherten einen Druck auf die Einrichtungen.

LfK als privat-gewerblicher Verband. Anlaß dazu gab der „Abgrenzungskatalog“ der Kassen, die diese zusammen mit dem MDK und der Kassenärztlichen Bundesvereinigung 1997 vorgelegt hatten. Als interne Dienstanweisung konzipiert, soll er dabei behilflich sein, bisherige Leistungen der Krankenversicherung in die gedeckelte und damit kostenresistente Pflegeversicherung zu verschieben. Weil eine Reihe von Krankenkassen entsprechend diesem auch vom Bundesarbeitsministerium und der Bundesärztekammer kritisierten Kataloges Leistungen verweigert hatte – die dann auch den Erlös der Dienste schmälerten und ihre Kalkulationsgrundlage in Frage stellten – hat der LfK eine „Schutzgemeinschaft der Kranken- und Pflegeversicherten e. V.“ ins Leben gerufen (vgl. o. V. 1997: Schutzgemeinschaft ebnet Klageweg; o. V. 1997: Der Stein des Anstoßes; LfK aktuell 1997).

Die Schutzgemeinschaft organisiert die individuellen Musterwidersprüche der Betroffenen und ermöglicht ihnen kostenlose Klagen; dies hat auch finanzpolitische Gründe, schließlich verfügt der LfK nicht wie andere privatgewerbliche Verbände über die Ressourcen, als Verband eine institutionelle Klage zu finanzieren, die dieses wie etwa der BPA über ihren Bundesverband abwickeln (Interview 09). Daher wird den Klienten der Schritt zur Klage organisatorisch erleichtert, um ein verbandspolitisches Ziel – die Eindämmung von Leistungsverschiebungen – zu erreichen. Auf diese Weise soll die schwache Finanzgrundlage des Verbandes öffentlichkeitswirksam kompensiert werden. Es ist im übrigen anzunehmen, daß eine Vielzahl von Widersprüchen gegen Leistungsverweigerungen, aber auch gegen die Einstufungen durch den MDK letztlich von Einrichtungen und Diensten motiviert sind, die damit indirekt ihre Erlöse aus der Pflegeversicherung beeinflussen können. Dies unterstreicht auch die Tatsache, daß in Fachzeitschriften für Pflegeberufe die Elemente und Taktiken für Widerspruchsverfahren diskutiert werden (vgl. Böckenholt 1997). Daher taugt die Quote der Widersprüche m. E. nicht als Indikator für die Unzufriedenheit der Versicherten mit der Pflegeversicherung, wie er oftmals in der öffentlichen Diskussion verwendet wird. Vielmehr offenbart sie, daß auch hier verbandliche und betriebliche Interessen die Steuerung über Klienteninteressen größtenteils substituieren.

Die Gründung der Schutzgemeinschaft ist im Kreise der Wohlfahrtsverbände nicht nur zur Kenntnis genommen worden;[93] solche und andere Strategien der Privaten haben trotz Bedenken gegen eine verbandliche Instrumentalisierung von Klienten weitere Überlegungen angestoßen, wie die Verbände außerhalb der reinen Vertragsbeziehungen das Verhalten der Kranken- und Pflegekassen beeinflussen können. Damit stoßen die privat-gewerblichen Verbände Verhaltensweisen an, die auch die politische Kultur der status-

93 In der „AG Entgelte“ des Diözesan-Caritasverbandes Köln – an der der Verfasser als teilnehmender Beobachter teilnehmen durfte – war die Schutzgemeinschaft Gesprächsgegenstand.

gesicherten Wohlfahrtsverbände mittelfristig verändern (siehe Kap. 7.4).[94] Dieses „Organisationslernen" innerhalb des sich wandelnden Verbändesystems betrifft noch weitere Aspekte. So haben privat-gewerbliche Verbände als erste in Nordrhein-Westfalen interne Studien über die Häufigkeit erstellen lassen, mit der bestimmte Module von den Klienten abgerufen werden (Interview 12). Mit diesem Wissen können sie in den Verhandlungen Verzicht als Tauschobjekt bei Modulen anbieten, die kaum nachgefragt werden und damit ihre Verhandlungsposition verbessern. Da privat-gewerblichen Diensten der betriebsorientierte Umgang mit Leistungen selbstverständlicher ist als den gemeinnützigen Diensten, liegen ihren Verbänden strategische Vorbereitungen von Verhandlungen mit Blick auf Betriebsdaten näher als den verbandspolitischen Dachorganisationen der Wohlfahrtspflege.

Zu einer These verknappt läßt sich mutmaßen, daß die „Strategiefähigkeit" der privat-gewerblichen Verbände in NRW größer ist als die der Wohlfahrtsverbände, obwohl erstere weitaus weniger Ressourcen haben, zerstrittener sind und über weniger politische Routine verfügen als ihre Kollegen von den gemeinnützigen Verbänden. Doch letztere setzen weiterhin auf die politischen Tauschgeschäfte nach korporatistischer Logik, was die Sonderförderung der komplementären ambulanten Dienste vordergründig bestätigt, trotz ihrer ganz anderen nicht-intendierten Wirkungen (siehe oben). Und dies verzögert zunächst die Notwendigkeit, eine an den Betriebszielen von Einrichtungen und Diensten orienterte Verbandspolitik zu betreiben: Die Wohlfahrtsverbände sind (noch) keine „Arbeitgeberverbände".

6.3 Die Eigenlogik des stationären Bereichs

Für den stationären Bereich ist in NRW zuzüglich zur bundesweit vorgesehenen Übergangsregelung noch eine verlängerte Pause vereinbart worden: Noch bis zum Ende des Jahres 1999 gelten Pauschalsätze, erst dann müssen die Verbände den Umstieg in ein neues Vergütungssystem vereinbaren. Dennoch zeichnen sich auch in NRW bereits die Silhouetten dieses neuen Systems ab, berücksichtigt man, daß mit den neu zugelassenen Einrichtungen bereits Vergütungen nach den Vorgaben der Pflegeversicherung verhandelt worden sind. Denn auch hier wurde im Laufe des Jahres 1997 offenbar, daß die von den Pflegekassen verfolgte Differenzierung von Punktwerten im am-

---

94 Es gibt weitere Indikatoren, die anzeigen, daß sich eine außerhalb der klassischen Lobbying-Bahnen wirkende Konflikt-Kultur auch über jüngere Generationen von Mitarbeitern bei den Wohlfahrtsverbänden entwickelt. So tragen jüngere Geschäftsführer von konfessionellen Verbänden häufiger vor, bei leistungsrechtlichen Affronts der Kassen damit zu drohen, sämtliche Mitarbeiter in einer anderen Kasse zu versichern (Protokolle teilnehmende Beobachtung).

bulanten Bereich keine Entsprechung im stationären finden würde, sondern hier sogar mit einer stärkeren Standardisierung zu rechnen ist. Auslöser dafür ist das von den Spitzenverbänden der Pflegekassen, der Bundesarbeitsgemeinschaft der überörtlichen Sozialhilfeträge und der Bundesvereinigung der kommunalen Spitzenverbände Ende 1996 kreierte „Standard-Pflegesatz-Modell" (vgl. Moldenhauer 1997; Moldenhauer/Fink 1997). Das Konzept wurde noch vor der endgültigen Beratung durch eine Indiskretion der öffentlichen Sozialhilfeträger an die Verbände und Träger im stationären Bereich weitergegeben (Interview 27). Diese Indiskretion verdeutlicht erneut die Interessenlage der öffentlichen Sozialhilfeträger: Ein aus Sicht der Pflegekassen möglicherweise rationalisierendes Pflegesatz-System kann für die Sozialhilfeträger höhere Kosten bedeuten.

6.3.1 Quer zur ambulanten Vergütung: die Ziele der Verbände

Ohnehin ist die Finanzierungsart im stationären Bereich etwas komplexer als in der ambulanten Pflege. In den Pflegeheimen ist der Pflegesatz dreigeteilt in die pflegebedingten Aufwendungen, die sogenannten „Hotelkosten" (Unterkunft und Verpflegung) sowie den Bereich der Investitionskosten, für den die Pflegekassen nicht zuständig sind. Alle drei Bereiche sind jedoch Verhandlungsgegenstand in den kommenden Vergütungsverhandlungen, sogar der „private" Part der Hotelkosten; damit strukturieren die Pflegekassen als dominante Verhandlungspartner die gesamten Kostenblöcke vor: „Für die Sozialhilfe-Träger ist es eine ganz dicke Kröte, daß die Pflegekassen ihnen die Höhe und Struktur der Zuzahlungen vorgeben" (Interview 10).

Hinzu kommt, daß Ausstattung und Angebot von stationären Einrichtungen sehr viel unterschiedlicher sind als im ambulanten Bereich. Die Existenz von Fahrstühlen, Hilfsmitteln und Küchen bestimmt nicht nur die Qualität, sondern hat auch entscheidenden Einfluß auf die Effizienz der Pflege. Daher wächst hier auch der Druck von den Einrichtungen auf die Verbände, differenzierte Vergütungen zu verhandeln, um die Eigenheiten des jeweiligen Heimes angemessen zu berücksichtigen. Insofern hat sich innerhalb der Verbände der Leistungserbringer in NRW – privat-gewerblich wie frei-gemeinnützig – die Strategie gefestigt, differenzierte Vergütungen anzupeilen.

Gerade dies sah jedoch das mittlerweile wieder zu den Akten gelegte Standard-Pflegesatz-Modell der Kostenträger nicht vor, dessen Grundsätze weiterhin die Vorstellungen der Pflegekassen von einem Vergütungssystem für den stationären Sektor prägen. Damit ergibt sich eine Situation, die diametral zu der in der ambulanten Pflege verläuft: Dort verfolgten insbesondere die Wohlfahrtsverbände das Ziel einheitlicher Vergütung, während die Kassen ihre Spielräume durch differenzierte Vergütung weiten wollen. Im stationären Bereich hingegen ist auch aus innerverbandlichen Gründen sämtlichen Organisationen der Leistungserbringer daran gelegen, ihre „teuren“ Heime nicht unter Druck zu setzen, während die „billigeren“ profitieren. Die Kassen hingegen sehen Rationalisierungspotentiale und Wirtschaftlichkeitsreserven in durchschnittlichen Budgets. Sie verweisen dabei auch auf die Abschlüsse mit neu zugelassenen Einrichtungen. Die Rationalisierungs-Logik der Pflegekassen liegt offen zutage: Im ambulanten Bereich mit geringen Unterschieden in Ausstattung und Strukur der Dienste bieten sich Vergütungsdifferenzierungen an, um den Wirtschaftlichkeitsdruck zu erhöhen. Im stationären Sektor hingegen, mit sehr großen Unterschieden in Ausstattung und Struktur, steigt der Wirtschaftlichkeitsdruck bei durchschnittlichen und standardisierten Vergütungen.

Die Haltung insbesondere der Wohlfahrtsverbände steht hier jedoch schon unter dem Einfluß der Pflegeversicherung. Dies zeigt ein kurzer Seitenblick auf eine schon seit den siebziger Jahren in Köln ausgegründete Trägergesellschaft der Caritas für den stationären Bereich, die „Caritas Betriebsführungs- und Trägergesellschaft mbH“ (CBT). Dort – wie auch in Kreisverbänden der Caritas und anderen Wohlfahrtsverbänden – war es stets verbandliche Vorgabe für die innerorganisatorische Integrationsfähigkeit, daß einige weniger gut geführte Einrichtungen von den besonders erfolgreichen und effizienten Einrichtungen quersubventioniert wurden (Interviews 04, 06). Doch aus Sicht des trägernahen Managements schafft diese Quersubventionierung Konflikte und auch falsche Anreize, während einige Wohlfahrtsverbände bis heute daran festhalten möchten (Interview 04).

Diese Konflikte brechen nun durch die Abschaffung des Selbstkostendeckungsprinzips, die Orientierung an wirtschaftlich selbständigen Einrichtungen sowie die Forcierung von Controlling und Budgetplanung erst recht auf, denn die einzelnen Einrichtungen fixieren sich stärker als zuvor auf ihre eigene Kosten- und Leistungssituation. Zugleich verstärkt der momentane Auftrieb des ambulanten Sektors – ebenfalls eine Folge der Pflegeversicherung – die Konkurrenz um Bewohner. Als Konsequenz daraus gehen Trägerorganisationen wie die CBT, aber auch andere Träger, verstärkt dazu über, übergreifende Funktionen aus Effizienzgründen zwar noch weiter zu zentralisieren, dafür aber das Controlling und die Eigenverantwortlichkeit für Budgets stärker zu dezentralisieren (Interview 06). Und in diese Phase der Entwicklung platzte dann das Standard-Pflegesatz-Modell.

6.3.2 *Ökonomisierung durch Standardisierung: das Standard-Pflegesatz-Modell und seine Folgen*

Auch wenn das Standard-Pflegesatz-Modell angesichts heftiger Kritik in der Fachöffentlichkeit für NRW mittlerweile wieder zu den Akten gelegt worden ist, prägt es offensichtlich weiterhin die Ziele einiger Pflegekassen für künftige Verhandlungen; als „bewußtseinsprägendes" Schema für künftige Verhandlungen ist es den Funktionären der Kassen ohnehin weiterhin präsent. Das SPM sah bundesweite Durchschnittswerte vor, ausgerichtet an Faktoren wie Personalkosten, kalendertäglichem Pflegeaufwand, Betriebsaufwand, Kosten für Verpflegung und Gemeinschaftsveranstaltungen (vgl. Moldenhauer 1997). Einrichtungen in Bundesländern mit schlechterer Infrastruktur wären somit „belohnt", Einrichtungen in Ländern mit guter und teurer Infrastruktur letztlich „bestraft" worden. Dies erklärt auch, warum im relativ hochpreisigen Bundesland NRW die Wogen besonders hoch geschlagen sind (Interview 04); Eine Klage bei der Kartellrechtsbehörde gegen das SPM – eingereicht von Verbänden und Organisationen der Leistungserbringer – argumentierte sogar, die Standardisierung würde einen leistungsgerechten Wettbewerb behindern, weil die erfolgreichen Einrichtungen auf diese Weise bestraft würden und damit ein falscher Anreiz gesetzt werde (vgl. Bappert, Witz & Selbherr 1997). Die Kostenträgerseite würde hier dank ihrer Nachfragermacht wettbewerbswidrige Preisabsprachen treffen.[95]

Allerdings hat sich gezeigt, daß gerade in NRW die durchschnittlichen Vergütungsvereinbarungen mit neu zugelassenen Einrichtungen der Wohlfahrtsverbände sogar über den neu verhandelten Pflegesätzen des personell besser bestückten Baden-Württemberg liegen (vgl. Moldenhauer 1997: 38). Damit ist das Argument entkräftet, es würden länderübergreifend „Einheitspreise" verhandelt; dazu bewegen sich die Landesverbände der Pflegekassen trotz existierender Bundesempfehlungen ohnehin zu autonom im engeren Vertragsgeschäft. Konsequenz dieser unterschiedlichen Abschlüsse ist dann mit allerdings gravierenderen Folgen –, daß die Bewohner von Bundesland zu Bundesland, aber auch von Einrichtung zu Einrichtung teilweise sehr unterschiedlich hohe Summen privat zuschießen müssen.

Vor allem aber liegen die Abschlüsse rund dreizehn Prozent über den Abschlüssen mit privat-gewerblichen Anbietern, was von den Wohlfahrtsverbänden mit der angeblich stärkeren Tarifbindung des Personals gerechtfertigt wird, von den Kassen aber eher als Indikator für Wirtschaftlichkeitsreserven gesehen und auch öffentlich so kommuniziert wird.[96] Da die Heim-

95 Diese Argumentation ist nicht bei allen Verbänden der Leistungserbringer positiv aufgenommen worden, weil die Argumentationslogik auch den Wettbewerb zwischen Heimen zur Grundlage macht. Die Unterstützer der Eingabe – eine soziale Unternehmensberatung sowie Träger der Caritas – sind aber offenbar gut im Markt verankert.

96 Ob diese Argumentation plausibel ist, mag mangels empirischer Daten dahingestellt sein.

pflege relativ teuer ist, erblicken die privat-gewerblichen Einrichtungen in ihren niedrigen Abschlüssen einen profunden Wettbewerbsvorteil.

Was aber am Standard-Pflegesatz-Modell als einem ersten Strukturierungsversuch der Kostenträger auffällt, ist der Gegensatz zum Modulsystem im ambulanten Bereich. Während hier der Faktor „Zeit“ zumindest offiziell aus dem Vergütungssystem eliminiert worden ist, bildet er im stationären Bereich die Richtschnur. In drei Pflegeklassen wurden Richtwerte von 45 Minuten, 71 Minuten und 128 Minuten pro Tag und Bewohner ermittelt (vgl. Fischer 1997; s.a. Moldenhauer 1997 mit etwas breiteren Korridoren). Hierbei lassen sich auch Parallelen zu den neuen Begutachtungsrichtlinien der Medizinischen Dienste erkennen, in denen seit März 1997 Zeitkorridore für die Gutachter zur Hilfestellung angegeben worden sind (vgl. o. V. 1997: Neue Begutachtungsrichtlinie; o. V. 1997: Der richtige Weg ?).

Kritiker innerhalb des MDK erkennen keine fachlichen Gründe für die Festlegung der Zeiten und halten die Ermittlung der Zahlen anhand statistischer Durchschnittsangaben für nicht sachgemäß (Interview 11). Obwohl die Gutachten nicht bindend für die hauseigene Pflegeplanung sind – allerdings den Heimen auch nicht vorgelegt werden –, werten die Pflegekassen sie statistisch aus. Dadurch werden die internen Informationen über „notwendige Pflegezeiten“ auch durch die durchschnittlich ermittelten Pflegezeiten der MDK-Gutachten gespeist. Und damit münden sie in Annahmen der Pflegekassen darüber, wie viel Zeit Pflegeleistungen in Anspruch nehmen sollten, was für die Vergütung relevant ist. Daher erwarten Anbieter und Pflegeexperten von den neuen Begutachtungsrichtlinien einen zusätzlichen Schub Richtung „Fließband-Pflege“ (vgl. Dierbach 1997; Grieshaber 1997).

Der politische Auslöser für die neuen, vom BMA genehmigten Begutachtungs-Richtlinien waren die starken Abweichungen in den Begutachtungsergebnissen zwischen und innerhalb einzelner Bundesländer, die möglichst eingeebnet werden sollten, um die Akzeptanz der Pflegeversicherung nicht zu beschädigen. In der Praxis der Verbandsbeziehungen hingegen wird mit dem Faktor „Zeit“ indirekt oder direkt die Organisation der Pflege beeinflußt. Und dies war auch ein wesentliches Ziel des SPM. Vor allem ist die betriebswirtschaftlich gebotene Orientierung an den Zeitwerten im SPM offenkundig, weil hier nur die angegebenen Zeitspannen – nicht aber einzelne Leistungen – vergütet werden. Eine Mengenausweitung, wie im Modulsystem der ambulanten Pflege, ist damit im stationären Bereich folglich nicht möglich. Dafür gibt es jedoch in den räumlich kompakten und mit Pflege-Teams bestückten Heimen weitaus mehr Synergie-Effekte als im ambulanten Bereich, was die Zeitintensität der Pflege im Durchschnitt reduziert. Entscheidend an den ersten Verhandlungen in NRW ist, daß sie auf der Grund-

Zu vermuten ist jedoch, daß der Großteil der privat-gewerblichen Heime seine Mitarbeiter ebenfalls tariflich oder sogar übertariflich bezahlt, weil die Mitarbeiter sonst in die finanziell attraktiveren Krankenhäuser abwandern würden.

lage des SPM geführt worden sind, auch wenn dieses mittlerweile offiziell vom Tisch ist. Damit ist – unabhängig von der konkreten Höhe der Vergütung – der Grundsatz der Standardisierung entlang realer Kosten und verkoppelt mit Zeitlimits eine Richtschnur, die in den kommenden Verhandlungsrunden weiter gilt, weil sie bereits handlungsleitend für die Kassen war und in dieses für sie unstrukturierte Feld erste Orientierungspunkte eingelassen hat.

Der massive Protest der Einrichtungen in NRW – wie auch die heftigen Proteste in Bonn mit positiven Antworten der Politik (vgl. Kassel 1997) – war der Angst geschuldet, einen für sie komfortablen, rechtlich festgeschriebenen Personalschlüssel gegen neue, standardisierte Pflegesätze ohne Personalanhaltszahlen eintauschen zu müssen. Als ein Hauptargument von Seiten der Leistungserbringer wurde der Verstoß gegen das – von den Wohlfahrtsverbänden in der ambulanten Pflege bekämpfte – Individualprinzip reklamiert, gegen das abstrakte Standardwerte gesetzt würden (vgl. Kassel 1997).

Diese Argumentationslinie, die die Einrichtungen in die künftigen Verhandlungen hineintragen, muß als die entscheidende Dimension der Diskussion um das SPM gewertet werden. Denn sie legt den Schwerpunkt auf die Kostensituation, aber auch das Kostenmanagement der einzelnen Einrichtung und erschwert damit langfristig die klassischen Integrationsmechanismen der frei-gemeinnützigen Wohlfahrtsverbände mit ihren korporativen Mitgliedern, die zumindest auf der Kreisebene stets in Mechanismen der Quersubventionierung eingebunden sind (siehe unten). Das Interesse der Einrichtungen an einer stärkeren Partizipation an Verhandlungen wächst ebenfalls bis hin zu Fragen, welche Aufgaben im Vertragsgeschäft die Spitzenverbände überhaupt noch haben sollen (Interview 27).

Bei den privat-gewerblichen Verbänden sieht dies ganz anders aus: Da alle Mitglieder rechtlich selbständig und auf ihre Autonomie bedacht sind, festigt die Verhandlung differenzierter Preise das plurale Verbandsgefüge. Und weil die Delegation von Verhandlungen an die Verbandsspitze freiwillig ist, werden die Verbände nicht wie einige frei-gemeinnützige Wohlfahrtsverbände unter Legitimationsdruck gesetzt.

6.3.3 „Agenten" des Organisationswandels: die Pflegekassen

Die Verhandlungen mit Heimen, die in NRW bereits mit Neueinrichtungen stattgefunden haben, erwecken mit ihrer Standardisierung auf realer Kostenbasis außerdem den Eindruck, daß die Pflegekassen mangels Informationen indirekt wieder die Selbstkostendeckung einführen. Um die Höhe der Pflegesätze ansetzen zu können, haben sie Unterlagen über Personalkosten, Betriebskosten und weitere Kosten-Stellen verlangt; da jedoch eigentlich prospektive Budgets verhandelt werden sollen, liefe eine Taktik wie die einiger

Pflegekassen in NRW auf ein im Ansatz gekürztes Selbstkostendeckungs-Budget hinaus.[97] Und die Vorlage interner Unterlagen stößt in den Einrichtungen auch deswegen auf Probleme, weil einige Einrichtungen ihre eigenen Daten gar nicht richtig kennen, weil der Verband sie zentral sammelt oder das Controlling defizitär ist. Diesen Punkt nutzen die Pflegekassen, um die Verbände weiter unter Druck zu setzen, weil damit offenbar wird, daß ihre Mitglieder zum Teil nicht den Status wirtschaftlich selbständiger Einheiten erfüllen.

Die bislang praktizierte „Standardisierungs-Strategie" der Pflegekassen – die wie angesprochen die innerverbandlichen Zentrifugalkräfte noch etwas erhöht – kann allerdings in Konflikt geraten mit parallelen Standardisierungen, wie sie die Rahmenverträge vorsehen. Ein solcher Rahmenvertrag war bis zum Beginn von 1998 in NRW nach elf Verhandlungsrunden noch immer nicht zustande gekommen, weil vor allem ein Punkt Konfliktstoff bietet: die Festschreibung eines neuen Personalschlüssels bzw. von Personalanhaltszahlen (Interview 09). Würde dieser im Rahmenvertrag zentral vereinbart, hätten die Pflegekassen ein Datum, das angesichts möglichst standardisierter Sätze ihren Spielraum deutlich verringerte.

Ein weiterer Punkt, der den Abschluß eines Rahmenvertrages blockiert, ist die „Abwesenheitsregelung": Sie klärt, wie Heime die Betten weiter finanzieren, wenn Bewohner etwa kurzfristig ins Krankenhaus kommen. An diesem Punkt macht sich am deutlichsten bemerkbar, daß die Kassen ihre Kompetenzen aus dem Krankenhausbereich in die Pflegeversicherung transferiert haben und hier auf andere Strukturen treffen. Denn im Krankenhaus ist eine solche Abwesenheitsregelung offenkundig unnötig. Entsprechend hartleibig zeigen sich die Verbände der Pflegekassen in NRW bislang, hier eine ausreichende finanzielle Kompensation für die Heime vorzusehen, weil sie nur für konkrete Belegung zahlen wollen (Interviews 10, 13). Neue gemeinsame Bundesempfehlungen der Spitzenverbände der Kassen und Leistungserbringer sollen für diese neuralgischen Punkte in den Rahmenverträgen Klarheit schaffen und damit die Verbände auf Landesebene entlasten.

Die auch politisch gewollte Mobilisierung von Wirtschaftlichkeitsreserven in den Heimen manövriert die Pflegekassen in NRW jedoch in Widersprüche: Bislang sind sie aus Gründen des Kostenmanagements nur bereit, maximal 75.000 DM brutto für eine Verwaltungskraft pro Einrichtung zu finanzieren (Interview 27). Die organisatorische Transformation von einzelnen Einrichtungen zu großen Verbünden mit größeren Controlling-Einheiten hat jedoch längst begonnen, auch unter dem Druck der Pflegeversicherung mit ihren höheren Anforderungen an effiziente Organisationsstrukturen (Interview 13). In solchen Verbünden müssen jedoch auch Kaufleute zu höheren

97 Die Informationen zur Verhandlungstaktik der Pflegekassen entstammen der teilnehmenden Beobachtung an Sitzungen der Kommission Pflegeversicherung der Wohlfahrtsverbände in NRW im Frühjahr 1997.

Tarifen angestellt werden, was die Kassen bislang – trotz möglicher Effizienz-Vorteile der Verbünde – kaum unterstützen.

Für eine längerfristige Beobachtung der Umsetzung der Pflegeversicherung stellt sich daher die Frage, welche gestalterischen Ambitionen einzelne Pflegekassen entwickeln, um den Organisations- und Managementwandel von Einrichtungen zu beeinflussen, hinter dem auch die wesentlichen Wirtschaftlichkeitsreserven vermutet werden. Wahrscheinlich ist, daß in erster Linie nicht-intendierte Effekte aus den Strategien der Kassen die Organisationsstrukturen in der Altenhilfe mitprägen. Denn die Kompetenzverluste der Landschaftsverbände im planerischen Bereich fangen die Verbände der Pflegekassen nicht auf, weil sie sich in erster Linie für das Vertragsgeschäft zuständig fühlen. Auch führt die wegen der formal vorgebenen Schemata der Pflegeversicherung notwendige Frage nach der Abgrenzung zwischen investivem und pflegebedingtem Bereich zu Interessenkonflikten zwischen Kassen und Landschaftsverbänden.

Offenkundig wird dies bei den sogenannten „Pflegehilfsmitteln" wie Rollstühlen oder Gehhilfen. Eine Reihe von Krankenkassen, die hierfür zuständig sind, vertritt den Standpunkt, daß alle Rollstühle zur Grundausstattung der Heime und damit zum investiven Bereich gehöre. Doch die Heime argumentieren, man könne nicht für jeden Bewohnerplatz prophylaktisch einen Rollstuhl vorhalten (Interview 09). Und die Landschaftsverbände wollen eine Zuweisung zum investiven Bereich verhindern, weil sie hier zuschießen müßten.

Daß die Differenzierung in Pflegestufen und die Begutachtung durch den Medizinischen Dienst bereits die Kalkulationsgrundlagen der Heime beeinflußt hat, ist offenkundig. Werden Bewohner einer bestimmten Pflegestufe entlassen oder sterben sie, dann wird die Erlös-Situation nur dann nicht vermindert, wenn Bewohner der gleichen oder einer höheren Pflegestufe nachziehen. Dies ist allerdings von den Einrichtungen selbst nicht zu beeinflussen, da der MDK neue Bewohner begutachtet. Dennoch hat es in NRW insbesondere Einrichtungen von Wohlfahrtsverbänden gegeben, die entgegen ihrer weltanschaulichen Bindung die sogenannten „Pflegestufe 0"-Fälle grundsätzlich nicht aufnehmen wollten (Interview 11): Fälle, die überhaupt kein Geld aus der Pflegeversicherung beziehen, aber dennoch vom MDK begutachtet und für unterhalb der 90 Minuten-Pflegebedürftigkeits-Grenze liegend befunden werden und deshalb wenig „lukrativ" für die Einrichtungen sind. Dieses Verhalten aller Einrichtungen eines Wohlfahrtsverbandes ist im Landespflege-Ausschuß kritisiert worden und hat dazu geführt, daß auch Akteure aus der Politik einige Prämissen gemeinnütziger Verbände erkennbar hinterfragen.

Und es demonstriert, daß die Einrichtungen – unabhängig von ihrer weltanschaulichen Bindung in einem Verband – mit der Pflegeversicherung stärker noch als zuvor gehalten sind, ihre Erlös-Situation als entscheidendes

Arbeitskriterium zu betrachten; insofern sind auch die Behauptungen nur formal zutreffend, durch das Gesetz sei die leitende Pflegefachkraft im Vergleich zum Heimleiter gestärkt worden (vgl. Schwarzenau 1997). Real hingegen wächst die Bedeutung des internen Controllings und der Arbeitsorganisation, also Aufgaben der „pflegefernen" Berufe und Leitungspositionen. Und dies ist eine der organisationssoziologisch bedeutsamsten Erscheinungsformen der „Ökonomisierung".

Für den Strukturwandel der Heime sind aber auch die politischen Leitlinien der Pflegeversicherung relevant – wie etwa die Vorgabe „ambulant vor stationär" –, weil sie langfristig die Bewohnerstruktur der Heime verändern. Es ist abzusehen, daß sich vor allem die Schwerstpflegebedürftigen in den stationären Einrichtungen konzentrieren werden. Zusammen mit den neuen Anforderungen an EDV und Dokumentation von Leistungen verringert sich damit die neben den Pflegeleistungen verfügbare Betreuungsezeit, aufgrund dessen Psychologen annehmen, daß die bereits gestiegenen Arbeitsbelastungen des Personals noch weiter zunehmen werden (vgl. Frankfurter Rundschau, 6. 5. 97).

7. Organisatorischer Wandel und Machtbeziehungen in der Pflegeversicherung: die Dialektik von Ökonomisierung und Politisierung

7.1 Qualitätssicherung als Legitimation

In Nordrhein-Westfalen – wie in anderen Bundesländern auch – wirkte die Aufdeckung von Betrug und massiven Qualitätsmängeln von Pflegediensten in Hamburg als politisches Fanal: die Reputation der Pflegeversicherung stand auf dem Spiel (vgl. Gitschmann 1997). Im Gesetz ist die Qualitätssicherung zumindest formal hervorgehoben und sowohl an die Dienste und Einrichtungen selbst wie auch an den MDK als Prüforgan delegiert (§ 80 SGB XI). Zugleich hat sich ein „Qualitätssicherungs-Business" entwickelt, dessen auffälligstes Merkmal der Wettbewerb vornehmlich privat-gewerblicher Verbände um eigene Qualitäts-Zertifikate ist (vgl. Hilbolt 1997; o. V. 1997: Kooperation ist der sichere Weg).

Die aus organisationssoziologischer Sicht erkennbaren „Funktionen" der Zertifikate, nicht ihre Intention, umfassen folgende Dimensionen: Sie können eine fehlende Corporate Identity ersetzen und stärken die Position von Verbänden als „Garanten", was sie für Politik, aber auch Gruppen wie die Ärzteschaft attraktiver macht. Die Intentionen, solche Zertifikate einzuführen, sind ebenfalls vielfältiger Art. Zum einen gibt es – ganz nach der Lesart neoinstitutionalistischer Analysen – seit der Ersteinführung eines Siegels einen automatischen Wettbewerbsmechanismus, nach dem ein Qualitätssiegel eine zeitgemäße Verbandspolitik auszeichnet. Zum anderen können damit vorauseilend Konflikte mit dem MDK und den Kassen reduziert werden. Die tatsächliche Wirkung und Aussagefähigkeit der Siegel ist ungewiß, vor allem, wenn man die Widersprüche zu weiteren Verbandszielen betrachtet, wie etwa dem Wachstum der Mitgliedschaft. In einem solchen Wachstumsprozeß ist die Selektion der Mitglieder nach Qualitätsgarantien sekundär; ohnehin können diese auch nach der Vergabe des Siegels kaum weiter kontrolliert werden (Interview 26).

7.1.1 Das Janusgesicht der gesetzlichen Rahmenbedingungen: Zwänge und Spielräume

Doch schon dieser kurze Blick auf eines der öffentlichkeitswirksamsten Elemente der Qualitäts-Debatte zeigt, daß Qualitätssicherung bei der Umsetzung der Pflegeversicherung vor allem verbände- und trägerrelevante Effekte auslöst, weniger auf die Klienten bezogene Effekte. Neben den dreistufigen Vertragswerken für die Vergütung der Pflegeleistungen ranken sich die Vertragsbeziehungen in der Pflegeversicherung um die Vereinbarung gemeinsamer Grundsätze zur Qualität und Qualitätssicherung (vgl. Gemeinsame Grundsätze). Ein Blick in die Grundsätze, die auf Bundesebene zwischen Verbänden der Kostenträger und Anbieter vereinbart worden sind, offenbart die wesentlichen Dimensionen, die sich entlang der pflegewissenschaftlichen Differenzierung zwischen Struktur-, Prozeß- und Ergebnisqualität aufblättern:

- *Qualifikation*: Eine examinierte Kranken- oder Altenpflegerin muß die Verantwortung tragen und sozialversicherungspflichtig beschäftigt sein; es müssen Weiterbildungsmaßnahmen ermöglicht werden.
- *Dokumentation*: Die Dienste und Einrichtungen müssen ihr Angebot und Konzept, die Ausstattung, Kooperationen mit anderen Diensten u.a. Leistungsmerkmale beschreiben. Im Pflegeprozeß ist eine permanente Pflegedokumentation zu führen.
- *Interne Qualitätssicherung*: Qualitätszirkel, Qualitätskonferenzen, ein eigener Qualitätsbeauftragter und die Entwicklung von Pflegestandards sollen von den Diensten und Einrichtungen organisiert und dokumentiert werden.
- *Qualitätsprüfung*: Auf Antrag der Pflegekassen können vom MDK Qualitätsprüfungen nach § 80 SGB XI durchgeführt werden, für die die Pflegedokumentation eine wichtige Beurteilungsbasis liefern.

Die Funktion dieser Qualitätssicherungsmaßnahmen ist ambivalent. Für die Pflegekassen bieten die Vereinbarungen auch ein Vehikel, die Erfüllung des Sicherstellungsauftrages über die Vergütungsvereinbarungen hinaus zu dokumentieren. Auf der Ebene der Träger und Einrichtungen müssen routinisierte Abläufe offengelegt werden, was auch die Chance zu Verbesserungen und Reformen bietet. Verbände wie der DBVA – aber auch andere Vertreter von Pflegeberufen – gehen davon aus, daß eine ausführliche Dokumentation den Umfang geleisteter Pflege deutlich sichtbar werden läßt und damit als Grundlage für Vergütungsverhandlungen und die weitere Professionalisierung der Pflege genutzt werden kann (vgl. o. V. 1997: Pflegedokumentation). Dem liegt die besonders bei den privat-gewerblichen Verbänden stark verbreitete Haltung zugrunde, daß die von der Pflegeversicherung eingeforderte Transparenz mittelfristig zu einer Aufwertung der geleisteten Pflege führe. Andererseits bringt die Dokumentation der Pflege-Prozesse einen Schub der Bürokratisierung mit sich, der mit gleicher Personalstärke bewältigt werden muß. Paradoxerweise könnte beispielsweise die Freistellung einer/eines Qualitätsbeauftragten die Qualität durch Arbeitsintensivierung auch beeinträchtigen. Was Funktion und Effekte der im Vorfeld intensiv diskutierten Qualitätsprüfungen angeht – als Kontrollinstrument und Vorbereitung der Kassen für niedrigere Vergütungsvorschläge in kommenden Verhandlungen angeprangert[98] –, können hier nur Thesen auf der Basis der Entwicklungen in Nordrhein-Westfalen formuliert werden. Bislang wurden in NRW vom MDK rund 30 Qualitätsprüfungen nach dem § 80 SGB durchgeführt; dabei ist offenkundig geworden, daß die ebenfalls vom Gesetz geforderte Pflegedokumentation vor allem deshalb von Bedeutung ist, weil sie – bei guter Präsentation – den MDK und die Pflegekassen bei Kontrollbesuchen schnell beruhigen kann, weil hier die in einer Stichprobe schnell zu kontrollierenden Parameter aufgelistet sind. Entsprechend sind die Dokumentationen kaum noch fallorientiert, sondern auf die Einrichtung zugeschnitten, damit sie ihre Legitimationsfunktionen besser erfüllen kann (Interview 28). Damit geht ein möglicher Nutzen für die Beziehung zwischen Pflegeperson und Pflegebedürftigem weitgehend verloren.

Qualitätsprüfungen werden von den Pflegekassen nur auf konkreten Anlaß hin beim MDK in Auftrag gegeben; das können – wie auch in NRW vereinzelt geschehen – Eingaben von Mitarbeitern von Diensten und Einrichtungen sein. Vergleichende Qualitätsprüfungen auf Veranlassung der Kassen sind ebenfalls möglich, wurden aber in NRW von den Pflegekassen noch nicht praktiziert, auch wegen des großen Aufwandes. Es ist offenkundig, daß für die Pflege-Experten bei den Kassen die Vergütungsfragen Prioriät genießen, nicht die Qualitäts- oder auch Wirtschaftlichkeitsprüfungen.

Interessanterweise ergeben sich dennoch Rückkoppelungen zwischen den Qualitätsrichtlinien der Kassen – aufgelistet in den Unterlagen für den MDK – und den Diensten und Einrichtungen. So nutzen einige Pflegedienstleitungen die Richtlinien des MDK dazu, den eigenen Umgestaltungs-Zielen in Organisation und Management mehr Nachdruck bei den Mitarbeitern zu verleihen: „Bei der Neustrukturierung kann ich mich auch auf die MDK-Richtlinien berufen“ (Interview 08). Die von der Pflegeversicherung formalisierten Standards des Qualitätsmanagements dienen auf diese Weise als Vehikel für Veränderungen in den Verbänden, auf ähnliche Weise, wie die gelegentliche Überzeichnung privat-gewerblicher Konkurrenz von neuen Generationen in den Wohlfahrtsverbänden genutzt wird, um größeren Modernisierungsdruck zu erzeugen (vgl. Strünck 1996b).

---

98 Als Vorbereitung für Verhandlungen taugen die Qualitätsprüfungen im übrigen kaum, denn der organisatorische und finanzielle Aufwand ist zu groß, als daß die Prüfungen systematisch dafür eingesetzt werden könnten. Außerdem können sie nicht willkürlich durchgeführt werden, sondern müssen auf Eingaben von Klienten oder Mitarbeitern hin angemeldet werden; auch müssen der Dienst oder die Einrichtung vorab informiert werden.

7.1.2 *Qualitätssicherung zwischen Kontrolle und Marketing: Interessenlagen der Akteure*

Aus einer institutionellen Perspektive betrachtet muß festgehalten werden, daß die bisherige Organisationsform der Qualitätssicherung deshalb in erster Linie den Beziehungen im neuen Verbändesystem geschuldet ist, weil sie aus der Logik der Sachleistung entspringt, die aber bislang mit durchschnittlichen Quoten von 20 Prozent die weitaus seltenere Form der Pflegeleistung darstellt (vgl. Evers 1997). Doch trotz dieser empirischen Unter-Repräsentation hat sich das in der deutschen Sozialpolitik-Tradition prägende Sachleistungsprinzip de facto gerade im Umfeld der Qualitätssicherung ausgewirkt.

Mit den Summen der Geldleistungen können die Versicherten schließlich auch zu Diensten gehen, die keinen Versorgungsvertrag mit den Kassen abgeschlossen haben und damit aus dem Bannkreis von Qualitätssicherungsmaßnahmen herausfallen, wenn sie keine Kombi-Leistungen in Anspruch nehmen wollen. Natürlich können sie das Geld auch anderweitig ausgeben und in der Familie pflegen. Und dennoch greift auch im Umfeld dieser sachleistungsfernen und für die Geschichte deutscher Sozialpolitik neuen Regelung das Sachleistungsprinzip indirekt wieder ein, in der Gestalt der sogenannten „Kontrolleinsätze" nach § 37 Abs. 3 SGB XI. Demnach ist ein Versicherter, der Pflegegeld bezieht, verpflichtet, in bestimmten Zeitabständen gegen Zahlung durch die Pflegekasse einen professionellen Dienst für einen Pflegeauftrag zu bestellen. Damit soll die Qualität der privaten Pflege gesichert werden. Kritiker weisen auf eine problematische Interessenverquickung der ambulanten Dienste hin: „Als 'Sachleister' kontrollieren sie die Geldleistung und sehen 'Akquirierungschancen'" (Klie 1996: 160). Und dieser Einsatz müsse dann auch noch vom Pflegebudget des Versicherten bezahlt werden.

Für die Dienste bietet der umstrittene Kontrolleinsatz, der im ersten Änderungsgesetz mit der Mitteilungspflicht an die Pflegekassen noch verschärft worden ist, in der Tat trotz des Spannungsfeldes von Kontrolle und Beratung eine Möglichkeit, das Terrain für die häufig folgende Wahl von Kombi-Leistungen zu bereiten (vgl. Buhl 1997). Denn der ausführende Dienst kann so potentielle Kunden „werben" (vgl. o. V. 1997: „Preisstrategie der Kassen"). Auch in NRW werden diese Einsätze – die wegen der hohen Quote von 80 Prozent bei den Geldleistungen relativ häufig von den Pflegekassen bestellt werden – von manchen Diensten als „Marketing-Instrument" begriffen, wodurch der Anteil der reinen Geldleistungen schon merklich zurückgegangen ist (Interview 17). Einigen privat-gewerblichen Verbänden war die Funktion der Kontrolleinsätze auch in den Verhandlungen mit den Pflegekassen bewußt; entsprechend haben sie in einer späteren Phase sogar angeboten, diese Einsätze kostenlos anzubieten, um den Klienten noch den Vorteil zu bieten, das Budget nicht zu verringern (Interview 03). Denn hier liegt das zentrale Aktzeptanz-Problem dieser verordneten Einsätze, daß sie von den Versicherten selbst bezahlt werden müssen.

Dennoch werden die Einsätze in der Regel weiter vergütet. Aber auch hier nutzen vor allem privat-gewerbliche Verbände strategische Allianzen mit den Kassen und riskieren dabei neue Konkurrenzen im eigenen Kreis. Dies zeigt eine Kooperationsvereinbarung zwischen dem privat-gewerblichen Verband LfK und der AOK Rheinland. Beide haben vertraglich festgelegt, daß die AOK-Filialen – wenn sich die Versicherten nicht zu einem Dienst für die „Beratungsbesuche" nach § 37 Abs. 3 SGB XI entscheiden können – die Vermittlung eines LfK-Pflegedienstes anbieten (vgl. o. V. 1997: Kooperationsvereinbarung). Die Einsätze – die AOK geht von 40.000 bis 60.000 in ihrem Einzugsbereich aus – werden mit 30 Mark in Pflegestufe I und mit 50 Mark in Pflegestufe III vergütet. Gerade an diesem Beispiel wird die größere „Strategiefähigkei" privat-gewerblicher Verbände deutlich, die bewußt in einem zwischenverbandlichen Wettbewerb stehen; der politisch ausgeschaltete Wettbewerb zwischen den Spitzenverbänden der Wohlfahrtspflege – in der Vergütungspraxis meist ein Vorteil durch konzertiertes Vorgehen – schlägt im Sachbereich der Pflegeversicherung mittelfristig in einen Nachteil um (siehe auch Kap. 7.4).

Wie bereits mehrfach diskutiert, steigert die Umsetzung der Pflegeversicherung die Kontrollansprüche der Pflegekassen, die sich – zumindest in NRW – allerdings primär auf das Kostenmanagement beziehen und weniger auf die Qualitätssicherung. Aus Sicht der Pflegekassen führt eine stringente Kontrolle der Qualität langfristig zu Preiserhöhungen; dies genau ist auch die Erwartung von Pflegeverbänden, die damit die Vergütungsverhandlungen speisen wollen. Der MDK signalisiert den Pflegekassen wiederum, daß er mit der permanenten Begutachung weitgehend ausgelastet sei: „Wir haben genug zu tun" (Interview 16). Dennoch ist in der Pflege-Fachöffentlichkeit die Phase verstärkter Qualitätsprüfungen nach § 80 SGB XI intensiv erörtert worden (vgl. Boucsein 1997; Brüggemann 1997; Schülke 1997; Stoll 1997b).

Dieser vermeintliche Widerspruch zwischen den Ambitionen der Kassen und den Erwartungen der Dienste und Einrichtungen ist nicht nur vor dem Hintergrund der Vergütungsverhandlungen interpretierbar: Von den meisten Pflegeverbänden wird die Qualitätssicherung als das Vehikel verstanden, mit dessen Hilfe der Pflegesektor weiter professionalisiert und ihre eigenen Funktionen weiter gestärkt werden können; wer hier mit eigenen Konzepten vorzieht, kann sich im Verbändesystem konsolidieren; diesem Umstand verdankt sich auch eine wichtige Funktion der Qualitätszertifikate. Auch die Pflegekassen legitimieren sich als Organisationen, die über das Vertragsgeschäft hinaus als Vertreter der Versicherten und korporative Nachfrager Qualitätsvereinbarungen mit den Verbänden der Leistungserbringer auf Bundesebene abschließen, wie etwa im stationären Bereich lange vor den Vergütungsverhandlungen (vgl. Sitte 1996). Schon die Vereinbarungen lassen jedoch erahnen, daß diese Form der dokumentationspflichtigen Standards einen Schub der Bürokratisierung auslöst.

Auch deshalb werden von den Diensten und Einrichtungen vor Ort die zeitraubenden Qualitätssicherungsmaßnahmen eher argwöhnisch betrachtet. Um aus Sicht der Verbände dennoch genügend Raum für dieses für sie wichtige Thema zu schaffen, werden die Qualitätsprüfungen dazu genutzt, selbst eine Drucksituation zu forcieren. Solche Strategien von Verbänden, aber auch Mitarbeitern in den Diensten selbst werden durch die Umsetzung der Pflegeversicherung vielfach beschleunigt, wie auch das Beispiel der MDK-Qualitätsrichtlinien zeigt (siehe oben). Der Strukturwandel in den eigenen Organisationen kann unter Verweis auf die gestiegenen Anforderungen externer Institutionen – auch wenn sie wie im Fall der MDK-Aktivitäten real nur wenig Auswirkungen haben – besser legitimiert und durchgesetzt werden.

Der juristische Hinweis, die im Bereich der Qualitätssicherung vorgesehene Funktion der Verbände der Leistungserbringer führe „zu einer Art faktischer Verkammerung, die den freien Trägern die Pflichten von Mitgliedern öffentlich-rechtlicher Körperschaften auferlegt, ohne ihnen deren Rechte einzuräumen" (Neumann 1994: 321), gerät dabei zu einer stark formalistischen Analyse. In der Verbandswirklichkeit spielt die Qualitätssicherung entweder eine Rolle als Marketing-Instrument für die Klientenwerbung. Dies geschieht dann aber im wesentlichen ohne direkten rechtlichen Einfluß. Oder es werden gemeinsame Richtlinien zur Qualitätssicherung zwischen den Verbänden der Kostenträger und denen der Leistungserbringer vereinbart. Doch diese werden in ihrer Bedeutsamkeit von den Qualitätsprüfungen des MDK deutlich überflügelt, auch wenn sie für die Verbände der Leistungserbringer die Funktion haben, Ansprüche zu formulieren, die später dann vergütungswirksam sein können.

Die wachsende Bedeutung des Pflegegesetzes für die Professionalisierung der Pflege und die entsprechende Ausrichtung der Qualitätskriterien verdeckt jedoch, daß insbesondere im stationären Sektor Qualität und Wettbewerb eher im hauswirtschaftlichen Bereich als in der Pflege verknüpft sind: „Wenn Leute in ein Heim ziehen, geben sie in erster Linie den Haushalt auf" und „Pflege will man nicht, die braucht man" (Interview 21), solche Äußerungen von Organisationsberatern in der Altenhilfe deuten daraufhin, daß auch die Diskussion um Qualitätssicherung die Bedeutung der Pflege für die Klienten und damit langfristig für den Wettbewerb systematisch überschätzt, auch aus berufspolitischen Gründen.

Die Pflegeversicherung überantwortet jedoch – indem sie wesentliche Funktionen der Qualitätssicherung an das Verbändesystem delegiert – die faktischen Anstrengungen neuer Angebote und Qualitätsmaßstäbe den Beziehungen zwischen Anbietern und Kostenträgern und damit indirekt auch berufspolitischen Interessen. Zwar ist die Qualität und Ausstattung von Einrichtungen und Diensten weiterhin ein viel stärkeres Kritierum als der Preis, um sich für ein Angebot zu entscheiden. Dennoch bleibt ein Hauptargument der Ökonomie sozialer Dienstleistungen bestehen: Soziale Dienstleistungen sind ein Vertrauensgut, dessen Struktur-, Prozeß- und Ergebnisqualität von den Klienten selbst a-priori nur begrenzt beurteilt werden kann (vgl. Kap. 5.1).

Die Pflegeversicherung mit ihrer Neu-Institutionalisierung eines Verbändesystems von korporativen Anbietern und korporativen Nachfragern verstärkt sogar noch die in der Sozialpolitik-Forschung lang bekannte „strukturelle Unterlegenheit des Klienten“ (Tennstedt 1976: 153), obwohl sie ihnen über die Wahl zwischen Geld- und Sachleistungen sowie die Einführung von Wettbewerbsmechanismen erstmals einen stärkeren direkten Einfluß einräumt.

Denn der Wettbewerb um Qualität – der aus der Sicht der Anbieter entscheidender ist als der von ihnen selbst nur sehr begrenzt beeinflußbare Wettbewerb um Preise – hebt die Probleme von Vertrauensgütern nicht auf. Und schon im Vorfeld der Entwicklung von Qualitätsstandards engagiert sich eine Reihe von Organisationen und Verbänden mit ihren skizzierten Eigeninteressen und flankiert von politischen Maßgaben, so daß auch weiterhin

> „das Publikum weitgehend nicht organisierter Sektor der Umwelt von Versicherungsträgern ist, im Regelfall kann es nur über die vereinzelnde Rechtssprechung auf die Verwaltung einwirken, deren Möglichkeiten zur Effizienzkontrolle von Sachleistungen außerordentlich gering sind“ (Tennstedt 1976: 153).

Daß die Klienten – zu denen auch ihre Angehörigen gehören – teilweise andere Interessenlagen haben als etwa Experten aus der Pflegewissenschaft oder Verbände der Leistungsanbieter, verdeutlicht eine abschließende Überlegung. Die mit der stärkeren Professionalisierung der Pflege einhergehende dominante Strategie der Qualitätssicherung ist die Qualifizierungspolitik (vgl. Bäcker/Heinze/Naegele 1995). Diese läuft mittelfristig jedoch auf eine Verteuerung der Pflege hinaus. Kostenbewußtsein und Preissensibilität angesichts eines begrenzten Budgets wachsen bei den Klienten und ihren Angehörigen jedoch mit der weiteren Institutionalisierung der Pflegeversicherung.

Möchten Klienten bei bestimmten Pflegeleistungen dann mehr Leistungen zu geringeren Qualitätsstandards einkaufen, so kann dies berufspolitischen Strategien zuwiderlaufen, generell hohe Standards festzuschreiben. Allerdings entfacht die Ökonomisierung vor allem bei den ambulanten Diensten eine größere Sensibilität für die Personalkosten. Die durch die Verhandlungen mit den Pflegekassen im Schnitt schlechteren Vergütungen als im SGB V-Bereich – der aber immer weniger zum Umsatz beisteuert (vgl. Kap. 4.3) – bedingen, daß weitaus mehr 620-Mark-Kräfte eingesetzt werden als zuvor (vgl. o. V. 1997: „Preisstrategie der Kassen“; o. V. 1998: „Am Ende teuerer“). Auch Wohlfahrtsverbände steuern auf einen neuen Personalmix zu (Interviews 07, 18). Über den Umweg der stärkeren Verbetrieblichung und Ökonomisierung werden damit Strategien der Verbände durch organisatorischen Wandel der Dienste und Einrichtungen ansatzweise konterkariert.

7.2 Die Institutionalisierung des Wettbewerbs und ihre Grenzen

Als Intention des Pflege-Gesetzes verfolgt der erstmalig im Sozialrecht installierte Wettbewerbsgedanke das Ziel, den Einfluß der Klienten zu stärken. Daher rührt auch der stärkere Zwang zur Transparenz, den insbesondere die Verbände der Leistungserbringer in den Verhandlungen spüren, und den die Pflegekassen politisch weitertransportieren sollen. Für die Vorbereitung von Verhandlungen ist Transparenz für die Pflegekassen ein strategischer Vorteil, weshalb sie in den Verhandlungen in NRW auch stets Abrechnungen, Personalnachweise und anderen Unterlagen verlangt haben, obgleich diese Methode eher zum (abgeschafften) Selbstkostendeckungs-Prinzip paßt (Interview 09). Aus Sicht der Pflegekassen in NRW sehen vor allem die Wohlfahrtsverbände „eindeutig in zu hoher Transparenz" (Interview 03).

7.2.1 „Vermarktlichung" vs. „Verbetrieblichung": die Funktion von Transparenz

Diese Haltung der Verbände spiegelt jedoch nicht unbedingt in erster Linie die Angst vor Markanteilsverlusten, sondern eher die Angst vor betrieblichem Kostendruck, stärkerer Differenzierung und entsprechenden innerverbandlichen Turbulenzen wider. Denn die Verbände-Beziehungen in NRW offenbaren, daß die von den Pflegekassen geforderte Transparenz nicht an die Klienten von Pflegeleistungen weitergeben wird. Obwohl die Politik die Umsetzung der Preisvergleichslisten anmahnt, sperren sich die Verbände der Pflegekassen, um sich nicht in einen lähmenden Konflikt zu verwickeln: „Wir werden die Vergleichs-Listen, so wie sie vorgesehen sind, in NRW nicht umsetzen" (Interview 17). Denn den Preisen müßten ausführliche Beschreibungen von Konzept, Qualität und Angebot der Dienste und Einrichtungen beigelegt werden, um überhaupt Vergleichbarkeit herzustellen. Etwaige „Fehlangaben" der Kassen könnten dann sofort Klagen nach sich ziehen (Interview 10). Man überlege, die Angebots-Beschreibung ganz den Diensten und Einrichtungen zu überlassen.

Diese Einschätzung der Pflegekassen offenbart, daß ein zentraler Wettbewerbs-Mechanismus – der Preis- und Qualitätsvergleich durch Klienten und Angehörige – durch die Logik der Kassen keineswegs gefördert wird. Diese Irritation wird noch dadurch verstärkt, daß die Antwort auf die Frage verschleppt wird, welcher Parameter denn nun den Wettbewerb bestimmen soll: die Qualität oder der Preis ? Nach der Logik der Pflegekassen sind die Qualitätsstandards relativ stark fixiert und in verbindlichen gemeinsamen Empfehlungen von Pflegekassen und Verbänden der Anbieter festgeschrieben, wie Harald Kesselheim, Leiter der Projektgruppe Pflege beim AOK-Bundesverband, noch 1995 formulierte:

„Auf diesen Qualitätskatalog wird sich der Pflegebedürftige verlassen können, wenn er sich die Leistungen am Markt einkauft. Wenn tatsächlich ein gewerblicher Anbieter diese Qualität zu einem niedrigeren Preis als andere anbietet, wird dies absehbare Folgen haben wie in anderen Feldern der Marktwirtschaft auch: die Kunden werden vom teuren zum preiswerten Anbieter wechseln" (o. V. 1995: Die Pflegeversicherung: 9).

Hier ist nicht der Platz, um die Fragwürdigkeit dieser Äußerungen komplett zu durchleuchten. Es ist bereits problematisch, von einer weitgehenden Standardisierung von Leistungen auszugehen, was die Kassen offenbar tun, denn nur dann macht ein Wettbewerb über Preisdifferenzierung Sinn. Doch im gleichen Interview wird offenbar, daß auch bei Qualitätsmerkmalen wie Geschäftszeiten Differenzierungen erwartet werden, die den Wettbewerb beleben (ebenda: 9). Werden aber Leistungen wie Preise zugleich differenziert, machen Preisvergleichslisten ohnehin keinen richtigen Sinn mehr, weil die Dienste kaum vergleichbar sind. Und dies ist – auch wegen befürchteter Klagen – ein wesentlicher Grund dafür, warum etwa in NRW Preisvergleichslisten von den Pflegekassen kaum konzipiert werden, obwohl sie das Gesetz fordert.

Die Differenzierung von Punktwerten und der Preisdruck auf Dienste sind der Forderung nach Einzelverhandlungen und dem Willen der Kassen geschuldet, ihre Nachfragermacht am Markt auch umzusetzen. Dies geschieht jedoch nicht in „advokatorischer" Absicht für die Versicherten und potentiellen Klienten, denn aussagekräftige Preisvergleichslisten wären das entscheidene Instrument dafür, differenzierte und niedrige Punktwerte in einen Wettbewerb durch Wahlmöglichkeiten der Klienten umzusetzen. Eine Aushandlung relativ „niedriger" Punktwerte folgt daher in erster Linie der politischen Maßgabe, möglichst viele Leistungen aus der Pflegeversicherung finanzieren zu können, um die Sozialhilfeabhängigkeit spürbar abzubauen und die Pflegeversicherung in der Bevölkerung zu legitimieren. Da aber die Kassen keine weisungsgebundenen Behörden der Ministerien darstellen, erklären sich die Unterschiede im Verhandlungsverhalten vor allem durch unterschiedliche Karrieremuster der Verhandlungsführer in den Kassen.

Aber auch die Verbände der Leistungserbringer – privat-gewerbliche wie frei-gemeinnützige – blockieren eine von neutralen Stellen wie den Verbraucherverbänden gelenkte Qualitätssicherung. Vorschläge des Landessozialministeriums in diese Richtung lehnen sie ab, weil die Verbraucherverbände dafür nicht kompetent seien (Interview 27). Es läßt sich die These aufstellen, daß die von den Kassen artikulierten Kontrollansprüche – unabhängig von ihrer durchaus vorhandenen Berechtigung angesichts der Management-Defizite so mancher Leistungserbringer – nicht in erster Linie dem Wettbewerbsgedanken geschuldet sind, sondern der Erzeugung von Kostendruck; der „Markt" ist hier weniger die entscheidene Ebene, sondern vielmehr der „Betrieb". In der politischen Gesamtlogik der Pflegeversicherung – zunächst einmal mehr anstatt bessere Leistungen – nimmt der Effizienzdruck durch das Verhandlungsverhalten der Kassen einen großen Stellenwert ein; im Vergleich dazu sind Vergleichbarkeit und Transparenz für die Kassen nur insofern von Belang, als günstige Informationsbedingungen für Vergütungsverhandlungen schaffen. Die Ansprüche an Leistungsnachweise und Abrechnungsunterlagen, die dabei entstehen, schaffen dabei sogar Raum für eine weitere Bürokratisierung der Pflege. Zudem ist deren Aussagewert auch für die Kassen beschränkt: Verlustnachweise können ihre Ursache schließlich auch in Organisations- und Managementmängeln haben (Interview 02).

Auch die Kreation des Modulsystems (vgl. Kap. 6.2) hat die Situation für die Klienten selbst noch unübersichtlicher gemacht, weil seine Struktur in erster Linie dem Kostenmanagement und weniger der Transparenz geschuldet ist. Daher verwundert es nicht, wenn auch Wohlfahrtsverbände mittlerweile ihre Mitarbeiter schulen, „Verkaufsgespräche" zu führen, in denen die einzelnen Module wegen ihrer „Kundenfeindlichkeit" überhaupt nicht auftauchen (vgl. o. V. 1996: Von der Leitungskraft).

Auch wenn der Trend zur „Vermarktlichung" im Vergleich zur „Verbetrieblichung" weitaus schwächer ausfällt, macht sich insbesondere im ambulanten Bereich eine Verdrängungs-Konkurrenz bemerkbar. Denn hier sind die Markteintrittsschwellen relativ niedrig: die Investitionskosten sind gering, die Anforderungen an die Personalqualifikationen mit Ausnahme der leitenden Pflegefachkraft ebenfalls. Entsprechend explodiert sind insbesondere im privat-gewerblichen Sektor in NRW – wie auch in anderen Bundesländern – die Zahlen der Dienste: Etwa 70 Prozent der Dienste sind erst ab den 90er Jahren entstanden, die meisten davon bis heute von Freiberuflern getragen, die sich meist vom Krankenhaus aus die Selbständigkeit aufgebaut haben (vgl. Ministerium für Arbeit, Gesundheit und Soziales 1995: 39f.). Und gerade bei den Freiberuflern ist die Fluktuation von Marktein- und -austritt besonders hoch.

Die Strukturierung des Marktes durch Schutzmechanismen vor Dumping-Konkurrenz ist eine der wesentlichen Aufgaben der privat-gewerblichen Pflegeverbände, die sich gemeinsam mit den Wohlfahrtsverbänden für die Festschreibung von Qualifikations-Kriterien einsetzen und auch deshalb den Zertifizierungs-Kreislauf in Gang gesetzt haben. Auf diese Weise verfolgen auch sie eines der klassischen Verbandsziele, nämlich Marktzutrittsbarrieren zu errichten, um auch als Verbände mit selbständigen Mitgliedern ein Kollektivgut anbieten zu können, das die Mitglieder alleine nicht produzieren können.

7.2.2 *Die Regulierung des Marktes: Wettbewerbsmechanismen außerhalb des Verbändesystems*

Die eigentlich charakteristische Wirkung des Pflegeversicherungs-Gesetzes besteht jedoch nicht in tatsächlich stärkerem Wettbewerb, sondern vielmehr in der Neukonstruktion der Vertragsbeziehungen, dem stärkeren Kostendruck und der daraus folgenden Aufwertung der „betrieblichen" Ebene. Aus juristischer Sicht mag man die „Verbandlichung" als einen klassischen Fall von „kooperativem Recht" verbuchen (vgl. Neumann 1994: 319). Aus der Perspektive der politischen Soziologie fällt jedoch in erster Linie die Funktion der Konfliktverschiebung auf, die mit der Delegation wesentlicher Aufgaben in das Verbändesystem erreicht wird. Und die Konflikte sind institutionalisiert, weil die Pflegekassen wenig Ambitionen haben, viele Ressourcen für Wirtschaftlichkeitsprüfungen zu verwenden und stattdessen die Vergütungsverhandlungen nutzen, um mit einem gewissen Budget-Druck vermutete Wirtschaftlichkeitsreserven zu mobilisieren.

Daß durch die parallele Stärkung von Vertragsbeziehungen und betrieblicher Ebene auch etwa die intrapersonellen Rollenkonflikte in Verbänden verstärkt werden, wird in erster Linie an den privat-gewerblichen Verbänden deutlich. Ein nordrhein-westfälischer ambulanter Pflegeverband mit einem Pflegedienst-Inhaber als Vorsitzendem illustriert diesen Konflikt. Er kann sich vorstellen, in Zukunft Patienten unterschiedliche Punktwerte zu berechnen und dann im Betrieb querzusubventionieren. Eine solche Preis-Strategie würde das Verhandlungsmandat der Verbände für feste Punktwerte allerdings radikal in Frage stellen.

Bislang werden etwaige „zu hohe" Punktwerte von einigen Diensten dadurch kompensiert, daß mehr Einsätze für das Budget des Versicherten gefahren werden (Interview 10). Solche Rollenkonflikte mindern sich durch die wachsende Professionalisierung auch der privat-gewerblichen Verbände, die in NRW nun alle mit hauptamtlichen Geschäftsführern agieren. Dennoch zeigt dieser Konflikt, daß die Verbände ihre Vertragskompetenzen permanent legitimieren müssen, wenn auf der betrieblichen Ebene die eigentlichen Spielräume darin liegen, situationsbedingte Preise vor Ort mit den Klienten vereinbaren zu können.

In einer Hinsicht verstellen gerade die Vergütungsverhandlungen den Weg zu mehr Wettbewerb, weil die Konflikte verständlicherweise um Leistungen kreisen, die bei den Pflegekassen abrechenbar sind. Daneben ist jedoch genügend Platz für Wahl-Leistungen, die jeder Dienst, jede Einrichtung entwickeln und den Klienten privat in Rechnung stellen kann, vor allem im hauswirtschaftlichen Sektor; weil dieses Segment im Vergleich zu den Leistungskomplexen und Pflegesätzen dem Verbändesystem entzogen ist, existieren sowohl preislich als auch in der Art des Angebots bei Wahl-Leistungen weitaus mehr „Wettbewerbsmöglichkeiten". Vor diesem Hintergrund bekommt auch das ursprüngliche Votum der Wohlfahrtsverbände für ein reines Geldleistungs- und kein Sachleistungsgesetz seinen eigentlichen Sinn (vgl. Maschmann 1993). Hier wäre die Preisgestaltung für alle Leistungen in die Autonomie der Verbände und ihrer Mitglieder gefallen, die institutionalisierte Kontrolle über korporative Nachfrager wie die Pflegekassen weggefallen.

Damit setzt auf dialektische Weise das Verbändesystem mit seinen Vergütungsverhandlungen den Wettbewerb frei, gerade weil es ihn in wesentlichen Teilen nicht fördert. Der Effizienzdruck auf die Träger wird erhöht, ein Leistungsvergleich aus dem Kalkül der Kassen, aber auch der Leistungserbringer eher erschwert; damit ergibt sich sowohl die Notwendigkeit als auch die Möglichkeit, Felder neben den Regulierungen der Pflegeversicherung zu entwickeln: Die Regulierung schafft Raum für Wettbewerb. Angesichts größer Vermögenswerte in den älteren Generationen gibt es ausreichend Nährboden für diesen Wettbewerb (vgl. Bäcker/Heinze/Naegele 1995).

Organisationen wie die CBT als Tochterorganisation der Caritas haben dieses Segment – ähnlich wie viele privat-gewerbliche Einrichtungen und Dienste – schon vor der Einführung der Pflegeversicherung gepflegt. Die stärkere Kommunikation solcher Modelle durch die Umsetzung der Pflegeversicherung setzt auch hier einen Mechanismus der „Imitation" in Gang.

7.3 Die Transformation gemeinnütziger Träger und ihrer Verbände

Während Berufspolitiker die Umsetzung der Pflegeversicherung nutzen, um pflegewissenschaftliche Erkenntnisse stärker zu etablieren, prägen die Verbandspolitik der privat-gewerblichen Pflege-Verbände sowie die Anforderungen der Pflegekassen einen anderen Schwerpunkt: Organisation und Management von Diensten und Einrichtungen. Schon die Qualitätsprüfungen durch den MDK zeigen an, welche Elemente von Qualität tatsächlich geprüft werden. Es sind weniger inhärente Merkmale der Pflege – denn diese ist bei einer Stichprobenprüfung nur ansatzweise in ihren möglichen Wirkungen zu prüfen –, sondern vielmehr Aspekte der Arbeitsorganisation und Führung, wie sie bei mehr als 30 Qualitätsprüfungen in NRW im Mittelpunkt standen: „Wie will die Pflegefachkraft auch entscheiden, ob die Defizite augenblicklich oder systematisch sind ?" (Interview 12).

Konzepte für Betriebsvergleiche (vgl. Sießegger 1997) oder Studien über die Effektivität von Leistungskomplexen (vgl. Braun/Tews 1997) aus dem Umfeld von sozialen Unternehmensberatungen und privat-gewerblichen Verbänden schärfen die Perspektive des Managements in der Altenhilfe.

Weil auch in den Wohlfahrtsverbänden vor allem einige Trägerorganisationen ebenfalls ihre Leistungen stärker betrieblich und weniger weltanschaulich definieren, sind die gemeinnützigen Wohlfahrtsverbände in einen internen wie externen Prozeß des Organisationslernens geraten.

7.3.1 Innerkatholische Konkurrenz: die Caritas- Betriebsführungs- und Trägergesellschaft mbH

Illustrativ dafür kann das Beispiel der CBT als einer der Caritas zugehörigen, aber selbständigen Trägerorganisation in Köln gelten. 1979 – noch zu sehr komfortablen Pflegesatz-Zeiten in der Altenhilfe – wurde sie als selbständige Trägerorganisation für den stationären Altenhilfebereich aus dem Diözesan-Caritasverband Köln ausgegründet. Damit ist die CBT so etwas wie der Archetypus einer GmbH-Ausgründung, wie sie seit Mitte der 90er Jahre in vielen Wohlfahrtsverbänden anzutreffen sind. Damals galt noch stärker als heute: „Die GmbH als Rechtsform war schwierig einzuführen in der Kultur der Caritas, wo überall e.V.s dominieren" (Interview 04).

Mit 19 Einrichtungen, 17 in der stationären Altenhilfe und zwei anderen in der Behindertenhilfe, sowie rund 1700 Mitarbeitern und rund 2600 Bewohnern repräsentiert die CBT einen relativ großen Träger, der weiträumig im Rheinland vertreten ist (vgl. Caritas- Betriebsführungs- und Trägergesellschaft mbH 1996). In einigen Gebieten im Rheinland – weniger in Köln – tritt die CBT durchaus als Konkurrentin zu Einrichtungen der örtlichen Caritasverbände auf. Daß außerdem die Neugründung von ambulanten Diensten als Ergänzung des Heimangebots auch vom Bistum Köln als mögliche kontraproduktive „innerkatholische Konkurrenz" angesehen wird und damit „ein bißchen heikel" (Interview 06) ist, illustriert das Verhältnis zwischen der CBT und den anderen Caritas-Trägern.

Der langjährige Geschäftsführer der CBT exponiert sich häufig in der Öffentlichkeit, meist mit Themen zur Qualität von Dienstleistungen und zu Management-Fragen. Dessen Betonung der Spielräume von Trägern, wenn es unter Kostendruck darum geht, mit Neuorganisation und eigenen Qualitätsmaßstäben den Rationalisierungsdruck zu kontern, konterkariert dabei teilweise die Strategien von verbandspolitischen Einheiten der Caritas (vgl. o. V. 1997: Verliert die Altenpflege an Qualität ?). Denn um ungünstige Rahmenbedingungen zu verändern, müssen diese zunächst als Hemmnis von Konsolidierung und Weiterentwicklung deklariert werden, bevor eigene Potentiale ins Spiel gebracht werden können. Bei der Forderung nach besserer Berücksichtigung gerontopsychiatrischer Leistungen mußte die CBT mit ihrem Geschäftsführer daher schon Kritik aus der Caritas einstecken (Interview 18). Die zahlreichen Reibungspunkte – „Wo steht da eigentlich noch Caritas drauf ?" fragten einige Kollegen (Interview 18) –, werden dadurch noch verstärkt, daß Pflegekassen und privat-gewerbliche Verbände die CBT als Träger mit hoher betriebswirtschaftlicher Kompetenz hervorheben, ebenso wie das Ministerium (Interviews 10, 27).

Die CBT repräsentiert damit innerhalb der Gemeinschaft der Wohlfahrtsverbände einen Typus von Träger, der seit einigen Jahren – und nun verstärkt durch die Umsetzung der Pflegeversicherung – als Wegmarke angesehen wird: ein Trägerverbund mit synergetischen Angeboten, unterstützt von einem kleinen, aber zentralisierten Overhead mit betriebswirtschaftlichem Profil (Interview 13). Und sie demonstriert den Wohlfahrtsverbänden auf örtlicher Ebene, daß deren Geschäftsführer einen kompletten „Gemischtwarenladen" führen müssen, während bei Pflege-Verbünden wie der CBT die Geschäftsführung ausschließlich den Pflegebereich verantwortet. Die Situation in den örtlichen Wohlfahrtsverbänden blockiert eine derartige Professionalisierung des Managements eher. Leistungselemente wie eine eigene ausgebaute Hauswirtschaft oder auch eingekaufte Zusatzleistungen können solchen Verbünden ihr eigenes Profil vermitteln. Gerade das Beispiel der CBT zeigt allerdings auch, daß solche Verbünde durch ihr Eigengewicht kaum noch in die klassischen Verbandsstrukturen einzupassen sind.

Außerdem üben solche Organisationstrends weiteren Druck auf Strukturen aus, die in den Verbänden bereits breit infragegestellt werden, wie etwa die tarifvertraglichen Rahmenbedingungen. So wird von den meisten Caritasverbänden der hauseigene AVR als zu teuer und unflexibel empfunden, um auf die sich ändernden Rahmenbedingungen reagieren zu können: „Den AVR legt man mir um den Hals, die Preise auch" (Interview 07; Interviews 04, 05, 06, 14, 18). Da die Preise in den jetzigen und kommenden Verhandlungen mehr und mehr nach Einrichtungen und Diensten differenziert werden, wächst der Anspruch der Träger, bislang zentral regulierte Paramenter wie Entlohnung autonomer steuern zu können. Und auch diese Entwicklung stellt die bisherigen Verbandsstrukturen infrage.

7.3.2 Die Diffusion von Organisationsmythen: Konsequenzen für die Verbände

Unter den neuen Bedingungen der Pflegeversicherung sind viele kleinere Träger nicht mehr „betriebsoptimal" organisiert, und ihre begrenzten personellen wie finanziellen Ressourcen reichen oft nicht aus, um buchhalterischen und organisatorischen Anforderungen der Pflegeversicherung zu genügen. Sie geben ihre Einrichtungen an größere Träger ab, die dadurch weiter wachsen. Diese wiederum haben den Vorteil, daß ab einer bestimmten Größe – die meist über den Grenzen für die Invesititionskostenförderung in NRW liegt – das Personal zeitlich flexibler eingesetzt werden kann. Zudem können dann Bereiche wie hauswirtschaftliche Leistungen, die in den letzten

Jahren meist aus Kostengründen ausgegründet wurden, wieder an zentraler Stelle integriert werden, weil erkannt worden ist, daß gerade dieser Bereich die Erstentscheidungen von Bewohnern stark beeinflußt und die trägereigene Steuerung der Qualität dieser Leistungen bei Ausgründungen kaum noch möglich ist.

Die Gründung von Verbünden ist zwar kein bloßer Reflex auf die Pflegeversicherung, wird aber dadurch katalysiert. So ist beispielsweise die offene Frage nach der Finanzierung von Overhead-Kosten auch dadurch beantwortbar, daß in den Trägerverbünden rationalisiert und zentralisiert werden kann (Interview 13). Daß Management-Fragen weitaus stärker als in den 70er und 80er Jahren Einzug vor allem in die Wohlfahrtsverbände gefunden haben, entspringt nicht nur gewachsenem Kostendruck und dem Einfluß der Pflegeversicherung. Ironischerweise haben auch die Spitzenverbände selbst unfreiwillig daran mitgewirkt, daß die betriebswirtschaftliche Professionalisierung der Träger und ihrer Einrichtungen und Dienste beschleunigt wurde. Zu Beginn der 90er Jahre adaptierten viele Altenhilfe-Referenten in den Verbänden – die dort auch für die Fort- und Weiterbildung zuständig sind – Schemata aus der klassischen Managementlehre, um durch diese Kontrastierung die Fortbildungsangebote zu beleben, wie Organisationsberater aus der Altenhilfe mitverfolgt haben (Interview 21).

Mitarbeiter, die nicht unmittelbar in der Pflege engagiert waren, konnten damit ihr eigenes Berufsbild stärker profilieren und trugen die Ideen in die Trägerorganisationen hinein: neue „Organisationsmythen“ [99] kursierten. Da das Ganze mit einer gewissen Zeitverzögerung in den Organisationen adaptiert wurde, nimmt es kein Wunder, daß sich unter den Mythen auch solche befinden – etwa bestimmte Formen der Gruppenarbeit –, die in produzierenden und anderen Unternehmen schon wieder verworfen worden sind (vgl. Kurz/Veit 1994). Auch diese Organisations- und Management-Mythen haben eine Entwicklung beeinflußt, aus der die betriebliche Ebene als Leistungsebene gestärkt hervorgeht und neue Kompetenzen erwirbt. Und die Adaption ähnlicher Mythen in unterschiedlichen Trägern bewirkt, daß sich die Struktu-

---

99 Der Begriff des „Organisationsmythos“ ist wertneutral gemeint im Sinne der Organisationssoziologie. Dort beschreibt er Organisationselemente und -modelle, die nicht – oder nicht nur – aufgrund ihrer objektiv erkennbaren Zweckmäßigkeit und Angemenssenheit erfolgreich sind, sondern auch – oder nur – wegen einer von Schlüsselorganisationen und -akteuren der Umwelt kommunizierten Erwartungshaltung (vgl. Meyer/Rowan 1978). Starke Abhängigkeiten von Organisationen aus der Umwelt und bzw. oder Verunsicherungen über die Identität der eigenen Organisation erleichtern die Übernahme solcher Mythen, die organisationsintern durchaus kontraproduktiv sein können, aber nicht sein müssen (vgl. di Maggio/Powell 1991). Einige Mythen wirken in der Altenpflege etwas deplaziert, wie die Konzepte der „Lean Production“ (vgl. KDA 1997). Einfache Strukturen und Team-Arbeit war in diesem Feld schon deswegen die Normalform, weil alle zentralen Aufgaben von den Spitzenverbänden übernommen wurden und die Einrichtungen und Dienste selbst kaum betriebliches Know-how besaßen. Daß sie dennoch kursieren, demonstriert, wie verunsichert einige Akteure über ihre eigenen Kompetenzen sind.

ren auf dieser Ebene auch in ähnlicher Weise umformen: „mimetischer Isomorphismus“ durch Imitation (vgl. Kap. 3.4). Daß die Trägerebene dann die Leistungen der Spitzenverbände allmählich hinterfragt, ist somit auch nichtintendierte Folgewirkung ihrer Tätigkeiten in der zentralen Weiterbildung.

Es ist unverkennbar, daß auch Trägerstrukturen wie die der CBT oder größerer privat-gewerblicher Träger die Vorlage für eine „Imitationskonkurrenz“ geliefert haben. Daneben existieren noch andere Kanäle, über die „Organisationsmythen“ transportiert werden, etwa über die „Hausbank“ der Wohlfahrtsverbände, die Bank für Sozialwirtschaft (BFS), die mittlerweile auch eine Reihe privat-gewerblicher Anbieter zu ihren Kunden zählt. Die BFS berät ihre Kunden nicht nur in Fragen der Pflegeversicherung, sondern kommuniziert bei dieser Gelegenheit, wie auch in ihren Informationsschriften Modelle von Aktiengesellschaften und besonderen Unternehmensformen in der Altenhilfe, um Beispiele für unternehmerisches Handeln im Sozialsektor zu präsentieren (Interview 23).

Die Bank selbst hat dieses Denken – so eine These – noch stärker bei sich selbst ausgeprägt, seitdem sie von der GmbH in eine Aktiengesellschaft umgewandelt wurde, und gibt es nun verstärkt an die Kunden weiter. Da der privat-gewerbliche Kundenstamm wächst, ist die Wahrscheinlichkeit groß, daß bei der Beratung auch Erfahrungen und Konzepte zwischen gemeinnützigen und privat-gewerblichen Trägern diffundieren. Auch über soziale Unternehmensberatungen – ironischerweise meist Ausgründungen aus Wohlfahrtsverbänden wie die Solidaris GmbH in Köln – werden Organisationsmythen und -technologien aus der gewerblichen Wirtschaft in die Verbände und ihre Mitglieder hineingetragen.

Die intensive Debatte über Leitbilder in den Wohlfahrtsverbänden hat allerdings komplexere Ursachen und ist nicht in erster Linie mit der Adaption eines erfolgreichen Management-Mythos zu „erklären“. Sie verdankt sich m. E. keineswegs dem angeblich größeren Wettbewerb und entsprechendem Profilbedarf, wie von den Verbänden selbst meist kolportiert wird. Wäre dies so, so hätte insbesondere die Caritas – die einen mehrstufigen Diskussionsprozeß über ein Leitbild in Gang gesetzt hat[100] – ein solches Leitbild angesichts einer der stärksten Formen der „Corporate Identity“ – der katholischen Caritas eben – kaum nötig.

Daß der Prozeß dennoch in Gang gesetzt wurde, läßt eher auf zwei Dinge schließen: Zum einen darauf, daß die vor allem durch die Pflegeversicherung und andere sozialrechtliche Novellierungen bewirkte Aufmerksamkeit für die konkrete Dienstleistungs-Erstellung eine Ebene innerhalb der Verbände ins Blickfeld rückt, deren Routinen weitaus weniger direkt an die weltanschauliche Wurzel des Verbandes angebunden sind als die Aufgaben der verbandspolitischen Abteilungen. Um die Integration des Verbandes

---

100 Siehe dazu die Dokumentation eines Entwurfs und die Vorschläge für den weiteren Diskussionsprozeß in Caritas 97 (1996), 3.

weiterhin zu gewährleisten, müssen sowohl die Leistungsebenen einen Bezug zum verbandlichen Proprium angeboten bekommen, als auch die Ebenen im Spitzenverband Verbindungen zwischen verbandlichem Profil und Art der Leistungserstellung herstellen können. Zum anderen läßt die Leitbild-Diskussion darauf schließen, daß Säkularisierung und neue Generationen von Quereinsteigern – wie sie auch die Bank für Sozialwirtschaft seit den 90er Jahren beobachtet (Interview 23) – einen Prozeß beschleunigen, in dem die Integrationskraft der weltanschaulichen Wurzeln immer weniger wirkt. Auch dies ist ein Aspekt des Wandels „von der Wertgemeinschaft zum Dienstleistungsunternehmen" (Rauschenbach/Sachße/Olk 1995). Dies gilt für alle Wohlfahrtsverbände in unterschiedlicher Intensität.

Die Diskussionen um das konfessionelle Tarifrecht – den „dritten Weg" – und die stärkere Profilierung als Arbeitgeberverbände zeugen ebenfalls davon, daß der lange Zeit integrierend wirkende „Mythos" einer Dienstegemeinschaft durch die Normalisierung der Beschäftigungsverhältnisse und den Strukturwandel der Verbände zu „Quasi-Arbeitgeberverbänden" kaum noch funktional ist. Noch zu Beginn der 90er Jahre wurden Einschätzungen zu kirchlichem wie wohlfahrtsverbandlichem Arbeitsrecht verbreitet, die nun nicht mehr in dieser Breite gelten:

> „Auch ist die Kirche wegen einer Unvereinbarkeit des antagonistischen Tarifsystems mit dem Grundverständnis einer kirchlichen Dienstgemeinschaft prinzipiell nicht bereit, sich auf Tarifverträge mit Gewerkschaften, was systemimmanent gegebenenfalls auch Arbeitskämpfe einschließt, einzulassen" (Dütz 1991: 126).

Diese Haltung wird durch die Ausgründungen von GmbHs, den Wechsel in andere Tarifgebiete und die separate Gründung von Arbeitgeberverbänden (Interview 28) konterkariert. Denn modernisierte Leitbilder sind – so läßt sich eine weitere These anschließen – auch deswegen vonnöten, weil eine Reihe von Ausgründungen – häufig in der Rechtsform der GmbH – die Zentrifugalkräfte in den Wohlfahrtsverbänden erhöht hat, wie dies auch von Ausgründungen und Profit Centern in gewerblichen Unternehmen bekannt ist (vgl. Deutschmann et al. 1995; Hirsch-Kreinsen 1995). GmbH-Ausgründungen werden meist weniger von den Einrichtungen selbst betrieben als von den Kreis- und Spitzenverbänden. Die Motive sind vielfältig. Häufig steht die Risikotrennung im Vordergrund: Der Verband als Idealverein haftet im Falle eines Konkurses nicht für die GmbH als Zweckverein.

Ein anderes Motiv liegt darin, in einer Phase stärkerer Professionalisierung beim Management der Leistungserstellung den dominanten Einfluß von ehrenamtlichen Vorständen in der Rechtsform des eingetragenen Vereins gegen eine stärkere Autonomie des Geschäftsführers in einer GmbH einzutauschen. In bestimmten Fällen können die Wohlfahrtsverbände auf diese Weise aber auch „teure" Tarifverträge umgehen, indem sie mit neu zugeschnittenen GmbHs in günstigere Tarifgebiete wechseln können, wenn beispielsweise der hauswirtschaftliche Bereich ausgegründet wird. Auch können dadurch Arbeitszeiten flexibilisiert, die Arbeitsorganisation reformiert und geringfügige Beschäftigungsverhältnisse installiert werden (vgl. Beyer-Peters 1996). Alle diese Motive spiegeln den gewachsenen Kostendruck wider. Aus der Perspektive der Steuerung moderner Dienstleistungsorganisationen zeichnen sich allerdings auch schon wieder Gegentrends ab: das „Insourcen" ehemaliger Ausgründungen soll helfen, die Qualitätskomponenten – wozu Essen und bestimmte bewohnernahe Reinigungsdienstleistungen zentral gehören – wieder stärker selber prägen zu können (Interview 21).

Die Aufwertung der Ebene der Leistungserstellung – woran die Umsetzung der Pflegeversicherung einen bedeutenden Anteil hat – wirft zwangsläufig aus Sicht der Einrichtungen und Dienste Fragen an die Struktur der Spitzenverbände auf, weil diese ja die neuen Rahmenbedingungen als Verhandlungspartner der Kassen – ob bei separaten oder zusammengefaßten Verhandlungen – wesentlich mitgestalten. In der Bank für Sozialwirtschaft registiert man jedoch, daß die meisten Spitzenverbände auf Landes- und Bundesebene hauptsächlich nach föderalen und fachlichen Gesichtspunkten organisiert sind, nicht nach „Hauptgeschäftsfeldern", wie es zum Beispiel die Pflege darstellt (vgl. Becher 1996).

Dazu paßt die Kritik eines konfessionellen Trägers, in den Spitzenverbänden würde die politische Lobby-Arbeit und die fachliche Beratung im entsprechenden Feld zumeist in Personalunion geleistet, was vordergründig Synergien schaffe, tatsächlich jedoch einen Schub der Professionalisierung durch stärkere organisatorische Differenzierung verhindere (Interview 28).

Daß aber auch auf Spitzenverbandsebene Organisationsmythen adaptiert worden sind, die zunächst einmal in legitimatorischer Absicht die Modernisierungsfähigkeit des Verbandes dokumentieren sollen (vgl. diMaggio/Powell 1991) und die Anforderungen aus Sicht der Träger nicht unbedingt treffen muß, führt exemplarisch die Auffassung von Verbandsvertretern des Diözesan-Caritasverbandes Köln vor Augen:

> „Angesichts solcher Herausforderung läßt sich sagen, daß die Caritas für den Wettbewerb im sozialen Dienstleistungsbereich gerüstet ist. Dies zeigt schon das Beispiel des Diözesan-Caritasverbandes in Köln. Dort sind in den letzten fünf Jahren die Organisationsstruktur schlanker gestaltet, eine Stabsstelle für den Bereich Personalentwicklung und eine Stelle zur Wahrnehmung von Controlling-Aufgaben eingerichtet worden" (Dünner/Gebhardt 1996: 61).

Die erwähnten Organisationsreformen mögen durchaus wichtig sein, decken aber nicht das Erfordernis ab, eine umfassende Beratungskompetenz nach Geschäftsfeldern geordnet und personell wie organisatorisch getrennt aufzubauen. Allerdings ist dies in Köln auf andere Weise gelöst worden: Es wurde eine Unternehmensberatung ausgegründet, an der der Diözesan-Verband als Gesellschafter beteiligt ist.

Allerdings beobachtet die Bank für Sozialwirtschaft, daß gerade die größeren Trägerverbünde mit den neuen Organisationsstrukturen in der Lage sind, umfangreichere Management-Kompetenzen vorzuhalten als dies vorher möglich war (Interview 23). Auch damit koppeln sie sich schrittweise aus dem verbandlichen Dienstleistungsangebot aus.

7.4 Die Transformation des Verbändesystems

Resümiert man die Verhandlungs-Prozesse und Verhandlungsergebnisse zwischen Verbänden der Leistungserbringer und Verbänden der Pflegekassen in NRW, so schneiden die Wohlfahrtsverbände angesichts höherer Punktwerte besser ab als die Verbände der privat-gewerblichen Dienste. Das liegt zum einen daran, daß die Wohlfahrtsverbände auch in diesem Feld mit ihrer Kommission Pflegeversicherung konzertiert vorgegangen sind und ihre Mitglieder disziplinieren konnten, keine separaten Verhandlungen zu führen. Unter den privat-gewerblichen Verbänden besteht hingegen Uneinigkeit, personelle Konkurrenzen prägen das Verhältnis untereinander.

Dennoch bietet sich eine Interpretation an, derzufolge sich Organisationsziele und -instrumente gemeinnütziger und privat-gewerblicher Verbände nicht mehr so klar voneinander unterscheiden und auch angleichen: Prozesse des organisatorischen Lernens und der „Politik-Diffusion" sind erkennbar. Betrachtet man die Sphäre der Machtbeziehungen zwischen Kostenträgern und Anbietern als eine Sphäre der „Politisierung" und unterscheidet diese von der zweiten wesentlichen Wirkung der Pflegeversicherung, der „Ökonomisierung" der Leistungserstellung, so soll im folgenden erörtert werden, welchen Anteil das Verhältnis zwischen privat-gewerblichen Verbänden und Wohlfahrtsverbänden an der „Politisierung" des Verbändesystems wie auch der Wohlfahrtsverbände selbst hat.

7.4.1 Wandel durch Annäherung: privat-gewerbliche und gemeinnützige Logiken

Im Kalkül der Pflegekassen spielt eine Prämisse staatlichen Handelns kaum eine Rolle, die die jahrelange Zusammenarbeit zwischen Sozialhilfeträgern und Wohlfahrtsverbänden besonders geprägt hat: das Subsidiaritätsprinzip und der Sonderstatus gemeinnütziger Einrichtungen und Dienste. Ihre Politik beschleunigt daher die Entwicklung „vom Status zum Kontrakt", die sich indirekt auch schon im Verhältnis von Staat und Wohlfahrtsverbänden niederschlägt, wie das Beispiel der Förderrichtlinien für komplementäre ambulante Dienste gezeigt hat (vgl. Kap. 6.1.1).

Den schwächeren Organisationsgrad der privat-gewerblichen Verbände konnten die Pflegekassen dabei nutzen, um über niedrigere und differenzierte

Abschlüsse wiederum den Druck auf die Wohlfahrtsverbände zu erhöhen. Doch im Ergebnis der ersten Verhandlungsrunden haben sich auch unterschiedliche Strategien und Verhaltensweisen der Verbände offenbart. Unterstützt von ihren Bundesverbänden analysieren die privat-gewerblichen Verbände die durchschnittliche Kostensituation von Diensten und Einrichtungen und leiten daraus Erfordernisse für die nächsten Verhandlungsrunden ab (vgl. Tews 1997b). Verbände wie der LfK in NRW haben auch Software für die Mitglieder entwickelt, mit deren Hilfe der individuelle Punktwerte-Bedarf ermittelt werden kann (Interview 25). Aus den Ergebnissen können im übrigen auch wieder Rückschlüsse für die Verhandlungen gezogen werden.

Beide Beispiele zeigen aber auch, daß die privat-gewerblichen Anbieter neben der Informationspolitik über die Produktion von Kollektivgütern ihre Arbeit vor den Mitgliedern zu legitimieren suchen. Zugleich erhöhen sie dadurch ihre eigene Strategiefähigkeit, weil sie dieses Wissen für Scheinzugeständnisse und Forderungen in den Verhandlungen einsetzen können. Die Anforderung, die betrieblichen Belange ihrer Mitglieder als Interessenverbände zu vertreten, bedingt, daß sich privat-gewerbliche Verbände vor allem Kompetenzen im betriebswirtschaftlichen Bereich angeeignet haben und diese auch in politischen Gremien wie dem Landespflegeausschuß oder in Beratungen mit dem Sozialministerium verwenden. Politische Institutionen wie das Sozialministerium in NRW greifen auf das Know-how einiger Privater zurück: „Im VdAB haben wir mittlerweile einen regelrechten Partner gefunden" (Interview 27). Andere privat-gewerbliche Verbände verkannten hingegen die politischen Anforderungen wie etwa bei der Organisation der Altenpflege-Ausbildung und der Altenpflegeumlage: „Sie sind primär an Erträgen orientiert" (ebenda).

In diesen Aussagen des Ministeriums versteckt sich ein Dilemma der meisten privat-gewerblichen Verbände: Obwohl bislang in den Machtbeziehungen zu den Kostenträgern schwächer als die Wohlfahrtsverbände, verschafft ihnen die stärkere betriebliche als pflege-fachliche Ausrichtung eine Reputation als „pragmatische" Interessenverbände. Zugleich jedoch fehlt ihnen das Wissen um politische Aushandlungen und parlamentarische Abstimmungen, über das die Wohlfahrtsverbände verfügen. Um hier ähnliche Positionen zu erlangen wie die Wohlfahrtsverbände, ist die privatgewerbliche Verbändelandschaft jedoch zu stark zersplittert. Die Konkurrenz um die Anerkennung und Zuteilung eines Repräsentations-Status ist so stark ausgeprägt, daß einzelne Verbände sogar planen, gegen Neugründungen von Bundesverbänden zu klagen, weil diese keine echte bundesweite Struktur besäßen (Interview 12).

Daher rechnet jeder der privat-gewerblichen Verbände damit, daß sich die Landschaft stark bereinigen wird und letztlich nicht mehr als drei Verbände – zwei ambulante und ein stationärer – übrigbleiben (Interviews 12, 15). Das konzertierte Vorgehen der Wohlfahrtsverbände mit ihrer Kommission Pflegeversicherung gilt den privat-gewerblichen Verbänden durchaus als vorbildlich. Und ähnlich wie die Wohlfahrtsverbände liegt auch den privat-gewerblichen Verbänden daran, über Qualifikationsstandards, Qualitätsempfehlungen u.ä. den Markt zu strukturieren und Markteintritte zu steuern. In dieser Hinsicht gleichen sich beide Verbandstypen stärker an.

Auf der anderen Seite haben die privat-gewerblichen Verbände auf Bundesebene strategisches Terrain gewonnen, indem beinahe alle auf Bundesebene vertretenen Verbände gemeinsam ein alternatives Leistungskomplexsystem vorgeschlagen haben (vgl. o. V. 1997: Mehr Transparenz). Mit dem Argument, diese Alternative trenne die Komplexe klarer und sei daher übersichtlicher, wird eine Brücke zu den Interessenlagen der Pflegekassen gebaut und gleichzeitig die verbandliche Autonomie gestärkt. Auch hier dokumentiert sich die strategische Fähigkeit der privat-gewerblichen Verbände – trotz begrenzter Ressourcen und zahlreicher Konkurrenzen –, die Funktion der Kollektivgüterproduktion ins Zentrum verbandlichen Handelns zu stellen. Die Wohlfahrtsverbände akzentuieren dies nicht so deutlich, weil über traditionell gewachsene Status-Positionen der freien Wohlfahrtspflege sich die einzelnen Verbände bislang gegenüber den Mitgliedern nicht primär über kollektive Dienstleistungen legitimieren mußten.

Der Druck der selbständigen Mitglieder ist in den privat-gewerblichen Verbänden jedoch ungleich größer und wird durch Fluktuation zwischen den Verbänden weiter verschärft. Denn in den Fragen, in denen auch die privat-gewerblichen Verbände „Status" gegen „Kontrakt" eintauschen wollen wie bei der Repräsentation im Landespflege-Ausschuß, um über die Arbeit dieses Gremiums hinaus Vertretungsdomänen reklamieren zu können, verlangt die Politik immer stärker zuverlässige Angaben zum Organisationsgrad des jeweiligen Verbandes. Dieser im politischen Umfeld der Pflegeversicherung institutionalisierte Anspruch trägt dazu bei, das interne Controlling der privat-gewerblichen Verbände – wegen der Unabhängigkeit der Mitglieder weitaus weniger effektiv als bei den Wohlfahrtsverbänden (Interviews 12, 25) – zu verbessern. Damit nähern sich die privat-gewerblichen Verbände stärker der Repräsentations-Logik der Wohlfahrtsverbände an.

Auf der Seite der Wohlfahrtsverbände gewinnen deren Mitglieder durch die Neuformierung von Verbünden und eine stärkere Aufmerksamkeit der Pflegeversicherung für die betriebliche Ebene an Gewicht. Daher setzt bei den Wohlfahrtsverbänden die Annäherung an privat-gewerbliche Logiken auf der Seite ihrer Mitglieder an. Die von den Mitgliedern vermehrt artikulierten Ansprüche an Dienstleistungen und betriebsorientierte Vertretung simuliert Anforderungen wie sie von den privat-gewerblichen Diensten und Einrichtungen traditionell an ihre Verbände gestellt werden.

„Die Wohlfahrt ist ein schlafender Riese, und das ist gut so" (Interview 26) lautet die Einschätzung aus einem privat-gewerblichen Verband in NRW. Denn auch aus der Sicht der privat-gewerblichen Verbände hängen Ökonomisierung und Politisierung miteinander zusammen: Wenn die Sonderförderungen für gemeinnützige Leistungen abgeschmolzen werden, zwingt der Kostendruck und die Schwächung des Status die Wohlfahrtsverbände, Prioritäten und Strategien zu entwickeln. In einer solchen Situation kommen dann die synergetischen Potentiale der Verbände im Vergleich zu ihren privat-gewerblichen Konkurrenten zum Tragen. Daher ist es nur scheinbar paradox, wenn Vertreter privat-gewerblicher Verbände einer weiteren Zusatzförderung für Wohlfahrtsverbände auch positive Aspekte abgewinnen können (vgl. Schneider-Sigmund 1996).

Zugleich verwischen jedoch die Grenzen zwischen privat-gewerblichen Verbänden und Wohlfahrtsverbänden durch weitere Effekte, die auf die Wechselwirkungen zwischen Ökonomisierung und Politisierung hinweisen. Die Suche nach neuen Geschäftsfeldern – intern motiviert durch stärkere Profilsuche und extern motiviert durch knappere Ressourcen – hat insbesondere die konfessionellen Wohlfahrtsverbände dazu veranlaßt, Unternehmensberatungen bzw. Serviceeinheiten für Finanzdienstleistungen als eigenständigen Bereich aus den verbandlichen Strukturen auszugründen.

Solche GmbHs – wie die Profil Unternehmensberatung für den sozialen Bereich des Diözesan-Caritasverbandes Köln oder die Paridienst GmbH des Paritätischen Wohlfahrtsverbandes in NRW – verkaufen sowohl an Untergliederungen und Dienste des „Mutterverbandes“ ihre Leistungen als auch an Dritte; dies können auch privat-gewerbliche „Konkurrenten“ sein, um die Ressourcenbasis zu vergrößern.

Dadurch gleichen sich die Logiken privat-gewerblicher Verbände und Organisationen und den sich stärker diversifizierenden, gemeinnützigen Wohlfahrtsverbänden an. Andererseits leisten die Wohlfahrtsverbände dadurch jedoch ungewollt einer weiteren „Ökonomisierung“ wie „Politisierung“ Vorschub: Angesichts einer durch Ausgründungen verbreiterten Konkurrenz von Beratungsunternehmen schwindet die verpflichtende Norm, beim eigenen Verband Beratung „einzukaufen“, die auch dort bezahlt werden muß. Dies schwächt die Integrationskraft, zieht Ressourcen ab und verlangt außerdem, daß sich die Verbände noch stärker über andere Leistungen legitimieren müssen.

7.4.2 Vom „Status“ zum „Kontrakt“: die Neujustierung korporatistischer Arrangements

Auch wenn für die Wohlfahrtsverbände ihre korporatistische Einbindung in staatliche Politik in gewisser Weise eine Entwicklung weg vom Delegationsprinzip der Subsidiarität darstellte, so war der gesetzlich zugeteilte und historisch gewachsene Status via Subsidiarität eine Grundlage für die spezielle „Tauschlogik“ bei dieser Form des Wohlfahrtskorporatismus, aus der letztlich ein „öffentlicher Status" der Wohlfahrtsverbände entsprang (vgl. Heinze/Olk 1984b; vgl. auch Kap. 3.1).

Die neuen Machtbeziehungen der Pflegeversicherung, der Ökonomisierungsdruck auf die Mitglieder als Leistungserbringer lockern auf unterschiedliche Weise den korporatistisch verankerten Status der freigemeinnützigen Wohlfahrtsverbände. Der Versuch der Pflegekassen in NRW, mittels Betonung wirtschaftlich selbständiger Einrichtungen und entsprechender Mandatierungs-Pflicht der Wohlfahrtsverbände (vgl. Kap. 6.2.2) hat dies sowohl der Mitgliedschaft als auch den Wohlfahrtsverbänden selbst vor Augen geführt: Verbandliche Selbstgewißheiten – wie die automatische Vertretung korporativer Mitglieder, obwohl diese in diesem Punkt selbständig sind – sind verhandelbar und damit nicht mehr statusbezogen, sondern kontraktbezogen. Den Mitgliedern wurde dies erstmals durch die notwendigen Anfragen und die Einholung schriftlicher Vollmachten plastisch vor Augen geführt; ein Prozeß, den die Pflegekassen durch ihre Strategie in Gang gesetzt hatten.

Sogar die Privilegierung über die Förderrichtlinien für komplementäre ambulante Dienste leistet einer Entwicklung vom Status zum Kontrakt Vorschub, weil routinisierte Leistungsfinanzierungen auf der Basis des Status der Verbände nun in antragsabhängige Leistungen umgewandelt werden (vgl. Kap. 6.1.1). Somit erodiert auch der im Verhältnis zum Staat definierte Status der Wohlfahrtsverbände im Sachbereich der Pflegeversicherung. Dies wird auch dadurch beeinflußt, daß staatliche Institutionen im Altenhilfe-Bereich durch die Umsetzung der Pflegeversicherung einen Großteil ihrer Kompetenzen an die Pflegekassen und andere Akteure abgeben müssen und damit kaum noch Autonomie besitzen, Status zuzuteilen.

Eine Frage an die zukünftige Entwicklung der Pflegeversicherung wird sein, ob nicht der Ersatz einer korporatistischen Tauschlogik durch eine in neue Machtbeziehungen eingebettete Tauschlogik sogar erst die wirklichen Voraussetzungen für korporatistische Arrangements schafft (vgl. Kap. 3.1). Paradoxerweise bereiten gerade die Simulation von Märkten und die Proklamation von Wettbewerb im Rahmen der Pflegeversicherung überhaupt erst den Boden für konflikt- und unsicherheitenreduzierende Arrangements. *Schmid* (1987) sowie *Neumann* (1993: 427) betonen, daß die für korporatistische Einbindungen grundlegenden Interessendivergenzen im Sachbereich Wohlfahrtspflege und Staat nur sehr gering seien.

Doch durch die Umsetzung der Pflegeversicherung brechen an vielen Punkten alte und neue Interessendivergenzen zwischen Pflegekassen und Anbietern, Sozialhilfeträgern und Anbietern, Diensten/Einrichtungen und ihren Verbänden auf. An dieser Stelle formen sich daher erst die Voraussetzungen für korporatistische Arrangements mit ihren Tauschlogiken. Allerdings schwächt sich auch die Position staatlicher Institutionen im laufenden Umsetzungsprozeß ab (siehe Kap. 7.4.2), die für korporatistische Tauschgeschäfte konstitutiv sind, was gegen die Neufassung korporatistischer Arrangements im politikwissenschaftlichen Sinne spricht. Wahrscheinlicher ist die Gründung verbandlicher Pflegesatzkommissionen nach herkömmlichem Muster, um Interessendivergenzen zu institutionalisieren.

Doch nicht nur die politische Institutionalisierung der Pflegeversicherung, auch deren Wirkungen auf die Dienste und Einrichtungen als korporative Mitglieder der Wohlfahrtsverbände setzen die Verbände neuen Anforderungen aus und „politisieren" ihren Status, indem sie ihn infragestellen. Dies geschieht auf dialektische Weise durch die „Ökonomisierung" der Leistungserstellung, die den Druck auf Einrichtungen und Dienste erhöht, aber auch neue Spielräume eröffnet. Die berufspolitische Chance, die Pflege wie auch die Dienste und Einrichtungen stärker zu professionalisieren und dafür auch die stärkere Institutionalisierung durch die Pflegeversicherung zu nutzen, entlastet Mitarbeiter mit entsprechenden Ambitionen von Konflikten. Denn der Verweis auf neue Qualitätsrichtlinien, auf die Qualitätsprüfungen des MDK oder vermeintlichen Druck des Wettbewerbs legitimiert Reformen in den Organisationen (vgl. Kap. 7.1.1).

Aus neo-institutionalistischer Perspektive entscheidend ist zudem, daß vermeintlicher wie tatsächlicher Effizienzdruck durch die Pflegeversicherung die Rationalität gemeinnütziger wie privat-gewerblicher Dienste stärker einander annähern. Und dies verändert auch für die Wohlfahrtsverbände die Rahmenbedingungen, die wiederum den Organisationsbedingungen der privat-gewerblichen Verbände stärker ähneln. Ob die durch die Pflegeversicherung installierten Effizienzanforderungen die einzelnen Dienste und Einrichtungen tatsächlich Wirtschaftlichkeitspotentiale entdecken lassen, muß in dieser Allgemeinheit bezweifelt werden. Denn zahlreiche Elemente wie die Pflegedokumentation, die Vorlage von Leistungsnachweisen oder die nur zaghaft realisierten Preisvergleichslisten folgen größtenteils einer Logik der Legitimation von Pflegekassen wie Pflege-Anbietern und münden de facto in eine kostentreibende „Bürokratisierung durch Ökonomisierung" (vgl. o. V. 1996: Auf der Suche nach Gemeinsamkeiten).

Dies jedoch bestätigt die Annahmen der neo-institutionalistischen Organisationstheorie. Demnach nähern sich Organisationsformen nicht einander an, weil sie alle einem objektiven, im Markt externalisierten Effizienzdruck ausgesetzt sind (vgl. Kap. 3.4). Vielmehr entscheiden die politische Konstruktion von Effizienzkriterien wie auch die in den Beziehungen zwischen den Organisationen dominanten Orientierungsbegriffe darüber, welche Elemente Organisationen aufweisen müssen, um sich in ihrer Umwelt legitimieren zu können, ganz unabhängig davon, ob diese Elemente real die Effizienz steigern oder nicht.

7.4.3 Die Dualität von Struktur: das Wechselspiel von Ökonomisierung und Politisierung

Kombiniert man die Elemente der neo-institutionalistischen Organisationstheorie und der strategischen Organisationsanalyse (vgl. Kap. 3) zu einem Interpretations-Schema, so lassen sich die Effekte der „Ökonomisierung“ und der „Politisierung“ analytisch jeweils einer Richtung zuordnen.

Hinter der Ökonomisierung wirkt die Logik einer Angleichung von Organisationsstrukturen durch institutionalisierte neue Anforderungen an betriebliches Management, mithin eine Logik, wie sie aus neo-institutionalistischen Ansätzen bekannt ist (vgl. Kap. 3.4). Differenzieren muß man allerdings zwischen zwei unterschiedlichen Prozessen der Ökonomisierung. Ein Prozeß verdankt sich dem durch die Beziehungen zu den Kostenträgern auferlegten Kosten- und Rationalisierungsdruck, wie er intendiert und auch nicht-intendiert als Effekt aus dem Vergütungssystem resultiert (vgl. Kap. 6.2 und 6.3). Diese Dimension läßt sich als „coercive isomorphism“, als erzwungene Angleichung von Organisationsstrukturen, interpretieren (vgl. diMaggio/Powell 1991).

Im übrigen resultiert ein sekundärer Effekt aus dem „coercive isomorphism“: Um den Rationalisierungsdruck außerhalb der Pflegeversicherung aufzufangen, bieten sich neue Parameter bei den Wahl-Leistungen und eigenen Qualitätsmerkmalen an, die die Erlös-Seite jenseits der Vergütungen aus der Pflegeversicherung speisen (vgl. Kap. 7.2.2). Hier weiten sich wieder die Spielräume für unterschiedliche Pfade innerorganisatorischer Entwicklung, die demonstrieren, daß auch dem „coercive isomporhism“ keine deterministische Logik innewohnt und Strukturen zwar als Restriktionen und Bedingungen wirken, aber auch wieder durch Akteure und Organisationen mitproduziert werden (vgl. Giddens 1985).

Der andere Prozeß der Ökonomisierung ist stärker in die gesamte Institutionalisierung der Pflegeversicherung eingebettet und wurzelt teilweise auch außerhalb dieser neuen sozialpolitischen Regulierung. Bei ihm spielt weniger materieller Kostendruck eine Rolle als die Internalisierung ökonomischer Normen, die den Managementproblemen von sozialen Dienstleistern größere Bedeutung verleihen. Die Pflegeversicherung lenkt das Augenmerk aller beteiligten Organisationen und Akteure stark auf die Erstellung der Dienstleistungen und das Management bei Kosten wie Qualität in der Altenhilfe. Solche Akzente haben aber schon vor der Pflegeversicherung einzelne privat-gewerbliche Dienste und Einrichtungen, aber auch gemeinnützige Träger wie die CBT gesetzt. Und solche Organisationen – von Akteuren wie den Pflegekassen oder staatlichen Instanzen häufig als beispielgebend etikettiert – geben nun Orientierungsmarken für Dritte ab. Deren „Kultur“ der Pflege als Dienstleistung formt die Blaupause für einen Sektor, dessen Wandlungsprozeß gerade bei den Anbietern große Unsicherheiten erzeugt.

Solche Ansätze wirken nun als Orientierungsmarken und haben einen „Imitations-Wettbewerb“ unter den Mitgliedern von Verbänden um neue Organisationsstrukturen ausgelöst. Dieser Prozeß der Ökonomisierung ist folglich nicht unmittelbar mit materiellem Kosten- und Anpassungdruck verknüpft, sondern entspringt einer Neuorientierung innerhalb eines sich neu formierenden *organizational field*, die sich als „mimetic isomorphism“ verstehen läßt (vgl. diMaggio/Powell 1991).

Bestimmte binnenorganisatorische Reformelemente werden dabei über eine Reihe neuer Fachzeitschriften, aber auch über Organisationsberater in der gesamten Altenhilfe kommuniziert, konfrontieren aber insbesondere die gemeinnützigen Einrichtungen und Dienste mit organisatorischem Änderungsbedarf: neue Verbünde mit zentralisierten Dienstleistungen, flexiblerer Einsatz von Mitarbeitern und neue Entlohnungs- wie Anreizmodelle oder auch die Ausgründung betrieblicher Teile wie Wäsche, Küche oder Hausrat. Zwar beschleunigt die Pflegeversicherung diesen zweiten Prozeß der Ökonomisierung, doch sie ist nicht der Auslöser, weil diese Entwicklungen sich schon vor ihrer Einführung in einigen Trägern abzeichneten. Das heißt keineswegs, daß betriebswirtschaftliche Umstrukturierungen in Organisationen der Altenhilfe nicht nötig wären; entscheidend ist aber, daß der Anstoß dazu sowohl von internen Mitarbeitern als auch von neuen Legitimationsanforderungen der Umwelt stammt.

Beide Prozesse der Ökonomisierung verdeutlichen im übrigen, daß die sprachliche Handhabung prozessualer Begriffe wie „Ökonomisierung“ oder auch „Politisierung“ nicht mißverstanden werden sollte als die Bezeichnung autonomer, automatischer und organisationsunabhängiger Entwicklungen. Zwar läßt sich spekulieren, ob nicht gerade Entwicklungstrends wie die Ökonomisierung von einem allgemeinen Wandel gesellschaftspolitischer Paradigmen unterstützt und gefördert werden. Aber in der hier verwendeten organisationssoziologischen Perspektive bezeichnen solche Begriffe eher „eigendynamische soziale Prozesse“ (Mayntz/Nedelmann 1987), die zunächst als Eigenschaften sozialer Beziehungen von Organisationen in einem Feld wie der Altenhilfe beginnen und sich als schließlich institutionalisierte Orientierungsnormen davon ablösen können: „Der Prozeß erzeugt die Motive seiner Fortsetzung – und zwar unabhängig davon, ob dieser Effekt gewollt ist oder nicht“ (Neidhardt 1981: 251).

Analytisch läßt sich vom Isomorphismus durch Ökonomisierung die Logik der Machtbeziehungen zwischen Kostenträgern und Leistungsanbietern trennen, die im wesentlichen einen Schub der „Politisierung“ auslösen und die Rolle einzelner Akteure in den Organisationen aufwerten. Auch hier charakterisiert „Politisierung“ die Eigenschaft sozialer Beziehungen und keinen autonomen Prozeß; allerdings verleihen gerade die Wechselwirkungen zwischen Ökonomisierung und Politisierung (siehe unten) dieser Eigenschaft zunehmende Eigendynamik.

Bei der Politisierung setzt eher die strategische Organisationsanalyse an (vgl. Kap. 3.5). Die Machtbeziehungen – stets durch „Relais“ zwischen Gruppen aus den jeweiligen Organisationen geprägt – sind es, die auf der Seite der Wohlfahrtsverbände deren tradierte und statusfixierte Rolle als korporative Verkörperung von Diensten und Einrichtungen infragestellen. Auch wenn die Pflegekassen als Akteure dringend auf Verbände angewiesen sind, die auf der Anbieterseite Interessen bündeln, Informationen weiterleiten und Verhandlungsergebnisse durchsetzen, instrumentalisieren sie den Verbändepluralismus, der auf deren anderen Seite vorherrscht.

Daß insbesondere diejenigen Kassenvertreter die Machtstellung der Pflegekassen offensiv nutzen wollen, die zugleich im Sachbereich der Krankenversicherung verhandeln, läßt sich wiederum institutionalistisch deuten: Im Bereich der Krankenversicherung stand lange Zeit den getrennt verhandelnden Kassenarten das Monopol der Kassenärztlichen Vereinigungen gegenüber, die die Kassen gegeneinander ausspielen konnten (vgl. Bandelow 1998). In der Pflegeversicherung ist die Situation umgekehrt: Die Landesverbände der Pflegekassen in NRW – wie auch in anderen Bundesländern – haben Areale jeweils einer Kassenart zugeordnet, während auf der Seite der Anbieter verschiedene Wohlfahrtsverbände und privat-gewerbliche Verbände, und sogar einzelne Dienste und Einrichtungen als Verhandlungspartner infragekommen. Dies nutzen zu können, kompensiert die Schwächen als Steuerungsinstanz in der Krankenversicherung. Damit wirkt sich die Institutionalisierung der Pflegeversicherung im Schatten der Krankenversicherung auch auf die Struktur der Machtbeziehungen in der Altenhilfe aus.

Die „Politisierung“ wirkt genauso wenig wie die „Ökonomisierung“ wie ein von den Anbietern und ihren Verbänden entäußerter Faktor. Vielmehr wird sie auch durch ihr Verhalten beeinflußt und miterzeugt. Das Verhalten der privat-gewerblichen Verbände in den nächsten Verhandlungsrunden schafft auch für die Wohlfahrtsverbände Parameter; da zudem im ambulanten Bereich in den nächsten Vergütungsverhandlungen stärker nach Diensten differenziert werden wird, tragen die Vergütungsverhandlungen weitere Konflikte in die Wohlfahrtsverbände. Je stärker die Differenzierung sein wird – der allerdings schon angesichts begrenzter personeller Ressourcen der Pflegekassen Grenzen gesetzt sind – desto intensiver stellt sich die Frage, welche elementaren Funktionen zentrale Verbände noch für Dienste und Einrichtungen haben.

Auf paradoxe Weise macht gerade die „Politisierung“ die Wohlfahrtsverbände als eigenständige verbandliche Akteure jenseits sozialpolitischer Interessenvertretung und fachlicher Expertise für ihre Mitglieder wieder sichtbar. Hierin liegt ihr vielleicht stärkster Effekt. Auf diese Weise determiniert „Politisierung“ keineswegs Strategien der Verbände, sondern strukturiert in erster Linie Spielräume vor, in denen sich die Verbände bewegen müssen.

Mit der weiteren Umsetzung der Pflegeversicherung wachsen – wie auch das Beispiel der privat-gewerblichen Verbände zeigt – zahlreiche Bedarfe für Kollektivgüter wie Qualitätsstandards, Gutachten, Organisationskonzepte u.ä., weil die Ökonomisierung der Leistungserstellung in Verbindung mit neuen Dokumentationsanforderungen und Kontrollansprüchen Lücken klaffen läßt, die nicht alle Dienste und Einrichtungen selbständig füllen können. Zugleich formieren sich einzelne Pflege-Verbünde, die diese Funktionen auch selbst übernehmen können und damit eine größere Unabhängigkeit von den Diensten der Dachverbände erlangen. „Politisierung" als ein Schleifen von Status und eines inszenierten Wettbewerbs unter den Verbänden der Anbieter um die eigene Leistungsfähigkeit wird daher gerade durch die Ökonomisierung stabilisiert.

Die Effekte der Politisierung demonstrieren ebenfalls, daß ein stark regulierter Kontext wie die Pflegeversicherung trotz ihrer stark institutionalisierten sozialen Beziehungen gerade in den Machtbeziehungen und deren Fernwirkungen die Bedeutung von Spielräumen einzelner Akteure in den Organisationen erhöht. Nach der Logik der strategischen Organisationsanalyse ist gerade in solchen regulierten Feldern damit zu rechnen, daß Akteure die Vorhersehbarkeit ihres Handelns reduzieren, um ihren Einfluß zu erhöhen (vgl. Friedberg 1995: 120). Das zwingt andere Akteure wiederum, eigene Antworten zu kreieren. Damit stellen sich den „taken-for-granted accounts" (Jepperson 1991: 149) – denen die Neo-Institutionalisten große Bedeutung für die Orientierung von Organisationen in einer institutionellen Umgebung zumessen – im Fall der Pflegeversicherung neue Räume für strategische Kalküle an die Seite.

Gerade die Wechselwirkungen zwischen Politisierung und Ökonomisierung verdeutlichen, daß zwar ein großer Anpassungs- und Angleichungsdruck von der Institutionalisierung der Pflegeversicherung mit ihren der Krankenversicherung entlehnten Ritualen und Mechanismen ausgeht. Auf der Ebene der Ebene der Verbände mündet dieser Druck jedoch nicht in automatische Anpassung, sondern in Wettbewerb, der einigen Akteuren innerhalb der Verbände auch neue Bewegungsspielräume öffnet: Sie können Organisationsreformen legitimieren und absichern. Damit wird auch offensichtlich, daß neo-institutionalistischen Ansätzen das Sensorium für die Dualität von Strukturen – durch soziales Handeln geschaffen und dieses zugleich beeinflussend (vgl. Giddens 1995) – weitgehend fehlt. Ein weniger an Organisationen als an organisiertem Handeln ansetzender Ansatz wie die strategische Organisationsanalyse kann dieses Sensorium aktivieren.

8. Resümee und Ausblick

Aus der Sicht der privat-gewerblichen Verbände bewirkt die Pflegeversicherung etwas grundsätzlich Positives: Ihre Stellung und die ihrer Mitglieder werden öffentlich registiert und aufgewertet – materiell wie politisch –, während die Wohlfahrtsverbände trotz weiterhin besserer Vergütungen in ihrem Status tendenziell abgewertet werden. Nicht die formale Einführung des Wettbewerbsgedankens, sondern die Institutionalisierung neuer Machtbeziehungen zwischen Kostenträgern und Anbietern politisiert und schleift den Status der Wohlfahrtsverbände.

Die Aufwertung privat-gewerblicher Aktivitäten schlägt sich auch in der Professionalisierung der Pflege nieder. Denn die für diesen Sektor typische Verquickung von Selbständigkeit und Berufsethos ergänzt die Selbstdarstellung der Pflegeberufe um neue Aspekte. Sie zeichnet auch dafür verantwortlich, daß Strategien und Argumentationsweisen privat-gewerblicher Verbände trotz erkennbarer Annäherung weiterhin anders ausfallen als die der Wohlfahrtsverbände.

Sichtbar wird aber auch, daß die gemeinnützigen Wohlfahrtsverbände mit ihrem organisatorischen Mix aus Modi inner- wie außerverbandlicher Interessenvertretung – der stets als ihr besonderes Merkmal gehandelt wird – im ökonomisch bedeutsamsten Sektor der Altenhilfe in ein Dilemma geraten. Bislang beanspruchten sie drei Varianten der Interessenvertretung: die politische Vertretung ihrer Mitglieder und ihres eigenen verbandlichen Profils als föderal organisierte (Spitzen-)Verbände, die Pflegeberufe als fachlich organisierte Verbände – neben den ebenfalls existierenden, aber schwachen Berufsverbänden – sowie die advokatorische Interessenvertretung von Klienteninteressen als sozialpolitisch organisierte Verbände. Diese Trias gerät durch den Ökonomisierungsdruck der Pflegeversicherung und die eigene verbandliche Diversifizierung unter stärkeren Rechtfertigungsdruck, weil Widersprüche zwischen diesen drei Funktionen offenkundig werden. Die privat-gewerblichen Verbände kennen als klassische Interessenverbände solche Dilemmata nicht.

Außerdem profitierte gerade die Koppelung unterschiedlicher Formen der Interessenvertretung bislang davon, daß die Wohlfahrtsverbände – trotz aller regionalen und politischen Unterschiede – innerhalb des jeweiligen Spitzenverbandes die Ebene der Dienstleistungen, des sozialpolitischen Engagements und der parlamentarischen Einflußnahme integrierten. Es ist jedoch zweifelhaft, ob solche Synergien von der laufenden betrieblichen wie verbandlichen Diversifizierung im Pflegebereich nicht konterkariert werden. Die Verwandlung in „virtuelle“ Wohlfahrtsverbände scheint ein durchaus realistisches Szenario zu sein. Ausgründungen von Dienstleistungsbereichen oder neue Kooperationsformen zwischen unterschiedlichen Trägern erlauben zwar weiterhin den Hinweis auf *die* Wohlfahrtsverbände oder *den* Wohlfahrtsverband als *Institution*, kaum aber noch als *Organisation*. Von dieser Entwicklung werden Rekrutierungsmuster und Arbeitsfelder nicht unberührt bleiben.

Nicht ohne Konsequenzen für das Verbändesystem ist ebenfalls, daß die Landespolitik wie auch die lokale Politik durch die Umsetzung der Pflegeversicherung deutliche Steuerungsmöglichkeiten einbüßen. Die ehedem auch sozialplanerisch engagierten örtlichen wie überörtlichen Sozialhilfeträger verlieren ebenfalls Steuerungskompetenzen und werden von den Pflegekassen in den Vergütungs- und Rahmenvertragsverhandlungen dominiert. Das hat unter anderem zur Folge, daß die Sozialhilfeträger finanzielle Verantwortung – wo möglich – abstreifen.

Damit verliert die parlamentarische wie außerparlamentarische, die formelle wie informelle Einbindung von Verbänden der Leistungsanbieter in politische Entscheidungen an Bedeutung, weil die Entscheidungen an Bedeutung verlieren. Dies trifft insbesondere die Wohlfahrtspflege. Die Konstruktion neuer Angebote und Dienste ist dadurch weniger von politischer Abstimmung als von betrieblicher Kalkulation abhängig, eine Herausforderung an die managerielle Kompetenz der sozialpolitisch orientierten gemeinnützigen Verbände auf Landes- wie auf Ortsebene.

In gewisser Weise folgt die Institutionalisierung der Pflegeversicherung der Pfadabhängigkeit der deutschen Sozialversicherung. Im Gesundheitswesen hat deren Institutionalisierung geholfen, die Profession der Ärzte mit ihrer Definitionsmacht zu etablieren und Qualitätssicherung wie Angebotssteuerung advokatorisch für die Patienten zu übernehmen. Trotz entscheidender Unterschiede zur Krankenversicherung – insbesondere was den Status der Leistungsanbieter angeht – zeichnet die Pflegeversicherung einen ähnlichen Weg vor, der mit der Rationalisierung von Pflege, einer Bürokratisierung durch Kontrollansprüche und „inszenierten" Wettbewerb schon angezeigt ist. Eine eigenständige Rolle von Angehörigen und Klienten ist in diesem Modell mit seiner starken Verbandlichung der Qualitätssicherung nicht vorgesehen, wodurch sich eine Form der Pflegekultur wie in den Niederlanden oder Skandinavien kaum entwickeln kann (vgl. Evers/Svetlik 1996).

Obgleich weiterhin in hohem Maß zuhause von Angehörigen gepflegt wird, gebührt die meiste Aufmerksamkeit der Pflegeversicherung der Regulierung professionalisierter Pflege mit entsprechenden verbandlichen Strukturen. Daraus hat sich bislang keineswegs eine neue *starke*, sondern eine neue *schwache* Rolle der Klienten und Angehörigen entwickelt, die sich bislang keineswegs zu Kunden emanzipieren konnten (vgl. Grieshaber 1998). Dies gilt weniger für die große Zahl an Geldleistungsbeziehern, weil dort die Anbindung an Anbieter und den professionellen Markt (noch) am geringsten ist.

Aber für die bisherige institutionelle Einbettung der Sachleistungen – an die in erster Linie institutionelle Regelungen und organisierte Interessen gekoppelt sind – gilt diese Einschätzung.

Der teilweise simulierte, teilweise für die Klienten sichtbare und teilweise weniger sichtbare Wettbewerb bietet ihnen und ihren Angehörigen kaum Foren für ihre Interessen. Eine advokatorische Vertretung dieser Interessen hat aber ebenfalls kaum Platz in der Institution „Pflegeversicherung". Bei den Anbietern und ihren Verbänden dominiert die betriebliche Logik, die eine gleichzeitige Wahrnehmung von Klienteninteressen ökonomisch wie politisch fragwürdig erscheinen läßt, was auch für die Verbände gilt. Bei den Pflegekassen prägt aus politischen Gründen eine starke Kostenrationalität das Verhalten; Transparenz dient in erster Linie zur internen Steuerung der Vertragsbeziehungen, weniger zur systematischen Information der Versicherten.

In diesem Geflecht kann sich der Medizinische Dienst als eine von den Pflegekassen finanzierte und auch beauftragte Instanz kaum als unabhängige Beratungs- und Qualitätssicherungsorganisation emanzipieren. Daher verlangt die weitere Umsetzung der Pflegeversicherung nach einer neutralen Vertretung von Klienteninteressen nach dem Muster des Verbraucherschutzes. Nach den – von einigen Akteuren bewußt instrumentalisierten, aber nichtsdestotrotz hochbedenklichen – erheblichen Qualitätsmängeln ambulanter Dienste, die in Hamburg aufgedeckt wurden (vgl. Gitschmann 1997), ist eine solche Regelung auch politisch opportun und daher nicht ausgeschlossen.

Nicht nur in dieser Hinsicht ist der weitere Prozeß der Umsetzung der Pflegeversicherung keineswegs determiniert. Eine Kultur der Tarifbeziehungen wie zwischen Gewerkschaften und Arbeitgeberverbänden fehlt bislang zwischen den Verbänden. Die fallbezogene Analyse des Verbändesystems hat gezeigt, daß sich noch keine gegenseitige Erwartungshaltung stabilisiert hat. Daher sind mögliche Varianten der Vergütung und der Vergütungssysteme abhängig von der Entwicklung und Stabilisierung der Beziehungen zwischen Kostenträgern und Anbietern wie auch von der Strategiefähigkeit sich wandelnder Verbände auf Anbieterseite. Noch unklar ist, wie sich die Politik der neuen rot-grünen Bundesregierung auf die weitere Gestaltung und Reform der Pflegeversicherung auswirken wird.

Die Zufriedenheit der Versicherten mit der Pflegeversicherung – die das Bundesarbeitsministerium gerne betont (vgl. BMA 1997: 40) – beruht im wesentlichen auf den Urteilen der Empfänger von Geldleistungen, die bislang die Mehrheit stellen (vgl. Runde u.a. 1996). Das Eigen-Interesse der Verbände an Sachleistungen, die angesichts des begrenzten Pflegebudgets für die Klienten attraktiveren Kombi-Leistungen, die Gewöhnung der Versicherten an die Leistungen der Pflegeversicherung wie auch die wachsenden Herausforderungen bei der familialen Pflege bewirken jedoch, daß sich mittelfristig der Anteil von Sachleistungsbeziehern erhöhen wird.

Erst dann erhält der politisch inszenierte und regulierte Wettbewerb einen größeren Impuls von den Nachfragern, den Klienten und insbesondere den kosten- und qualitätssensiblen Angehörigen. Die eigentliche Bewährungsprobe im Wettbewerb steht Anbietern und Verbänden noch bevor.

9. Literatur

9.1 Graue Papiere, Gutachten, Dokumente

Articus, Stephan (1995): Das nordrhein-westfälische Landespflegegesetz aus Sicht der Kommunen. In: Dokumentation der Fachtagung der CDU-Landtagsfraktion „Landespflegegesetz - Anspruch und Wirklichkeit" am 27. 10. Düsseldorf, 17-23.

AVAP (Arbeitgeberverband Ambulante Dienste) (1995): Unser Grundsatzprogramm. Hannover.

BAD (Bundesverband Ambulante Dienste) (1995): Bundesverband Ambulante Dienste e. V. Essen.

Bappert, Witz & Selbherr (1997): „Bundesweit einheitliche Pflegesätze in Alten- und Altenpflegeheimen (Standard-Pflegesatz-Modell). Preisabsprache der Spitzenverbände der Pflegekassen und der Träger der Sozialhilfe". Anzeige beim Bundeskartellamt. Freiburg, im März.

BHD (Berufsverband Hauskrankenpflege in Deutschland e.V.) o. J.: Kurz-Info. Hannover.

BPA (Bundesverband Privater Alten- und Pflegeheime und sozialer Dienste e. V.) (o. J.): Wir pflegen zu helfen. Ambulant und stationär. Bonn.

BMA (Bundesministerium für Arbeit und Sozialordnung) (1997): Erster Bericht des Bundesministeriums für Arbeit und Sozialordnung gemäß § 10 Abs. 4 SGB XI über die Entwicklung der Pflegeversicherung an den Deutschen Bundestag und den Bundesrat. Bonn.

Bundesempfehlungen der Spitzenverbände der Pflegekassen zum Vergütungssystem in der ambulanten Pflege. Quelle: SGB XI. Soziale Pflegeversicherung. Stand: Juni 1998. AOK-Verlag. Remagen.

Caritas- Betriebsführungs- und Trägergesellschaft mbH (1996): Jahresbericht 1995. Köln.

DBfK (Deutscher Berufsverband für Pflegeberufe) (o. J.): Wir stellen uns vor. Essen.

DPWV (Deutscher Paritätischer Wohlfahrtsverband) (1994): Auswirkungen der Pflegeversicherung für Menschen mit Behinderungen sowie für Einrichtungen und Dienste der Behindertenhilfe. Dokumentatin des Expertengesprächs vom 1. Juli 1994 in der Hauptgeschäftsstelle des Paritätischen. Frankfurt am Main.

Deutscher Städtetag (1995): Thesen zu Förderstrukturen und Erstattungsformen der Freien Wohlfahrtspflege (K 2999). Köln.

Gemeinsame Grundsätze zur Qualität und Qualitätssicherung. Quelle: SGB XI. Soziale Pflegeversicherung. Stand: Juni 1998. AOK-Verlag. Remagen.

Hauschild, Reinhard (1995): Das nordrhein-westfälische Landespflegegesetz aus Sicht des Bundesministeriums für Arbeit und Sozialordnung. In: Dokumentation der Fachtagung der CDU-Landtagsfraktion „Landespflegegesetz - Anspruch und Wirklichkeit" am 27. 10. Düsseldorf, 10-16.

Igl, Gerhard (1998): Öffentlich-rechtliche Grundlagen für das Berufsfeld Pflege im Hinblick auf vorbehaltene Aufgabenbereiche. Gutachten im Auftrag der Arbeitsgemeinschaft Deutscher Schwesternverbände und Pflegeorganisationen e. V. (ADS), des Berufsverbandes für Kinderkrankenschwestern und Kinderkrankenpfleger e. V. (BKK), der Bundesarbeitsgemeinschaft Leitender Krankenpflegepersonen e. V. (BALK), des Bundesausschusses der Länderarbeitsgemeinschaft der Lehrerinnen und Lehrer für Pflegeberufe (BA) und den Deutschen Berufsverband für Pflegeberufe e. V. (DBfK). Kiel.

Institut für Pflegewissenschaft der Universität Bielefeld (1997): Unterschiede in der Begutachtungspraxis bei der Feststellung der Pflegebedürftigkeit von Heimbewohnern in Nordrhein-Westfalen. Explorative Studie im Rahmen des Projekts „Evaluation des Landespflegegesetzes Nordrhein-Westfalen". Ms., Bielefeld.

KDA (Kuratorium Deutsche Altershilfe) (1997): Panikentscheidungen, Modetrends und wirtschaftliche Notwendigkeiten. Problematische Anpassungsstrategien der Heime im Zuge der Pflegeversicherung. Internet-Dokument: http://www.kda.de/-sowi/Heime/mode.htm

Landesverbände der Pflegekassen in Westfalen-Lippe (1997): Antrag auf Festsetzung der Vergütung gemäß § 89 Abs. 3 i. V. m. § 85 Abs. 5 und § 76 SGB XI für die Pflegestation Gütersloh bei der Schiedsstelle NW. 14. 4. Dortmund.

LfK aktuell (1997): Krankenkassen verweigern zunehmend Kostenübernahme. Nr. 9, 24. April.

Medizinischer Dienst der Spitzenverbände der Krankenkassen e. V. (1995): Orientierung leicht gemacht. Informationen über den Medizinischen Dienst der Krankenversicherung. Essen.

Ministerium für Arbeit, Gesundheit und Soziales (1995): Ambulante Pflegedienste in Nordrhein-Westfalen. Bestandsanalyse in typischen Regionen. Düsseldorf.

Ministerium für Arbeit, Gesundheit und Soziales (1996a): Landespflegegesetz Nordrhein-Westfalen. Gesetzestext, Rechtsverordnungen, Materialien. Düsseldorf.

Ministerium für Arbeit, Gesundheit und Soziales (1996b): Richtlinien zur Förderung komplementärer ambulanter Dienste in Nordrhein-Westfalen. Runderlaß vom 25. Juni (MinBl. 1996 Nr. 50 S. 1208). Düsseldorf.

Mrozynski, Peter (1994): Auswirkungen des Pflegeversicherungsgesetzes auf Einrichtungen und Dienste der Behindertenhilfe. Gutachten für den Verband evangelischer Einrichtungen für Menschem mit gestiger und seelischer Behinderung (VEEMB) und für den Verband Evangelischer Einrichtungen für die Rehabilitation Behinderter (VEERB). München.

Pflegevertragsrecht. Quelle: SGB XI. Soziale Pflegeversicherung. Stand: Juni 1998. AOK-Verlag. Remagen.

Rahmenvertrag ambulante Pflege in NRW. Quelle: SGB XI. Soziale Pflegeversicherung. Stand: Juni 1998. AOK-Verlag. Remagen.

Redeker, Schön, Dahs & Sellner (1996): Begründung der Klage der Arbeiterwohlfahrt Bezirksverband Mittelrhein u.a. gegen die Schiedsstelle für Soziale Pflegeversicherung NW. 24. 10. Bonn.

Richtlinien der Spitzenverbände der Pflegekassen zur Begutachtung von Pflegebedürftigkeit nach dem XI. Buch des Sozialgesetzbuchs. Bonn, 21. 3. 1997.

Satzung der Pflegekasse bei der AOK Westfalen-Lippe - Die Gesundheitskasse (1995). Vom 7. 12. 1994 in der Fassung des 1. Nachtrags vom 22. 11. 1995. Dortmund.

VDAB (Verband Deutscher Alten- und Behindertenhilfe) (1993): Wir stellen uns vor (Durchblick Journal 1). Essen.

9.2 Parlamentaria

Landtag Nordrhein-Westfalen (1996): Ausschußprotokoll 12/432. Ausschuß für Arbeit, Gesundheit, Soziales und Angelegenheiten der Vertriebenen und Flüchtlinge: Ergebnisse der Nachprüfungen der Gutachterergebnisse der Medizinischen Dienste der Krankenkassen in Rheinland und Westfalen-Lippe. Düsseldorf.

Landtag Nordrhein-Westfalen (1996): Ausschußprotokoll 12/291. Ausschuß für Arbeit, Gesundheit, Soziales und Angelegenheiten der Vertriebenen und Flüchtlinge: Aktuelle Viertelstunde. Düsseldorf.

Bundesrat (1995): Plenarprotokoll 687, Stenographischer Bericht der 687. Sitzung. Bonn, 14. 7. 1995.

Zuschrift 12/161: Arbeitsgemeinschaft der Spitzenverbände der Freien Wohlfahrtspflege des Landes Nordrhein-Westfalen. Stellungnahme zum Gesetz zur Umsetzung des Pflegeversicherungsgesetzes. 6. 12. 1995.

Zuschrift 12/518: Bundesverband privater Alten- und Pflegeheime e. V. (BPA). Stellungnahme zu den Rechtsverordnungen. 10. 5. 1996.

Zuschrift 12/198: Kreis Soest. Der Landrat: Resolution des Kreistages des Kreises Soest gegen die Auswirkungen des Landespflegegesetzes. 21. 12. 1995.

9.3 Pflegefachzeitschriften

Berger, Silke/Kettler, Gisela (1996): Erst rechnen, dann pflegen. In: Forum Sozialstation, 6, 20-23.

Beyer-Peters, Detlev (1996): Zwischen Bürokratie und Profit. Die Folgen der Pflegeversicherung für die Beschäftigten in Alten- und Pflegeheimen. In: Altenpflege, 2, 93-97.

Böckenholt, Anne (1997): Man braucht viel Zeit und gute Argumente. Zum Widerspruchsverfahren im Rahmen der Pflegeversicherung. In: Pflegen Ambulant, 5, 40-44.

Böhme, Hans (1998): Gutachten zur rechtlichen Begründung von Vorbehaltsaufgaben der Pflege. In: Pflegen Ambulant, 1, 8.

Boucsein, Markus (1997): Forum Häusliche Pflege fragt: Kann der MDK Pflegedienste kontrollieren ? In: Pflegen Ambulant, 3, 58.

Boucsein, Markus (1998): Bundesverband Homecare e. V. stellt sich der Öffentlichkeit vor. In: Pflegen Ambulant, 1, 6.

Brüggemann, Jürgen (1997): „Wir wollen beraten - nicht ausschließlich kontrollieren“. Das neue MDK-Konzept zur Qualitätsprüfung in den ambulanten Diensten. In: Häusliche Pflege, 4, 16-20.

Buhl, Anke (1997): Pflegeberatung kann die Visitenkarte des Pflegedienstes sein. In: Pflegen Ambulant, 1, 10-17.
Dierbach, Oskar (1997): Mit der Stoppuhr in das Chaos. In: Altenpflege, 11, 33-37.
Fischer, Heinz (1997): Eine gezielte Provokation. In: Altenpflege, 5, 16-18.
Forster, Jürgen (1997): Selbstzufriedene Macher. In: Forum Sozialstation, 88, 3.
Fredrich, Anke u.a. (1997): Zeitwerte machen Leistung transparenter. In: Pflegen Ambulant, 3, 37-43.
Gaier, Monika (1997): Die Abgrenzung von Grund- und Behandlungspflege wird korrigiert. In: Pflegen Ambulant, 3, 6.
Gitschmann, Peter (1997): Hamburg und die Folgen. In: Forum Sozialstation, 6, 18-22.
Grieshaber, Uschi (1997): Zeitkorridore stoßen auf Kritik. In: Forum Sozialstation, 8, 19-20.
Grieshaber, Uschi (1998): Position des Kunden stärken. Experten diskutieren dreijährige Erfahrungen mit der Pflegeversicherung. In: Forum Sozialstation, 2, 16-18.
Grieshaber, Uschi (1998): Starke Vorbehalte. Rechtsgutachten zum Vorstoß, den Pflegeberufen ein eigenes Terrain zu sichern. In: Forum Sozialstation, 90, 12-13.
Großmann, Hannelore (1997): Die Kammer - Schreckgespenst oder notwendiges Professionalisierungsinstrument. In: Pflege Aktuell, 2, 106-109.
Halfar, Bernd (1991): Die Nachfragemuster in der Altenhilfe ändern sich. In: Socialmanagement, 2, 53-54.
Heiber, Andreas (1997): Alles hat seinen Preis. Neues Kalkulationsmodell für eine leistungsgerechte Vergütung nach SGB XI. In: Häusliche Pflege, 9, 16-25.
Hilbolt, Martin (1997): Ein Qualitätssiegel stärkt intern und extern. In: Pflegen Ambulant, 5, 36-38.
Kassel, Anja (1997): „Die Probleme sind nicht vom Tisch". In: Altenpflege, 9, 22-23.
Kesselheim, Harald (1996): Pflegeversicherung - Aufbruch zu neuen Ufern. In: Die Ortskrankenkasse, 13, 409-417.
Klie, Thomas (1996): Pflegeberatung oder Pflegekontrolle ? Zur Problematik des § 37 Abs. 3 SGB XI un den aktuellen Novellierungsabsichten der Bundesregierung. In: Häusliche Pflege, 3, 160-163.
Klie, Thomas (1997): Unverantwortliches Schema. Abgrenzungskatalog bietet rechtliche Angriffsflächen. In: Forum Sozialstation, 86, 8.
Kurz, Bruno/Veit, Yvonne (1994): Rückwärts in die Zukunft. In: Socialmanagement, 3, 8-10.
Meyer, Jörg Alexander (1997): Probleme der Pflegeleistungsbemessung in der ambulanten Pflege. Alternativen zum Leistungskomplexsystem. In: Pflege und Gesellschaft, 2, 13-18.
Moldenhauer, Meinolf (1997): Die Finanzierung der vollstationären Pflege. Sturmlauf der Pflegeheime gegen den Abschied von der Selbstkostendeckung. In: Arbeit und Sozialpolitik, 7/8, 32-40.
Moldenhauer, Meinolf/Fink, Gabriele (1997): Standard-Pflegesätze für die vollstationäre Pflege. In: Die BKK, 3, 124-132.
Müller, Elke (1996): Pflege zwischen Tradition, Stagnation und Innovation. In: Dr. med. Mabuse, 111, 30-34.
o. V. (1996): Auf der Suche nach Gemeinsamkeiten. In: Forum Sozialstation, 2, 16.
o. V. (1996): Von der Leitungskraft zum Kaufberater. Wie man lernen kann, Pflege zu verkaufen. In: Forum Sozialstation, 6, 35.

o. V. (1997): Altenpflegeumlage zum Teil erheblich erhöht. In: Pflegen Ambulant, 4, 6.
o. V. (1997): Der richtige Weg ? In: Altenpflege, 9, 52.
o. V. (1997): Der Stein des Anstoßes. Der Abgrenzungskatalog - ein neues „Sparkonzept" der Krankenkassen. In: Häusliche Pflege, 6, 26-32.
o. V. (1997): Gravierende Unterschiede bei Pflegeeinstufungen. In: Häusliche Pflege, 2, 8.
o. V. (1997): Kooperation ist der sichere Wege in die Zukunft. In: Pflegen Ambulant, 5, 48-49.
o. V. (1997): Kooperationsvereinbarung zwischen AOK Rheinland und LfK. In: Häusliche Pflege, 2, 8.
o. V. (1997): Landesgesetzliche Regelungen zur Förderung von Pflegeeinrichtungen. In: Pflegen Ambulant, 2, Beilage.
o. V. (1997): Mehr Transparenz und Selbstbestimmung für den Kunden. Die Bundesverbände der privaten Pflegeeinrichtungen haben ein neues Vergütungs-System zur Pflegeversicherung erarbeitet. In: Pflegen Ambulant, 4, 38-41.
o. V. (1997): Neue Begutachtungsrichtlinie vom BMA genehmigt. In: Heim und Pflege, 7, 260.
o. V. (1997): Pflegedokumentation dient auch der wirtschaftlichen Sicherheit einer Einrichtung. In: Pflegen Ambulant, 2, 7.
o. V. (1995): „Die Pflegeversicherung stärkt die Kunden". In: Socialmanagement, 1, 8-9.
o. V. (1997): „Preisstrategie der Kassen treibt Pflegedienste in den Ruin". In: Forum Sozialstation, 6, 14-17.
o. V. (1997): Premiere - Gleichstellung privater Pflegedienste mit Freier Wohlfahrtspflege. In: Pflegen Ambulant, 1, 5-6.
o. V. (1997): Schutzgemeinschaft ebnet Klageweg. Abgrenzungskatalog rechtswidrig. In: Forum Sozialstation, 86, 7.
o. V. (1997): „Soviel Land wie möglich, soviel Bund wie nötig". Der SHK - ein neuer Bundesverband für ambulante Pflegedienste stellt sich vor. In: Pflegen Ambulant, 4, 42-43.
o. V. (1997): Vergütung NRW: Private Anbieter und freie Wohlfahrtspflege erstmals gleichgestellt. In: Häusliche Pflege, 1, 7.
o. V. (1997): Verliert die Altenpflege an Qualität ? In: Altenpflege, 3, 34.
o. V. (1997): „Wettbewerb kann nur durch separat vereinbarte Vergütungen erreicht werden". In: Häusliche Pflege, 1, 21-22.
o. V. (1998): „Am Ende teuerer, mit schlechterer Qualität". In: Häusliche Pflege, 2, 35-36.
o. V. (1998): Qualität als Baustein der Pflegeversicherung. Teil 3: Die verantwortliche Pflegefachkraft. In: Häusliche Pflege, 3, 9-12.
Pick, Peter (1995): Das Pflegeversicherungsgesetz und der Medizinische Dienst der Krankenkassen. In: Krankendienst, 4, 109-113.
Ristok, Bruno (1998): Auf den richtigen Personalmix kommt es an. Pflegedienste zwischen Wirtschaftlichkeit und Pflegequalität. In: Pflegen Ambulant, 1, 21-24.
Scheffler, Werner (1995): Die Pflegekammer - Sinn, Zweck und Aufgabe. In: Die Schwester/Der Pfleger, 4, 358-361.
Schneider-Siegmund, Markus (1996): Chancen für die Wohlfahrt durch effektive und transparente Förderrichtlinien. In: Häusliche Pflege, 5, 326.

Schülke, Heiner (1997): Die Pflegedienste sollten sich gut vorbereiten. In: Pflegen Ambulant, 3, 10-16.
Schwarzenau, Annette (1997): Verunsicherung und Kompetenzgerangel. In: Altenpflege, 9, 21.
Sitte, Martina (1996): Qualitätsmaßstäbe. Sicherung eines einheitlichen Pflegeniveaus. In: Die Ortskrankenkasse, 8, 266-270.
Specht, Theodor (1997): „Wer sich nicht engagiert, hat morgen schlechtere Karten". In: Häusliche Pflege, 8, 48-54.
Specht, Theodor Eberhard (1997): Klamme Kassen machen mobil. Die Altenpflege-Umlage in der Diskussion. In: Häusliche Pflege, 10, 64-70.
Stoll, Bettina (1997a): 16 Bundesländer, 16 Gesetzesversionen. In: Pflegen Ambulant, 4, 7.
Stoll, Bettina (1997b): Konstruktiv miteinander umgehen. Die Qualitätsprüfungen nach § 80 SGB XI - Rechte und Pflichten der Pflegedienste. In: Häusliche Pflege, 11, 35-36.
Tews, Bernd (1997a): An der Praxis vorbei! Pflegekassen legen neue Bundesempfehlung zu den Leistungskomplexen und deren Vergütung nach dem SGB XI vor. In: Häusliche Pflege, 2, 20-22.
Tews, Bernd (1997b): Was kostet eine Stunde Pflegeversicherung wirklich? Untersuchung zu den tatsächlichen Kosten für Pflegedienste im Rahmen des SGB XI. In: Häusliche Pflege, 9, 34-37.
Tews, Bernd/Richter, Roland (1997): Ist der partnerschaftliche Umgang vorbei ? In: Häusliche Pflege, 4, 21-23.

9.4 Presseartikel

Information der Landesregierung (1998): „Abschaffung der Heim-Personalverordnung ist vom Tisch". Nr. 222/3/98. Düsseldorf.
Frankfurter Allgemeine Zeitung, 10. 2. 95: „Blüm: Die Pflegeversicherung nicht überfordern".
Frankfurter Allgemeine Zeitung, 29. 3. 95: „Die Pflegeversicherung krankt an ihrer Finanzierung".
Frankfurter Allgemeine Zeitung, 23. 5. 1996: „Pflegeversicherung zahlt für medizinische Behandlungspflege in Heimen".
Frankfurter Allgemeine Zeitung, 16. 1. 97: „Finanzlage der Kommunen leicht entspannt".
Frankfurter Allgemeine Zeitung, 22. 8. 97: „Überschuß der Pflegekassen nicht antasten".
Frankfurter Allgemeine Zeitung, 23. 8. 97: „Streit um Überschuß der Pflegeversicherung".
Frankfurter Rundschau, 19. 12. 96: „Pflegeversicherung bisher nur Teilkasko-Lösung".
Frankfurter Rundschau, 4. 1. 97: „Pflegeversicherung. Private und Öffentliche stufen unterschiedlich ein".

Frankfurter Rundschau, 7. 1. 97: „Pflegeversicherung. Kassen zeigen sich nach Vorwürfen gesprächsbereit".
Frankfurter Rundschau, 6. 5. 97: „Pflegeversicherung erhöht den Streß in Altenheimen. Wissenschaftler untersuchen Arbeitsbelastung für Beschäftigte. Personal oft unterqualifiziert".
Süddeutsche Zeitung, 16. 3. 1998: „Qualität der Pflege in Heimen gefährdet".
Wirtschaftswoche, Nr. 46, 12. 11. 93: „Bluthandel - expansive Strategie".
Die Zeit, 16/95. „Neu im Beerdigungsgeschäft".

9.5 Literatur

Abbott, Andrew (1988): The System of the Professions. An Essay on the Division of Expert Labor. Chicago/London.
Albach, Horst (1989): Dienstleistungen in der modernen Industriegesellschaft. München.
Alber, Jens (1990): Ausmaß und Ursachen des Pflegenotstands in der Bundesrepublik Deutschland. In: Staatswissenschaften und Staatspraxis, 3, 335-361.
Alber, Jens (1992): Social and Economic Policies for the Older People in Germany. Report for the European Communities. Universität Konstanz.
Alber, Jens (1993): Soziale Dienstleistungen: Die vernachlässigte Dimension vergleichender Wohlfahrtsstaatsforschung. In: Bentele, Karl-Heinz u.a. (Hg.): Die Reformfähigkeit von Industriegesellschaften: F. W. Scharpf. Festschrift zu seinem 60. Geburtstag. Frankfurt am Main/New York, 277-293.
Alemann, Ulrich von (1989): Organisierte Interessen in der Bundesrepublik. Opladen.
Alemann, Ulrich von/Heinze, Rolf G. (Hg.) (1981): Verbände und Staat. Vom Pluralismus zum Korporatismus. Analysen, Positionen, Dokumente. 2. Aufl. Opladen.
Allemeyer, Jürgen (1995). Freie Wohlfahrtspflege und Markt - Bedrohung oder Chance ? In: Theorie und Praxis der sozialen Arbeit, 1, 2-13.
Allemeyer, Jürgen (1995): Die Pflegeversicherung und das System der Sozialhilfe: Auswirkungen für Pflegebedürftige und Einrichtungen. In: Fachinger/Rothgang (Hg.), 177-195.
Alvesson, Mats (1993): Cultural Perspectives on Organizations. Cambridge.
Andersen, Hanfried/Schulenburg, J. Matthias v.d. (1990): Konkurrenz und Kollegialität. Ärzte im Wettbewerb. Berlin.
Angerhausen, Susanne/Backhaus-Maul, Holger/Schiebel, Martina (1995): Nachwirkende Traditionen und besondere Herausforderungen: Strukturentwicklung und Leistungsverständnis von Wohlfahrtsverbänden in den neuen Bundesländern. In: Rauschenbach/Sachße/Olk (Hg.), 377-403.
Arthur, W. Brian (1988): Self Reinforcing Mechanisms in Economics. In: Anderson, Philip W. (Hg.) (1988): The Economy as an Evolving Complex System. Reading, Mass, 48-67.
Arthur, W. Brian (1989): Competing Technologies, Increasing Returns and Lock-in by Historical Events. In: Economic Journal, Vol. 99, 116-131.
Atteslander, Peter (^{7}1993): Methoden der empirischen Sozialforschung. Berlin.

Bäcker, Gerhard/Bispinck, Reinhard/Hofemann, Klaus/Naegele, Gerhard (1989): Sozialpolitik und soziale Lage in der Bundesrepublik Deutschland, 2 Bde., Köln.

Bäcker, Gerhard/Heinze, Rolf G./Naegele, Gerhard (1995): Die Sozialen Dienste vor neuen Herausforderungen. Münster.

Backhaus-Maul, Holger/Olk, Thomas (1994): Von Subsidiarität zu „outcontracting“: Zum Wandel der Beziehungen von Staat und Wohlfahrtsverbänden in der Sozialpolitik. In: Streeck, Wolfgang (Hg.): Staat und Verbände. PVS-Sonderheft 25. Opladen: Westdeutscher Verlag, 100-135.

Backhaus-Maul, Holger/Olk, Thomas (1996): Vom Korporatismus zum Pluralismus ? Aktuelle Tendenzen in den Staat-Verbände-Beziehungen am Beispiel des Sozialsektors. In: Clausen, Lars (Hg.): Gesellschaften im Umbruch. Verhandlungen des 27. Kongresses der Deutschen Gesellschaft für Soziologie. Frankfurt am Main/New York, 580-594.

Backhaus-Maul, Holger/Olk, Thomas (1998): Verhandeln und kooperieren versus autoritative Politik. Regieren im Beziehungsgeflecht zwischen Staat und Drittem Sektor in der Sozialpolitik. In: Hilpert, Ulrich/Holtmann, Everhard (Hg.): Intergouvernementales Regieren. Opladen (i. E.).

Badelt, Christoph (1985): Politische Ökonomie der Freiwilligenarbeit. Theoretische Grundlegung und Anwendungen in der Sozialpolitik. Frankfurt am Main/New York.

Badelt, Christoph (1993): Zwischen Kunden und Finanziers. In: Socialmanagement, 2, 34-36.

Badura, Bernhard/Gross, Peter (1976): Sozialpolitische Perspektiven. Eine Einführung in Grundlagen und Probleme sozialer Dienstleistungen. München.

Baier, Horst (1988): Gibt es eine Ethik des Sozialstaates? Über Moral und Interessen im Sozial- und Gesundheitswesen. In: Gäfgen, Gerard (Hg.), 231-252.

Bandelow, Nils C. (1998): Gesundheitspolitik. Der Staat in der Hand einzelner Interessengruppen ? Opladen.

Bandemer, Stephan von/Hilbert, Josef (1996): Soziale Dienste und Gesundheit als Wachstumsbranche - Chancen und Gestaltungsherausforderungen. In: Zeitschrift für Sozialreform, 11/12, 763-776.

Barley, Stephen R./Tolbert, Pamela S. (1997): Institutionalization and Structuration. Studying the links between action and institution. In: Organization Studies, 18, 1, 93-117.

Bartholomäi, Reinhart u.a. (Hg.) (1977): Sozialpolitik nach 1945. Geschichte und Analysen, Bonn.

Bauer, Rudolph (1978): Wohlfahrtsverbände in der Bundesrepublik. Materialien und Analysen zu Organisation, Programmatik und Praxis. Ein Handbuch. Weinheim/Basel.

Bauer, Rudolph (1991): Intermediäre Instanzen im Strukturwandel der Sozialpolitik. Kommen intermediäre Hilfe- und Dienstleistungsorganisationen als Akteure des sozialpolitischen Strukturwandels in Frage oder sind sie Agenturen zu seiner Verhinderung ? In: Österreichische Zeitschrift für Soziologie, 1, 74-91.

Bauer, Rudolph/Hansen, Eckhard (1995): Die Liquidation des Sozialstaats. In: Sozial Extra, 12, S. 16-18.

Baumol, William J. (1967): Macroeconomics of Unbalanced Growth: The Anatomy of Urban Crisis. In: American Economic Review, 61, 415-426.

Becher, Berthold (1996): Die Verbände der freien Wohlfahrtspflege vor dem Zwang zur Neupositionierung: Strategisches Management und Organisationsentwicklung. In: Nachrichten des Deutschen Vereins, 6, 178-185.
Beck, Martin (1992). Situation der Freien Wohlfahrtspflege in den neuen Bundesländern. In: Soziale Arbeit, 10-11, S. 385-394.
Becker, Wolfgang/Meifort, Barbara (Hg.) (1994): Pflegen als Beruf: ein Berufsfeld in der Entwicklung. Bielefeld.
Beckert, Jens (1996): Was ist soziologisch an der Wirtschaftssoziologie ? Ungewißheit und die Einbettung wirtschaftlichen Handelns. In: Zeitschrift für Soziologie, 2, 125-146.
Bell, Daniel (1972): The Coming of Post-Industrial Society. New York.
Berger, Johannes/Offe, Claus (1980): Die Entwicklungsdynamik des Dienstleistungssektors. In: Leviathan, 1, 41-75.
Berger, Peter L./Luckmann, Thomas ([5]1996): Die gesellschaftliche Konstruktion der Wirklichkeit. Eine Theorie der Wissenssoziologie. Frankfurt am Main.
Bergmann, Joachim/Jacobi, Otto/Müller-Jentsch, Walter (1976): Gewerkschaften in der Bundesrepublik, Bd. 1: Gewerkschaftliche Lohnpolitik zwischen Mitgliederinteressen und ökonomischen Systemzwängen. Frankfurt am Main.
Beyme, Klaus von (1991): Theorie der Politik im 20. Jahrhundert. Von der Moderne zur Postmoderne. Frankfurt/Main.
Blum, Sandra (1994): Corporate Identity im Sozialen - ein Unternehmensansatz auch für soziale Organisationen ? In: Socialmanagement, 3, 17-19.
Böckenförde, Ernst-Wolfgang (1971): Die Bedeutung der Unterscheidung von Staat und Gesellschaft im demokratischen Sozialstaat der Gegenwart. In: Aus Politik und Zeitgeschichte, 49, 3-17.
Boll, Fritz/Olk, Thomas (Hg.) (1987): Selbsthilfe und Wohlfahrtsverbände. Freiburg i.Br.
Borchert, Jürgen (1991): Wann kippt Pisa ? Anmerkungen zur Diskussion um die Pflegeversicherung - vor allem aus familienpolitischer Sicht. In: Zeitschrift für Sozialreform, 6, 366-374.
Boyce, Mary E. (1995): Collective Centring and Collective Sense-making in the Stories and Storytelling of one Organization. In: Organizations Studies, 1, 107-137.
Brauns, Hans-Jochen (1994): Die Wohlfahrtsverbände müssen ihre Orientierung am Staat aufgeben. Finanzierungsformen prägen Organisationsstrukturen - Was sich ändern muß. In: Blätter der Wohlfahrtspflege, 9, 161-163.
Bräutigam, Martin/Schmid, Josef (1996): Pflege im modernen Wohlfahrtsstaat. Der deutsche Fall in vergleichender Perspektive. In: Staatswissenschaften und Staatspraxis, 2, 261-289.
Bremen, Klaus (1987): Vom allmählichen Verschwinden des Altruismus. Das Verhältnis des Deutschen Paritätischen Wohlfahrtsverbandes zur neueren Selbsthilfe-Bewegung: Probleme und Perspektiven. In: Boll/Olk (Hg.), 72-83.
BAGFW (Bundesarbeitsgemeinschaft der Freien Wohlfahrtspflege) (1997): Gesamstatistik der Einrichtungen der Freien Wohlfahrtspflege (Stand: 1. 1. 96). Bonn.
Bundesvereinigung der Deutschen Arbeitgeberverbände (BDA) (1994): Sozialstaat vor dem Umbau. Leistungsfähigkeit und Finanzierbarkeit sichern. Köln.
Crozier, Michel/Friedberg, Erhard (1977): L‘ acteur et le système. Les contraintes de l ‘action collective. Paris.

Crozier, Michel/Friedberg, Erhard (1993): Die Zwänge kollektiven Handelns. Über Macht und Organisation. Frankfurt am Main.

Czarniawska-Joerges, Barbara (1995): Narration or Science ? Collapsing the Division in Organization Studies. In: Organization, Vol. 2, 1, 11-33.

Czytrich, Günther (1984): Handlungsstrukturen im Verhältnis freier und behördlicher Wohlfahrtspflege. Thesen aus der Sicht der Verbandsökonomie. In: Bauer, Rudolph/Dießenbacher, Hartmut (Hg.): Organisierte Nächstenliebe. Wohlfahrtsverbände und Selbsthilfe in der Krise des Sozialstaats. Opladen, 3-8.

Degen, Johannes (1975): Diakonie und Restauration. Kritik am sozialen Protestantismus in der BRD. Neuwied/Darmstadt.

Dehn, Gerhard (1995): Die Beziehungen der Pflegekassen zu den Leistungserbringern. In: Die Sozialversicherung, 4, 97-103.

Deutscher Bundestag (1994): Zwischenbericht der Enquête-Kommission „Demographischer Wandel" - Herausforderungen unserer älter werdenden Gesellschaft an den einzelnen und die Politik. Zur Sache. Themen parlamentarischer Beratung, 4. Bonn: Bundestags-Druckerei.

Deutschmann, Christoph/Faust, Michael/Jauch, Peter/Notz, Petra: Veränderungen der Rolle des Managements im Prozeß reflexiver Rationalisierung. In: Zeitschrift für Soziologie, 6, 436-450.

diMaggio, Paul J. (1991): Constructing an Organizational Field as a Professional Project. U.S. Art Museums, 1920-1940. In: Powell, Walter W./diMaggio, Paul J. (Hg.) (1991): The New Institutionalism in Organizational Analysis. Chicago/London, 267-292.

diMaggio, Paul J./Powell, Walter W. (1991): The Iron Cage Revisited. Institutional Isomorphism and Collective Rationality. In: Powell, Walter W. / diMaggio, Paul J. (Hg.) (1991): The New Institutionalism in Organizational Analysis. Chicago/London, 63-82.

Döhler, Marian/Manow-Borgwardt, Philipp (1992): Gesundheitspolitische Steuerung zwischen Hierarchie und Verhandlung. In: Politische Vierteljahresschrift, 4, 571-596.

Dünner, Alfred/Gebhardt, Wilfried (1996): Die Caritas auf dem Weg in den Wettbewerb. In: Caritas, 2, 58-62.

Durkheim, Emile (1984): Die Regeln der soziologischen Methode. Frankfurt am Main.

Durkheim, Emile (1988): Über soziale Arbeitsteilung. Studie über die Organisation höherer Gesellschaften. Frankfurt am Main.

Dütz, Wilhelm (1991): Die Zukunft des „Dritten Wegs" von Kirche und Caritas im Arbeitsrecht. Kritische Bilanz vor dem Hintergrund der bundesverfassungsgerichtlichen Rechtssprechung. In: Feldhoff, Norbert/Dünner, Alfred (Hg.): Die verbandliche Caritas. Praktisch-theologische und kirchenrechtliche Aspekte. Freiburg i. Br., 119-149.

Ellwein, Thomas (1994): Beiträge zur Theorie der Verwaltungsentwicklung (vorläufiger Ergebnisbericht). Universität Konstanz. Fakultät für Verwaltungswissenschaft.

Elster, Jon (1979): Ulysses and the Sirens. Studies in Rationality and Irrationality. Cambridge.

Elster, Jon (1983): Sour Grapes. Studies in Subversion of Rationality. Cambridge.

Emerson, Richard M. (1962): Power-Dependence Relations. In: American Sociological Review, Vol. 27, 31-41.
Endruweit, Günter (1981): Organisationssoziologie. Berlin/New York.
Esping-Andersen, Gösta (1990): Three Worlds of Welfare Capitalism. Cambridge/Mass.
Evers, Adalbert (1990). Im intermediären Bereich - Soziale Träger und Projekte zwischen Haushalt, Staat und Markt. In: Berliner Journal für Sozialforschung, 2, 189-210.
Evers, Adalbert (1991). Pluralismus, Fragmentierung und Vermittlungsfähigkeit. Zur Aktualität intermediärer Aufgaben und Instanzen im Bereich der Sozial- und Gesundheitspolitik. In: Heinelt, Hubert/Wollmann, Helmut (Hg.): Brennpunkt Stadt. Stadtpolitik und lokale Politikforschung in den 80er und 90er Jahren. Basel/Boston/Berlin, 221-240.
Evers, Adalbert (1995): Die Pflegeversicherung. Ein mixtum compositum im Prozeß der politischen Umsetzung. In: Sozialer Fortschritt, 2, 23-28.
Evers, Adalbert (1997): Geld oder Dienste ? Zur Wahl und Verwendung von Geldleistungen im Rahmen der Pflegeversicherung. In: WSI-Mitteilungen, 7, 510-518.
Evers, Adalbert/Haverinen, Riita/Leichsenring, Kai/Wistow, Gerald (eds.) (1998): Developing Quality in Personal Social Services. Concepts, Cases and Comments. Aldershot.
Evers, Adalbert/Svetlik, Ivan (eds.) (1996): New Welfare Mixes in Care for the Elderly. Trends and Developments in 14 Countries of the European Region. Aldershot.
Fachinger, Uwe/Rothgang, Heinz (Hg.) (1995): Die Wirkungen des Pflege-Versicherungsgesetzes. Berlin.
Falk, Ze'ev Wilhelm (1995): Status und Kontrakt im Familienrecht. In: Familienrechtliche Zeitschrift, 20, 1251-1254.
Flierl, Herbert (1982): Freie und öffentliche Wohlfahrtspflege. Aufbau, Finanzierung, Geschichte, Verbände. München.
Fligstein, Neil (1991): The Structural Transformation of American Industry. An Institutional Account of the Causes of Diversification in the Largest Firms, 1919-1979. In: Powell, Walter W./diMaggio, Paul J. (Hg.): The New Institutionalism in Organizational Analysis. Chicago/London, 311-336.
Fligstein, Neil (1996): Markets as Politics. A Political-Cultural Approach to Market Institutions. In: American Sociological Review, Vol. 61, 656-673.
Fligstein, Neil (1997): Fields, Power, and Social Skill. A Critical Analysis of the New Institutionalisms. Paper prepared for the Conference „Power and Organization", University of Hamburg, November. Berkeley/California.
Fourastié, Jean (1954): Die große Hoffnung des 20. Jahrhunderts. Köln.
Freidson, Eliot (1970a): Profession of Medicine. New York.
Freidson, Eliot (1970b): Professional Dominance. Chicago.
Freidson, Eliot (1975): Doctoring Together. Chicago.
Frie, Ewald (1994): Caritativer Katholizismus in Deutschland im 19. und 20. Jahrhundert. Freiburg i.Br.
Friedberg, Erhard (1977): Zur Politologie von Organisationen. Prämissen einer strategischen Organisationsanalyse. IIM 77-14. Wissenschaftszentrum Berlin. Berlin.

Friedberg, Erhard (1990): Generalized Political Exchange, Organizational Analysis, and Public Policy. In: Marin, Bernd (ed.): Generalized Political Exchange. Antagonistic Cooperation and Integrated Policy Circuits. Frankfurt am Main/Boulder, 185-198.

Friedberg, Erhard (1995): Ordnung und Macht. Dynamiken organisierten Handelns. Frankfurt/Main, New York.

Friedrichs, Jürgen (990): Methoden der empirischen Sozialforschung. 14. Aufl. Opladen.

Gabanyi, Monika (1997): Ambulante Pflegedienste im Spannungsfeld zwischen Wirtschaftlichkeit, Qualität und Kundenorientierung. BASYS Beratungsgesellschaft für angewandte Systemforschung. Augsburg.

Gäfgen, Gérard (Hg.) (1988): Neokorporatismus und Gesundheitswesen. Baden-Baden.

Gershuny, Jonathan (1978): After Industrial Society. The Emerging Self-Service Economy. London.

Geser, Hans (1990): Organisationen als soziale Akteure. In: Zeitschrift für Soziologie, 6, 401-417.

Giddens, Anthony (1995): Die Konstitution der Gesellschaft. Grundzüge einer Theorie der Strukturierung. 2. Aufl. Frankfurt am Main/New York.

Giese, Dieter (1995): Rahmenverträge, zugelassene Pflegeeinrichtungen ohne vertragliche Vergütungsregelung und zur Stellung der Kirchen, Religionsgemeinschaften und Wohlfahrtsverbände im Pflege-Versicherungsgesetz (SGB XI). In: Beiträge zum Recht der sozialen Dienste und Einrichtungen, 29, 1-26.

Göhler, Gerhard (Hg.) (1994): Die Eigenart der Institutionen. Baden-Baden.

Goll, Eberhard (1991): Die freie Wohlfahrtspflege als eigener Wirtschaftsfaktor. Theorie und Empirie ihrer Verbände und Einrichtungen. Baden-Baden.

Görres, Stefan (1995): Instrumente der Qualitätssicherung. In: Klie, Thomas (Hg.): Pflegeversicherung und Qualitätssicherung in der Pflege. Hamburg, 89-103.

Götting, Ulrike/Hinrichs, Karl (1993): Probleme der politischen Komromißbildung bei der gesetzlichen Absicherung des Pflegefallrisikos. Eine vorläufige Bilanz. In: Politische Vierteljahresschrift, 1, 47-71.

Granovetter, Mark (1985): Economic Action and Social Structure: The Problem of Embeddedness. In: American Journal of Sociology, 3, 481-510.

Grimm, Dieter (Hg.) (1996): Staatsaufgaben. Frankfurt am Main.

Groser, Manfred (1992): Gemeinwohl und Ärzteinteressen. Die Politik des Hartmannbundes. Gütersloh.

Groser, Manfred (1994): Entgeltbestimmung im Verhandlungsverfahren. In: Knappe, Eckhard/ Burger, Stephan (Hg.): Wirtschaftlichkeit und Qualitätssicherung in sozialen Diensten. Frankfurt am Main/New York, 43-62.

Groser, Manfred (1996): Versorgungsstrukturen und Finanzierung der Pflege. Forum - Sozialarbeit/Sozialpädagogik. Arbeiten aus dem Fachbereich Sozialwesen der Otto-Friedrich-Universität Bamberg.

Gross, Peter/Badura, Bernhard (1977): Sozialpolitik und soziale Dienste: Entwurf einer Theorie personenbezogener Dienstleistungen. In: von Ferber, Christian/Kaufmann, Franz-Xaver (Hg.): Soziologie und Sozialpolitik. Sonderheft 19 der Kölner Zeitschrift für Soziologie und Sozialpsychologie. Opladen, 361-385.

Gutjahr, Gert (1985): Psychologie des Interviews in Praxis und Theorie. Heidelberg.

Hall, Peter A. (1986): Governing the Economy. The Politics of State Intervention in Britain and France. New York.
Hall, Peter A./Taylor, Rosemary C. R. (1996): Political Science and the Three New Institutionalisms. In: Political Studies, Vol. XLIV, 952-973.
Hanesch, Walter (1994): Armut in Deutschland. Der Armutsbericht des DGB und des Paritätischen Wohlfahrtsverbandes. Hamburg.
Hänlein, Andreas (1996): Einige „pflegerechtliche“ Gedanken. In: Beiträge zum Recht der sozialen Dienste und Einrichtungen, 32, 21-27.
Hasse, Raimund / Krücken, Georg (1996): Was leistet der organisationssoziologische Neo-Institutionalismus ? Eine theoretische Auseinandersetzung mit besonderer Berücksichtigung des wissenchaftlichen Wandels. In: Soziale Systeme, 2, 91-112.
Haug, Karin (1994): Habits und Frames in der Pflegeversicherung. Arbeitspapier des Zentrums für Sozialpolitik, 6, Universität Bremen.
Haug, Karin/Rothgang, Heinz (1994): Das Ringen um die Pflegeversicherung - ein vorläufiger sozialpolitischer Rückblick. In: Beiträge zum Recht der sozialen Dienste und Einrichtungen, 24, 1-30.
Haug, Karin/Rothgang, Heinz (1996): Die gesetzliche Absicherung des Pflegefallrisikos. Eine Untersuchung der Konsensbildungsprozesse und Wirkungen einer Pflegeversicherung. Forschungsbericht, Berlin/Bremen.
Häußermann, Hartmut/Siebel, Walter (1995): Dienstleistungsgesellschaften. Frankfurt am Main.
Hegner, Friedhart (1991): Angebotsketten und verkettete Organisationsprinzipien der Versorgung. In: Nippert, Reinhart P./Pöhler, Willi/Slesina, Wolfgang (Hg.): Kritik und Engagement. Soziologie als Anwendungswissenschaft. Festschrift für Christian von Ferber zum 65. Geburtstag. München, 225-238.
Hegner, Friedhart (1992): Organisations-"Domänen" der Wohlfahrtsverbände: Veränderungen und unscharfe Konturen. In: Zeitschrift für Sozialreform, 38, 165-190.
Heimerl, Peter (1993): Modernisierung und Innovation. In: Socialmanagement, 3, 44-46.
Heinze, Rolf G. (1981): Verbändepolitik und „Neokorporatismus“. Zur politischen Soziologie organisierter Interessen. Opladen.
Heinze, Rolf G. (1985): Verbandlichung der Sozialpolitik? Zur neueren Diskussion des Subsidiaritätsprinzips. In: Krüger, Jürgen/Pankoke, Eckart (Hg.): Kommunale Sozialpolitik. München, 196-221.
Heinze, Rolf G. (Hg.) (1986): Neue Subsidiarität. Leitidee für eine zukünftige Sozialpolitik ? Opladen.
Heinze, Rolf G./Bucksteeg, Mathias (1995): Modernisierung der lokalen Sozialpolitik - Potentiale freiwilligen Engagements im „Wohlfahrtsmix“. In: Fricke, Werner (Hg.): Jahrbuch Arbeit und Technik. Bonn, 208-218.
Heinze, Rolf G./Olk, Thomas (1981): Die Wohlfahrtsverbände im System sozialer Dienstleistungsproduktion. Zur Entstehung und Struktur der bundesrepublikanischen Verbändewohlfahrt. In: Kölner Zeitschrift für Soziologie und Sozialpsychologie, 33, 94-114.

Heinze, Rolf G./Olk, Thomas (1984a): Rückzug des Staates - Aufwertung der Wohlfahrtsverbände? Verbandliche Wohlfahrtspflege und „neue Subsidiarität". In: Bauer, Rudolph/Dießenbacher, Hartmut (Hg.): Organisierte Nächstenliebe. Wohlfahrtsverbände und Selbsthilfe in der Krise des Sozialstaats. Opladen, 173-188.

Heinze, Rolf G./Olk, Thomas (1984b): Sozialpolitische Steuerung. Von der Subsidiarität zum Korporatismus. In: Glagow, Manfred (Hg.): Gesellschaftssteuerung zwischen Korporatismus und Subsidiarität. Bielefeld, 162-194.

Heinze, Rolf G./Schmid, Josef/Strünck, Christoph (1997): Zur Politischen Ökonomie der sozialen Dienstleistungsproduktion. Der Wandel der Wohlfahrtsverbände und die Konjunkturen der Theoriebildung. In: Kölner Zeitschrift für Soziologie und Sozialpsychologie, 2, 242-271.

Heinze, Rolf G./Strünck, Christoph (1996): Kontraktmanagement im Windschatten des „Wohlfahrtsmix" ? Neue kommunale Steuerungsmodelle für das System der Wohlfahrtsverbände. In: Evers, Adalbert/Olk, Thomas (Hg.), 294-322.

Herder-Dorneich, Philipp, Wasem, Jürgen (1986): Krankenhausökonomik zwischen Humanität und Wirtschaftlichkeit. Baden-Baden.

Herder-Dorneich, Philipp/Kötz, Walter (1972): Zur Dienstleistungsökonomik. Systemanalyse und Systempolitik der Krankenhauspflegedienste. Berlin.

Héritier, Adrienne (1993): Einleitung. Policy-Analyse. Elemente der Kritik und Perspektiven der Neuorientierung. In: dies. (Hg.): Policy-Analyse. Kritik und Neuorientierung. Politische Vierteljahresschrift. Sonderheft 24, 9-36.

Hesse, Joachim Jens (1987): Aufgabe einer Staatslehre heute. In: Ellwein, Thomas u.a. (Hg.)· Jahrbuch zur Staats- und Verwaltungswissenschaft, Bd. 1. Baden-Baden, 55-87.

Hesse-Schiller, Werner (1996): Das Erste Gesetz zur Änderung des Elften Buches Sozialgesetzbuch und anderer Gesetze (1. SGB XI-ÄndG) - Klärungen, Reparaturen und Einschränkungen. In: Beiträge zum Recht der sozialen Dienste und Einrichtungen, 34, 42-71.

Hinrichs, Karl (1995): Die Soziale Pflegeversicherung - eine institutionelle Innovation in der deutschen Sozialpolitik. In: Staatswissenschaften und Staatspraxis, 2, 227-259.

Hirsch-Kreinsen, Hartmut (1995): Dezentralisierung: Unternehmen zwischen Stabilität und Desintegration. In: Zeitschrift für Soziologie, 6, 422-435.

Hirschman, Albert O. (1974): Abwanderung und Widerspruch. Tübingen.

Hollingsworth, J. Rogers/Schmitter, Philippe C./Streeck, Wolfgang (1993): Governing Capitalist Economies: Performance and Control of Economic Sectors. New York/Oxford.

Horch, Heinz-Dieter (1992): Geld, Macht und Engagement in freiwilligen Vereinigungen: Grundlagen einer Wirtschaftssoziologie von Non-profit-Organisationen. Berlin.

Igl, Gerhard (1994). Prospektive Pflegesätze im BSHG. In: Theorie und Praxis der sozialen Arbeit, 8, 291-299.

Igl, Gerhard (1995a): Die Rolle des Medizinischen Dienstes der Krankenversicherung bei der Begutachtung der Pflegebedürftigkeit in der Sozialen Pflegeversicherung (SGB XI). In: Zeitschrift für Gerontologie und Geriatrie, 2, 140-143.

Igl, Gerhard (1995b): Zu einigen sozialrechtlichen und sozialpolitischen Problemen des neuen Pflegeversicherungsrechts. In: Fachinger/Rothgang (Hg.), 279-294.

Immergut, Ellen M. (1992): The Rules of the Game. The Logic of Health Policy-Making in France, Switzerland, and Sweden. In: Steinmo, Sven/Thelen, Kathleen/Longstreth, Frank (ed.) (Hg.) (1992): Structuring Politics. Historical institutionalism in comparative analysis. New York/Victoria, 57-89.

Institut für angewandte Sozialwissenschaft (INFAS) (1993): Die Freie Wohlfahrtspflege im Spiegel der Öffentlichkeit. Expertenmeinungen und Bevölkerungsbefragung. Bonn.

Jacobs, Klaus (1995): Zur Kohärenz von gesetzlicher Pflegeversicherung und anderen Zweigen der Sozialversicherung. In: Fachinger/Rothgang (Hg.), S. 245-262.

Jensen, Michael (1989): Eclipse of the Public Corporation. In: Harvard Business Review, 61-73.

Jepperson, Ronald L. (1991): Institutions, Institutional Effects, and Institutionalism. In: Powell, Walter W./diMaggio, Paul J. (eds.) (1991): The New Institutionalism in Organizational Analysis. Chicago/London, 143-163.

Joas, Hans (1992): Pragmatismus und Gesellschaftstheorie. Frankfurt am Main.

Joas, Hans (1996): Die Kreativität des Handelns. Frankfurt am Main.

Johne, Gabriele (1997): Qualitätssicherung und Wettbewerb bei Pflegeleistungen. Eine ökonomische Analyse der Anreizstrukturen unter alternativen institutionellen Bedingungen. Frankfurt am Main/New York.

Kahle, Eckart (1994). Managen statt verwalten. Neue Führungsansätze für soziale Dienste und Einrichtungen - Fünf Handlungsfelder für das Management. In: Blätter der Wohlfahrtspflege, 7/8, 133-135.

Kaiser, Jochen-Christoph (1993): Freie Wohlfahrtsverbände im Kaiserreich und in der Weimarer Republik. In: Teppe, Karl (Hg.): Jahrbuch Westfälische Forschungen, Bd. 43. Münster.

Kaufmann, Franz-Xaver (1973): Sicherheit als soziologisches und sozialpolitisches Problem. Stuttgart.

Kaufmann, Franz-Xaver (1990): Zukunft der Familie. München.

Klages, Helmut/Merten, Detlef (1981): Sozialpolitik durch soziale Dienste. Berlin.

Klein, Thomas/Salaske, Ingeborg (1996): Strukturen der stationären Altenversorgung in der Bundesrepublik Deutschland. In: Sozialer Fortschritt, 2, 41-48.

Klie, Thomas (1997): Heimgesetz und SGB XI - ein schwieriges Verhältnis? Zugleich ein Beitrag zur Aufgabenwahrnehmung und Zukunft der Heimaufsicht nach dem Heimgesetz. In: Beiträge zum Recht der sozialen Dienste und Einrichtungen, 35, 34-47.

Klug, Wolfgang (1995): Mehr Markt in die Freie Wohlfahrt? Zum Problem marktwirtschaftlicher Bedingungen in der Freien Wohlfahrtspflege. In: Aus Politik und Zeitgeschichte, B 25-26, S. 34-43.

Klug, Wolfgang (1997): Wohlfahrtsverbände zwischen Markt, Staat und Selbsthilfe. Freiburg i. Br.

Knappe, Eckhard/Burger, Stephan (Hg.)(1994): Wirtschaftlichkeit und Qualitätssicherung in sozialen Diensten. Frankfurt am Main/New York.

Kooiman, Jan (ed.) (1993): Modern Governance. New Government-Society Interactions. London/Newbury Park/New Delhi.

Krome, Volker (1993). Kreativ kopieren! Die Diskussion um Lean Management in der gewerblichen Wirtschaft und mögliche Folgen für neue Organisationskonzepte sozialer Arbeit. In: Blätter der Wohlfahrtspflege, 6, 197-199.

Kuhn, Hans-Werner (1993): Interessen - am Beispiel: Pflegeversicherung. In: Politische Bildung, 2, 76-95.
Kühnert, Sabine/Naegele, Gerhard (1994): Strukturwandel des Alters und die daraus resultierenden Konsequenzen für die Gestaltung stationärer Alteneinrichtungen. In: dies. (Hg.): Perspektiven moderner Altenpolitik und Altenarbeit. Dortmunder Beiträge zur angewandten Gerontologie. Hannover, 129-148.
Kulbach, Roderich/Wohlfahrt, Norbert (1996): Modernisierung der öffentlichen Verwaltung ? Konsequenzen für die freie Wohlfahrtspflege. Freiburg i. Br.
Kuper, Bernd-Otto (1990): Économie Sociale - eine Herausforderung an die freie Wohlfahrtspflege? In: Nachrichten des Vereins für öffentliche und private Fürsorge, 70, 307-309.
Küpper, Willi/Ortmann, Günther (Hg.) (1992): Mikropolitik. Rationalität, Macht und Spiele in Organisationen. 2. Aufl. Opladen.
Kuratorium Deutsche Altershilfe (1974): Gutachten über die stationäre Behandlung von Krankheiten im Alter und über die Kostenübernahme durch die gesetzlichen Krankenkassen. Köln.
Kurz, Bruno/Veit, Yvonne (1994): Rückwärts in die Zukunft. In: Socialmanagement, 3, 8-10.
Lampert, Heinz (1994): Die Rechtsprechung des Bundesverfassungsgerichts zur Familienpolitik aus familienpolitischer Sicht. In: Bottke, Werner (Hg.): Familie als zentraler Grundwert demokratischer Gesellschaften. St. Ottilien, 43-64.
Landenberger, Margarete (1994): Pflegeversicherung als Vorbote eines neuen Sozialstaates. In: Zeitschrift für Sozialreform, 1, 314-342.
Landwehr, Rainer (1985): Zur Geschichte der jüdischen Wohlfahrtspflege in Deutschland. In: Dreßen, Werner (Hg.): Jüdisches Leben. Berlin, 44-53.
Larson, Magali Sarfatti (1977): The Rise of Professionalism. Berkeley.
Lehmbruch, Gerhard (1983): Neokorporatismus in Westeuropa. Hauptrobleme im internationalen Vergleich. In: Journal für Sozialforschung, 23, 407-412.
Lehmbruch, Gerhard (1996): Der Beitrag der Korporatismusforschung zur Entwicklung der Steuerungstheorie. In: Politische Vierteljahresschrift, 4, 735-751.
Leibfried, Stephan/Tennstedt, Florian (Hg.) (1985): Politik der Armut und die Spaltung des Sozialstaats. Frankfurt am Main.
Lenhardt, Gero/Offe, Claus (1977): Staatstheorie und Sozialpolitik. Politisch-soziologische Erklärungsansätze für Funktionen und Innovationsprozesse in der Sozialpolitik. In: von Ferber, Christian/Kaufmann, Franz-Xaver (Hg.): Soziologie und Sozialpolitik. Sonderheft 19 der Kölner Zeitschrift für Soziologie und Sozialpsychologie. Opladen, 98-127.
Lepsius, M. Rainer (1990): Interessen, Ideen und Institutionen. Opladen.
Lewkowicz, Marina (Hg.) (1991). Neues Denken in der Sozialen Arbeit. Mehr Ökologie - mehr Markt - mehr Management. Freiburg i. Br.
Light, Donald / Levine, Sol (1988): The Changing Character of the Medical Profession. A Theoretical Overview. In: The Milbank Quarterly, Vol. 66, Suppl. 2, 10-32.
Loges, Frank (1994): Wohlfahrtsverbände als Unternehmen. In: Theorie und Praxis der sozialen Arbeit, 2, 58-72.
Luhmann, Niklas (1972): Funktionen und Folgen formaler Organisation. 2. Aufl. Berlin.

Luhmann, Niklas (1972): Politikbegriffe und die „Politisierung“ der Verwaltung. In: Demokratie und Verwaltung (Schriftenreihe der Hochschule Speyer). Berlin.

Luhmann, Niklas (1973): Formen des Helfens im Wandel gesellschaftlicher Bedingungen. In: Otto, Hans-Uwe/Schneider, Siegfried (Hg.): Gesellschaftliche Perspektiven der Sozialarbeit. Neuwied/Berlin, 21-43.

Luhmann, Niklas (1991): Zweckbegriff und Systemrationalität. Über die Funktion von Zwecken in sozialen Systemen. 5. Aufl. Frankfurt am Main.

Maine, Henry Sumner (1861): Ancient Law. Oxford.

Maleri, Rudolf (1973): Grundzüge der Dienstleistungsproduktion. Berlin/Heidelberg/New York.

Manow, Philip (1994): Gesundheitspolitik im Einigungsprozeß. Frankfurt am Main/New York.

March, James G. / Olsen, Johan P. (1984): The New Institutionalism. Organizational Factors in Political Life. In: American Political Science Review 78, 734-749.

March, James G./Olsen, Johan P. (1989): Rediscovering Institutions. The Organizational Basis of Politics. New York.

Marin, Bern/Mayntz, Renate (eds.) (1991): Policy Networks. Empirical Evidence and Theoretical Considerations. Frankfurt am Main/Boulder.

Marin, Bernd (ed.) (1990): Generalized Political Exchange. Antagonistic Cooperation and Integrated Policy Circuits. Frankfurt am Main/Boulder.

Marshall, Thomas H. (1992): Bürgerrechte und soziale Klassen. Zur Soziologie des Wohlfahrtsstaates. Frankfurt am Main/New York.

Marx, Karl (1989): Der achtzehnte Brumaire des Louis Bonaparte. In: Marx, Karl/Engels, Friedrich: Ausgewählte Schriften in zwei Bänden, Bd. I. Berlin, 267-371.

Maschmann, Frank (1993): Die Absicherung des Pflegefallrisikos im gegenwärtigen und zukünftigen Recht. In: Neue Zeitschrift für Sozialrecht, 4, 153-160.

Mayntz, Renate (1987): Politische Steuerung und gesellschaftliche Steuerungsprobleme. Anmerkungen zu einem theoretischen Paradigma. In: Jahrbuch zur Staats- und Verwaltungswissenschaft, Bd. 1. Baden-Baden, 89-111.

Mayntz, Renate (1993): Governing Failures and the Problem of Governability: Some Comments on a Theoretical Paradigm. In: Kooiman, Jan (ed.) (1993): Modern Governance. New Government-Society Interactions. London/Newbury Park/New Delhi, 9-20.

Mayntz, Renate/Nedelmann, Birgitta (1987): Eigendynamische soziale Prozesse: Anmerkungen zu einem analytischen Paradigma. In: Kölner Zeitschrift für Soziologie und Sozialpsychologie, Jg. 39, 648-668.

Merchel, Joachim (1989): Der Deutsche Paritätische Wohlfahrtsverband. Seine Funktion im korporatistisch gefügten System sozialer Arbeit. Weinheim.

Merchel, Joachim (1995): Sozialmanagement: Problembewältigung mit Placebo-Effekt oder Strategie zur Reorganisation der Wohlfahrtsverbände ? In: Rauschenbach/Sachße/Olk (Hg.), 297-320.

Meuser, Michael/Nagel, Ulrike (1991): ExpertInneninterviews - vielfach erprobt, wenig bedacht. In: Garz, Detlef/Kraimer, Klaus (Hg.): Qualitativ-empirische Sozialforschung. Opladen, 441-471.

Meyer, Jörg Alexander (1996): Der Weg zur Pflegeversicherung: Positionen, Akteure, Politikprozesse. Frankfurt am Main.

Meyer, John W./Rowan, Brian (1978): Institutional organizations: Formal structure as myth and ceremony. In: American Journal of Sociology, Vol. 83, 340-363.
Miller, David/Mintzberg, Henry (1983): The Case for Configuration. In: Morgan, Gareth (ed.): Beyond Method. Beverly Hills, 60-85.
Mintzberg, Henry (1983): Power In and Around Organizations. Englewood Cliffs.
Mintzberg, Henry (1991): Mintzberg über Management. Führung und Organisation. Wiesbaden.
Müller-Werthmann, Gerhard (1984): Konzern der Menschlichkeit. Die Geschäfte des Deutschen Roten Kreuzes. Hamburg.
Münder, Johannes (1994): Die Übernahme sozialstaatlicher Aufgaben durch freie Träger - Eine Falle für die freien Träger ? BBJ Consult Info ¾, Nr. 39/40. Berlin.
Münder, Johannes/Kreft, Dieter (Hg.) (1990): Subsidiarität heute. Münster.
Nährlich, Stefan (1998): Innerbetriebliche Reformen in Nonprofit-Organisationen. Das Deutsche Rote Kreuz im Modernisierungsprozeß. Wiesbaden.
Nährlich, Stefan/Zimmer, Annette (1997): Am Markt bestehen oder untergehen ? Strategie und Struktur von Deutschem Roten Kreuz und Diakonie im Vergleich. In: von Alemann, Ulrich/Weßels, Bernhard (Hg.): Verbände in vergleichender Perspektive. Beiträge zu einem vernachlässigten Feld. Berlin, 253-279.
Naschold, Frieder (1967): Kassenärzte und Krankenversicherungsreform. Zu einer Theorie der Statuspolitik. Freiburg.
Naschold, Frieder (1995): Ergebnissteuerung, Wettbewerb, Qualitätspolitik, Entwicklungspfade des öffentlichen Sektors in Europa. Berlin: Edition Sigma.
Nawrath, Viktoria (1996): Vereinbarungen über die Vergütung der ambulanten Pflegeleistungen und der hauswirtschaftlichen Versorgung gem. § 89 SGB XI. In: Beiträge zum Recht der sozialen Dienste und Einrichtungen, 36, 72-82.
Nawrath, Viktoria (1997): Übersicht über die Förderung ambulanter Pflegedienste in den Bundesländern. In: Beiträge zum Recht der sozialen Dienste und Einrichtungen, 35, 64-71.
Nee, Victor/Ingram, Paul (1997): The New Institutionalism in Sociology. New York.
Neidhardt, Friedhelm (1981): Über Zufall, Eigendynamik, und Institutionalisierbarkeit absurder Prozesse. Notizen am Beispiel einer terroristischen Gruppe. In: von Alemann, Heine/Thurn, Hans-Peter (Hg.): Soziologie in weltbürgerlicher Absicht. Festschrift für René König zum 75. Geburtstag. Opladen, 243-257.
Neumann, Volker (1989): Der Verband der freien Wohlfahrtspflege als Rechtsbegriff. In: Beiträge zum Recht der sozialen Dienste und Einrichtungen, 4, 1-30.
Neumann, Volker (1993): Freiheitsgefährdung im kooperativen Sozialstaat. Rechtsgrundlagen und Rechtsformen der Finanzierung der freien Wohlfahrtspflege. Köln/Berlin/Bonn/München.
Neumann, Volker (1994): Angebotssteuerung und Qualitätssicherung im SGB XI. In: Vierteljahresschrift für Sozialrecht, 4, 309-321.
Niedrig, Heinz u.a. (Hg.) (1985): Arbeiterwohlfahrt. Verband für soziale Arbeit - Geschichte, Selbstverständnis, Arbeitsfelder, Daten. Wiesbaden.
Nokielski, Hans/Bartholomae, Heike (1995): Verbände im Schatten der Erwerbsgesellschaft: hauswirtschaftliche Verbände in der Bundesrepublik. Frankfurt am Main/New York.
Nullmeier, Frank/Rüb, Friedbert W. (1993): Die Transformation der Sozialpolitik. Vom Sozialstaat zum Sicherungsstaat. Frankfurt am Main/New York.

Offe, Claus (1969): Politische Herrschaft und Klassenstrukturen. In: Kress, Gisela/Senghaas, Dieter (Hg.): Politikwissenschaft. Frankfurt am Main, 155-189.

Offe, Claus (1972): Strukturprobleme des kapitalistischen Staates. Aufsätze zur Politischen Soziologie. Frankfurt am Main.

Offe, Claus (1981): The attribution of public status to interest groups. In: Berger, Suzanne (ed.): Organizing Interests in Western Europe. Cambridge: University Press, 123-158.

Offe, Claus (1984): Korporatismus als System nichtstaatlicher Makrosteuerung ? Notizen über seine Voraussetzungen und demokratischen Gehalte. In: Geschichte und Gesellschaft, 10, 234-256.

Offe, Claus/Heinze, Rolf G. (1990): Organisierte Eigenarbeit. Das Modell Kooperationsring. Frankfurt am Main/New York.

Offe, Claus/Wiesenthal, Helmut (1980): Two Logics of Collective Action: Theoretical Notes on Social Class and Organizational Form. In: Political Power and Social Theory, Vol. 1, 67-115.

Öhlschläger, Rainer (1995): Freie Wohlfahrtspflege im Aufbruch. Ein Managementkonzept für soziale Dienstleistungsorganisationen. Baden-Baden.

Olk, Thomas (1987): Das soziale Ehrenamt. In: Sozialwissenschaftliche Literatur Rundschau, 14, 84-101.

Olk, Thomas (1994): Jugendhilfe als Dienstleistung. Vom öffentlichen Gewährleistungsauftrag zur Marktorientierung ? In: Widersprüche, 53, 11-33.

Olk, Thomas/Heinze, Rolf G. (1981): Die Bürokratisierung der Nächstenliebe. Am Beispiel von Geschichte und Entwicklung der „Inneren Mission". In: Sachße, Christoph/Tennstedt, Florian (Hg.): Jahrbuch der Sozialarbeit 4. Geschichte und Geschichten. Reinbek bei Hamburg.

Olson, Mancur (1992): Die Logik des kollektiven Handelns. Kollektivgüter und die Theorie der Gruppen. 3. Aufl. Tübingen.

Oppl, Hubert (1992a). Der Europäische Binnenmarkt: Freie Wohlfahrtspflege auf dem Prüfstand. In: Soziale Arbeit, 10-11, 357-364.

Oppl, Hubert (1992b). Zur „Marktposition" der Freien Wohlfahrtspflege. In: Soziale Arbeit, 5, 152-158.

Ortmann, Günther (1994): Dark Stars. Institutionelles Vergessen in der Industriesoziologie ? In: Beckenbach, Niels/van Treeck, Werner (Hg.): Soziale Welt, Sonderband 9. Göttingen, 85-118.

Ortmann, Günther (1995): Formen der Produktion. Organisation und Rekursivität. Opladen.

Ostner, Ilona/Krutwa-Schott, Almut (1981): Krankenpflege - ein Frauenberuf ? Bericht über eine empirische Untersuchung. Frankfurt am Main.

Pabst, Stefan (1997): Konfliktlinien bei der Implementation der Pflegeversicherung. Erste Ergebnisse der politikwissenschaftlichen Teilstudie. Ms., Zentrum für Sozialpolitik, Universität Bremen.

Pankoke, Eckart (1994): Diakonie/Caritas/Wohlfahrtsverbände. In: Dunde, Siegfried Rudolf (Hg.): Wörterbuch der Religionssoziologie. Gütersloh, 51-64.

Parsons, Talcott (1951): The Social System. New York.

Pauly, Mark V. (1995): Almost Optimal Social Insurance for Long-Term Care. In: Eisen, Roland/Sloan, Frank A. (eds.): Alternatives for Ensuring Long-Term Care. Dordrecht, 123-147.

Perschke-Hartmann, Christiane (1994): Die doppelte Reform. Gesundheitspolitik von Blüm zu Seehofer. Opladen.

Pfeffer, Jeffrey/Salancik, Gerald (1978): The External Control of Organisations. A Ressource Dependence Perspective. New York.

Pierson, Paul (1993): When Effect becomes Cause: Policy Feedback and Political Change. In: World Politics, Vol. 45, 595-626.

Pihan, Andreas (1996): Politiksequenzen der Pflegeversicherung. Zur Bedeutung von Politiknetzwerken. Münster.

Powell, Walter W. (ed.) (1987): The Nonprofit Sector. A Research Handbook. New Haven/London.

Powell, Walter W./diMaggio, Paul J. (eds.) (1991): The New Institutionalism in Organizational Analysis. Chicago/London.

Prinz, Aloys (1987): Pflegebedürftigkeit - wie kann eine bessere Absicherung aussehen ? In: Sozialer Fortschritt, 12, 279-283.

Prinz, Aloys (1993): Bereitstellung und Finanzierung sozialer Dienstleistungen. In: Beiträge zum Recht der sozialen Dienste und Einrichtungen, 21, 20-31.

Prognos AG (1991): Freie Wohlfahrtspflege im zukünftigen Europa. Herausforderungen und Chancen im Europäischen Binnenmarkt. Studie im Auftrag der Bank für Sozialwirtschaft GmbH. Köln/Berlin.

Rauschenbach, Thomas/Sachße, Christoph/Olk, Thomas (Hg.) (1995): Von der Wertgemeinschaft zum Dienstleistungsunternehmen. Jugend- und Wohlfahrtsverbände im Umbruch. Frankfurt am Main: Suhrkamp.

Rehbinder, Manfred (1971): Status, Contract and the Welfare State. In: Stanford Law Review, Vol. 23, 941-955.

Reiss, Hans-Christoph (1993): Controlling und soziale Arbeit. Ein Beispiel aus der freien Wohlfahrtspflege. Neuwied.

Ritter, Ernst-Hasso (1979): Der kooperative Staat. In: Archiv des öffentlichen Rechts, 104, 389-422.

Robert Bosch Stiftung (Hg.) (1992): Pflege braucht Eliten. Denkschrift zur Hochschulausbildung für Lehr- und Leitungskräfte in der Pflege. Gerlingen.

Ronge, Volker (1992): Vom Verbändegesetz zur Sozialverträglichkeit. Die öffentliche und verbandliche Diskussion über den Gemeinwohlbezug von Verbänden in den 80er Jahren. In: Mayntz, Renate (Hg.): Verbände zwischen Mitgliederinteressen und Gemeinwohl. Gütersloh, 36-79.

Rosendahl, Bernhard/Zängl, Peter (1997): Gestalten statt verwalten. Perspektiven und Grenzen der Vernetzung für Pflegekassen am Beispiel örtlicher Pflegekonferenzen in Nordrhein-Westfalen. In: Sozialer Fortschritt, 5, 117-121.

Roth, Günter (1998): Veränderungen der institutionellen Finanzverflechtung durch das Pflege-Versicherungsgesetz und Landespflegegesetz in Nordrhein-Westfalen. In: Sozialer Fortschritt, 2, 37-45.

Rothgang, Heinz (1994): Die Einführung der Pflegeversicherung - Ist das Sozialversicherungsprinzip am Ende ? In: Riedmüller, Barbara/Olk, Thomas (Hg.): Grenzen des Sozialversicherungsstaates. Leviathan Sonderheft 14. Opladen, 164-187.

Rothgang, Heinz (1996): Vom Bedarfs- zum Budgetprinzip ? Die Einführung der Pflegeversicherung und ihre Rückwirkungen auf die Gesetzliche Krankenversicherung. In: Clausen, Lars (Hg.): Gesellschaften im Umbruch. Beiträge des 27. Kongresses der Deutschen Gesellschaft für Soziologie, Bd. 1, Frankfurt am Main, 928-944.

Rothgang, Heinz (1997): Ziele und Wirkungen der Pflegeversicherung. Eine ökonomische Analyse. Frankfurt am Main/New York.

Rothstein, Bo (1992): Labor-market Institutions and Working-Class-Strength. In: Steinmo, Sven/Thelen, Kathleen/Longstreth, Frank (ed.) (Hg.) (1992): Structuring Politics. Historical institutionalism in comparative analysis. New York/Victoria, 33-56.

Rückert, Willi (1992): Gegenwärtige Personalsituation in der Altenhilfe. In: Kuratorium Deutsche Altershilfe (Hg.): Personalsituation in der Altenhilfe heute und morgen. Köln.

Runde, Peter u.a. (1996): Einstellungen und Verhalten zur Pflegeversicherung und zur häuslichen Pflege. Ergebnisse einer schriftlichen Befragung von Leistungsempfängern der Pflegeversicherung. Arbeitsstelle Rehabilitations- und Präventionsforschung. Universität Hamburg.

Sachße, Christoph (1986): Mütterlichkeit als Beruf. Sozialarbeit, Sozialreform und Frauenbewegung 1871-1929. Frankfurt am Main.

Sachße, Christoph (1994): Subsidiarität: Zur Karriere eines sozialpolitischen Ordnungsbegriffes. In: Zeitschrift für Sozialreform, 11, 717-738.

Sachße, Christoph (1995): Verein, Verband und Wohlfahrtsstaat: Entstehung und Entwicklung der „dualen" Wohlfahrtspflege. In: Rauschenbach/Sachße/Olk (Hg.), 123-149.

Sachße, Christoph/Tennstedt, Florian (1988): Geschichte der Armenfürsorge in Deutschland. Bd. 2: Fürsorge und Wohlfahrtspflege 1871-1929. Stuttgart.

Salamon, Lester M. (1987): Of Market Failure, Voluntary Failure and Third-Party Government: Towards a Theory of Government-Nonprofit Relations in the Modern Welfare State. In: Journal of Voluntary Action Research, ½, 29-49.

Salamon, Lester M./Anheier, Helmut K. (1994): The Emerging Sector. The Nonprofit Sector in Comparative Perspective. Baltimore.

Sbresny, Hans-Joachim/Walter, Thomas (1996): Erste Erfahrungen mit der sozialen Pflegeversicherung aus kommunaler Sicht. In: Beiträge zum Recht der sozialen Dienste und Einrichtungen, 33, 146-157.

Schäfers, Bernhard (1996): Helmut Schelskys Theorie der Institution, Ein vergessenes Paradigma der soziologischen Theoriebildung ? In: Schäfers, Bernhard: Soziologie und Gesellschaftsentwicklung. Aufsätze 1966-1996. Opladen, 145-165.

Scharpf, Fritz W. (1970): Demokratietheorie zwischen Utopie und Anpassung. Konstanz.

Scharpf, Fritz W. (1986): Strukturen der post-industriellen Gesellschaft. Verschwindet die Massenarbeitslosigkeit in der Dienstleistungs- und Informations-Ökonomie ? In: Soziale Welt, 1, 3-25.

Scharpf, Fritz W. (1991): Die Handlungsfähigkeit des Staates am Ende des zwanzigsten Jahrhundert. In: Politische Vierteljahresschrift, 4, 621-634.

Schelsky, Helmut (1964): Freiwillige Hilfe in der bürokratischen Gesellschaft. Rede bei einer Kundgebung des Deutschen Roten Kreuzes 1955. In: ders.: Auf der Suche nach Wirklichkeit. Gesammelte Aufsätze. München, 294-304.

Schelsky, Helmut (1970): Zur soziologischen Theorie der Institution. In: ders. (Hg.): Zur Theorie der Institution. Düsseldorf, 9-26.

Schmähl, Winfried (1993): Demographische Entwicklung und Pflegeausgaben. In: Sozialer Fortschritt, 10, 233-235.

Schmähl, Winfried/Rothgang, Heinz (1996): The Long-Term Costs of Long-Term Care Insurance in Germany: Some Guesstimates. In: Eisen, Roland/Sloan, Frank A. (eds.): Alternatives for Ensuring Long-Term Care. Economic Issues and Policy Solutions. Amsterdam.

Schmid, Josef (1987): Wohlfahrtsverbände und Neokorporatismus – kritische Anmerkungen zur Übertragung einer Theorie. In: Medizin, Mensch, Gesellschaft, 12, 119-123.

Schmid, Josef (1994): Der Wohlfahrtsstaat Europa und die deutschen Wohlfahrtsverbände. Zur politisch-ökonomischen Dialektik zwischen europäischer Integration und verbandsorganisatorischer Differenzierung. In: Eichener, Volker/Voelzkow, Helmut (Hg.): Europäische Integration und verbandliche Interessenvermittlung. Marburg, 453-483.

Schmid, Josef (1994a). Der Aufbau von Wohlfahrtsverbänden in den neuen Bundesländern. Gesellschaftliche Selbsthilfebewegung oder quasistaatliche Veranstaltung? In: Schmid, Josef/Löbler, Frank/Tiemann, Heinrich (Hg.): Probleme der Einheit, 14. Marburg, 181-199.

Schmid, Josef (1995): Expertenbefragung und Informationsgespräch in der Parteienforschung: Wie föderalistisch ist die CDU ? In: von Alemann, Ulrich (Hg.): Politikwissenschaftliche Methoden. Grundriß für Studium und Forschung. Opladen, 293-326.

Schmid, Josef (1996): Wohlfahrtsverbände in modernen Wohlfahrtsstaaten. Soziale Dienste in historisch-vergleichender Perspektive. Opladen.

Schmidt, Manfred G. (1982): Wohlfahrtsstaatliche Politik unter bürgerlichen und sozialdemokratischen Regierungen. Ein internationaler Vergleich, Frankfurt am Main/New York.

Schmitter, Philippe C. (1979): Still the Century of Corporatism? In: Schmitter, Philippe C. /Lehmbruch, Gerhard (eds.): Trends Toward Corporatist Intermediation. Beverly Hills/London, 7-52.

Schmitter, Philippe C./Lehmbruch, Gerhard Lehmbruch (eds.) (1979): Trends Toward Corporatist Intermediation. Beverly Hills/London.

Schmitter, Philippe C./Streeck, Wolfgang (1981): The Organization of Business Interests. A Research Design to Study the Associative Action of Business in the Advanced Industrial Societies of Western Europe. WZB-discussion-paper IIM/LMP 81-13. Berlin.

Schölkopf, Martin (1995): Kapazitäten in der stationären Altenhilfe: Quantitative Entwicklung und Konsequenzen für das Versorgungsniveau. In: Beiträge zum Recht der sozialen Dienste und Einrichtungen, 30, 41-56.

Schölkopf, Martin (1996): Die „Neuordnung der ambulanten Hilfen" in Baden-Württemberg: Enstehung und Umsetzung eines altenpolitischen Landesprogramms. In: Zeitschrift für Sozialreform, 2, 103-129.

Schölkopf, Martin (1998): Die Altenpflege und die Daten: Zur quantitativen Entwicklung der Versorgung pflegebedürftier älterer Menschen. In: Sozialer Fortschritt, 1, 1-9.

Schrader, Michael (1995): Profit-Center in Non-Profit-Organisationen. In: Theorie und Praxis der sozialen Arbeit, 9, 335-346.

Schülein, Johann August (1987): Theorie der Institution. Opladen.

Schulin, Bertram (1994a): Die soziale Pflegeversicherung des SGB XI - Grundstrukturen und Probleme. In: Neue Zeitschrift für Sozialrecht, 10, S. 433-444.

Schulin, Bertram (1994b): Verträge mit den Leistungserbringern im Pflegeversicherungsrecht (SGB XI). In: Vierteljahresschrift für Sozialrecht, 4, 285-307.

Schulte, Ulrike M./Drerup, Elisabeth (1992): Berufsverbände der Krankenpflege. Freiburg i. Br.

Schulz-Nieswandt, Frank (1990): Stationäre Altenpflege und „Pflegenotstand" in der Bundesrepublik Deutschland. Frankfurt am Main.

Scott, W. Richard (1991): Unpacking Institutional Arguments. In: Powell, Walter W./diMaggio, Paul J. (Hg.) (1991): The New Institutionalism in Organizational Analysis. Chicago/London, 164-182.

Seibel, Wolfgang (1989): Leitung und Wirtschaftsführung von Wohlfahrtsverbänden. Organisatorische und strukturelle Aspekte aus verwaltungswissenschaftlicher Sicht. In: Blätter der Wohlfahrtspflege, 3, 63-65.

Seibel, Wolfgang (1992a): Besondere Managementrisiken bei Wohlfahrtsverbänden. In: Theorie und Praxis der sozialen Arbeit, 1, 10-19.

Seibel, Wolfgang (1992b): Funktionaler Dilettantismus. Erfolgreich scheiternde Organisationen im „Dritten Sektor" zwischen Markt und Staat. Baden-Baden.

Selznick, Philip (1996): Institutionalism „Old" and „New". In: Administrative Science Quarterly, Vol. 41, 270-277.

Spiegelhalter, Franz (1990): Der dritte Sozialpartner. Die Freie Wohlfahrtspflege - ihr finanzieller und ideeller Beitrag zum Sozialstaat. Freiburg i.Br.

Sprondel, Walter M. (1972): „Emanzipation" und „Professionalisierung" des Pflegeberufs - Soziologische Analysen einer beruflichen Selbstdeutung. In: Pinding, Maria (Hg.): Krankenpflege in unserer Gesellschaft. Aspekte aus Praxis und Forschung. Stuttgart, 17-26.

Statistisches Bundesamt (1996): Krankenhausstatistik 1995. Wiesbaden.

Steinmo, Sven / Thelen, Kathleen / Longstreth, Frank (eds.) (Hg.) (1992): Structuring Politics. Historical institutionalism in comparative analysis. New York/Victoria.

Streeck, Wolfgang (1981): Gewerkschaftliche Organisationsprobleme in der sozialstaatlichen Demokratie. Königstein/Ts.

Streeck, Wolfgang (1988): Status und Vertrag als Grundkategorien einer soziologischen Theorie der industriellen Beziehungen. Discussion Paper FS I 88-3. Wissenschaftszentrum Berlin für Sozialforschung. Berlin.

Streeck, Wolfgang (1992): Revisiting Status and Contract. Pluralism, Corporatism and Flexibility. In: Streeck, Wolfgang (Hg.), 41-75.

Streeck, Wolfgang (1992): Social Institutions and Economic Performance. Studies of Industrial Relations in Advanced Capitalist Economies. London.

Streeck, Wolfgang (1994): Einleitung. In: ders. (Hg.): Staat und Verbände. PVS-Sonderheft 25. Opladen, 7-34.

Streeck, Wolfgang/Schmitter, Philippe C. (1985): Gemeinschaft, Markt und Staat - und die Verbände ? In: Journal für Sozialforschung, 25, 133-157.

Strünck, Christoph (1995): Wandel der Wohlfahrtsverbände durch Kontraktmanagement. Das Beispiel des Paritätischen Wohlfahrtsverbandes. In: Neue Praxis, 4, S. 349-359.

Strünck, Christoph (1995): Wandel der Wohlfahrtsverbände. In: Bäcker/Heinze/Naegele, 112-122.

Strünck, Christoph (1996a): Leuchttürme oder Irrlichter ? Privatisierung und Deregulierung strahlen auf die kommunale Sozialpolitik ab. In: Widersprüche, 60, 49-58.

Strünck, Christoph (1996b): Von Macht, Mythen und paradoxen Effekten. Betriebswirtschaftliche Reformen in der freien Wohlfahrtspflege. In: Zeitschrift für Sozialreform, 11/12, 715-725.

Tennstedt, Florian (1976): Zur Ökonomisierung und Verrechtlichung in der Sozialpolitik. In: Murswieck, Axel (Hg.): Staatliche Politik im Sozialsektor. München, 139-165.

Tennstedt, Florian (1992): Die Spitzenverbände der Freien Wohlfahrtspflege im dualen Wohlfahrtsstaat. Ein historischer Rückblick auf die Entwicklung in Deutschland. In: Soziale Arbeit, 10-11, 342-356.

Teubner, Gunther (1982): Reflexives Recht, Entwicklungsmodelle des Rechts in vergleichender Perspektive. In: Archiv für Rechts- und Sozialphilosophie, 1, 13-59.

Thamm, Dieter (1995): Geld statt guter Worte: Zur Finanzierung freier Wohlfahrtspflege. In: Rauschenbach/Sachße/Olk (Hg.), 356-376.

Thränhardt, Dietrich (1981): Kommunaler Korporatismus. Deutsche Traditionen und moderne Tendenzen. In: Thränhardt, Dietrich/Uppendahl, Heinrich: Alternativen lokaler Demokratie. Königstein/Taunus, 5-34.

Thränhardt, Dietrich (1984): Von Thron und Altar zur bürokratischen Verknüpfung. Die Entwicklung korporatistischer Beziehungen zwischen Wohlfahrtsverbänden und Staat in Deutschland. In: Bauer, Rudolph (Hg.): Die liebe Not. Zur historischen Kontinuität der „Freien Wohlfahrtspflege". Weinheim/Basel, 164-171.

Thränhardt, Dietrich u.a. (1986): Wohlfahrtsverbände und Sozialwissenschaften. In: dies. (Hg.): Wohlfahrtsverbände zwischen Selbsthilfe und Sozialstaat. Freiburg i.Br., 7-30.

Torstendahl. Rolf/Burrage, Michael (eds.) (1990): The Formation of Professions. Knowledge, State and Strategy. London/Thousand Oaks/New Delhi.

Traxler, Franz/Vobruba, Georg (1987): Selbststeuerung als funktionales Äquivalent zum Recht ? Zur Steuerungskapazität von neokorporatistischen Arrangements und reflexivem Recht. In: Zeitschrift für Soziologie, 16, 3-15.

Treutner, Erhard (1995): Kooperatives Handeln in der kommunalen Sozialpolitik und Sozialverwaltung. In: Voigt, Rüdiger (Hg.): Der kooperative Staat. Krisenbewältigung durch Verhandlung ? Baden-Baden, 273-296.

Trinczek, Rainer (1995): Experteninterviews mit Managern: Methodische und methodologische Hintergründe. In: Brinkmann, Christian/Deeke, Axel/Völkel, Brigitte (Hg.): Experteninterviews in der Arbeitsmarktforschung. Diskussionsbeiträge zu methodischen Fragen und praktischen Erfahrungen. Nürnberg, 59-67.

Vobruba, Georg (1991): Jenseits der sozialen Fragen. Modernisierung und Transformation von Gesellschaftssystemen. Frankfurt am Main.

Vobruba, Georg (1992): Wirtschaftsverbände und Gemeinwohl. In: Mayntz, Renate (Hg.): Verbände zwischen Mitgliederinteressen und Gemeinwohl. Gütersloh, 80-121.

Vobruba, Georg (1997): Autonomiegewinne. Sozialstaatsdynamik, Moralfreiheit, Transnationalisierung. Wien.

Voelzkow, Helmut (1995): „Iterative Experteninterviews": Forschungspraktische Erfahrungen mit einem Erhebungsinstrument. In: Brinkmann, Christian/Deeke, Axel/Völkel, Brigitte (Hg.): Experteninterviews in der Arbeitsmarktforschung. Diskussionsbeiträge zu methodischen Fragen und praktischen Erfahrungen. Nürnberg, 51-57.

Voelzkow, Helmut (1996): Staatseingriff und Verbandsfunktion: Das verbandliche System technischer Regelsetzung als Gegenstand staatlicher Politik. Frankfurt am Main/New York.

Voelzkow, Helmut/Hilbert, Josef (1992): Staat, Politik und verbandliche Selbststeuerung. Kritische Anmerkungen zu Olsons Analyse des „Aufstiegs und Niedergangs von Nationen". In: Schubert, Klaus (Hg.): Leistungen und Grenzen politisch-ökonomischer Theorie. Eine kritische Bestandsaufnahme zu Mancur Olson. Darmstadt, 127-138.

Vogel, Hans-Christoph (1993): Schlank heißt nicht mager. Lean Management ist keine Zauberformel für verkrustete Dienste und Einrichtungen - für ein neues Denken in sozialen Organisationen, in: Blätter der Wohlfahrtspflege, 6, 200-202.

Voigt, Rüdiger (Hg.) (1995): Der kooperative Staat. Krisenbewältigung durch Verhandlung ? Baden-Baden.

Vollmer, Hendrik (1996): Die Institutionalisierung lernender Organisationen. Vom Neoinstitutionalismus zur wissenssoziologischen Aufarbeitung der Organisationsforschung. In: Soziale Welt, 47, 315-343.

Schulenburg, Johann-Matthias von der (1984): Selbstregulierung durch Berufsverbände - eine Studie am Beispiel des Gesundheitswesens. Berlin.

Wagner, Gert (1991): Geringe Unterschiede zwischen privatwirtschaftlicher und sozialversicherungsrechtlicher Vorsorge. In: Arbeit und Sozialpolitik, 3-4, 40-49.

Wanek, Volker (1994): Machtverteilung im Gesundheitswesen. Struktur und Auswirkungen. Frankfurt am Main.

Watzlawczik, Gerd Uwe (1995): Auswirkungen der gesundheitspolitischen Strategien von Bund und Ländern auf den Pflegesektor. Mitteilungen 9 des Sonderforschungsbereiches 333: Entwicklungsperpspektiven von Arbeit. Universität München.

Webber, Douglas (1992): Die kassenärztlichen Vereinigungen zwischen Mitgliederinteressen und Gemeinwohl. In: Mayntz, Renate (Hg.): Verbände zwischen Mitgliederinteressen und Gemeinwohl. Gütersloh, 211-272.

Weber, Max (1980): Wirtschaft und Gesellschaft. Grundriß der verstehenden Soziologie. 5. Aufl. Tübingen.

Weber, Max (1993): Die protestantische Ethik und der „Geist" des Kapitalismus. Bodenheim.

Wegener, Roland (1978): Staat und Verbände im Sachbereich Wohlfahrtspflege. Eine Studie zum Verhältnis von Staat, Kirche und Gesellschaft im politischen Gemeinwesen. Berlin.

Weick, Karl E. (1976): Educational Organizations as Loosely Coupled Systems. In: Administrative Science Quarterly, 21, 1-19.

Weick, Karl E. (1985): Der Prozeß des Organisierens. Frankfurt/Main.

Weick, Karl E. (1991): The Nontraditional Quality of Organizational Learning. In: Organizational Science, 2, 116-124.

Wenzel, Günther (1995). Sozialhilfereform und Sozialreform. In: Theorie und Praxis der sozialen Arbeit, 9, 322-331.

Westenholz, Ann (1993): Paradoxical Thinking and the Change in the Frame of Reference. In: Organization Studies, 14, S. 37-58.

Wiesenthal, Helmut (1987): Strategie und Illusion. Rationalitätsgrenzen kollektiver Akteure am Beispiel der Arbeitszeitpolitik 1980-1985. Frankfurt am Main/New York.

Wiesenthal, Helmut (1990): Unsicherheit und Multiple-Self-Identität. Max-Planc Institut für Gesellschaftsforschung, Köln. Discussion Paper 90/2.
Wiesenthal, Helmut (1993): Akteurkompetenz im Organisationsdilemma. Grun probleme strategisch ambitionierter Mitgliederverbände und zwei Techniken i rer Überwindung. In: Berliner Journal für Soziologie, 3, 3-18.
Will, Hans-Dieter (1984): Auf dem Weg zur Industrialisierung freier Wohlfahr pflege. Zur Innen- und Außenarchitektur freier Träger. Oder: Wie tragfähig si sie und was sie transportieren. In: Bauer, Rudolph/Dießenbacher, Hartmut (Hg Organisierte Nächstenliebe. Wohlfahrtsverbände und Selbsthilfe in der Krise d Sozialstaats. Opladen, 188-208.
Willke, Helmut (1995): Systemtheorie III: Steuerungstheorie. Stuttgart/Jena.
Windhoff-Héritier, Adrienne (1983): Sozialpolitik der mageren Jahre. In: Mädir Heinz (Hg.): Sparpolitik, ökonomische Zwänge und politische Spielräume. Op den, 77-90.
Winter, Thomas von (1990): Interessenlagen und Interessenvermittlung in der Sozi politik. In: Soziale Welt, 3, 322-345.
Winter, Thomas von (1992): Die Sozialpolitik als Interessensphäre. In: Politisc Vierteljahresschrift, 3, S. 399-426.
Wirth, Wolfgang (1982): Inanspruchnahme sozialer Dienste. Bedingungen und B rieren. Frankfurt am Main/New York.
Wollasch, Andreas (1993): Tendenzen und Probleme gegenwärtiger historiscl Wohlfahrtsforschung in Deutschland. In: Teppe, Karl (Hg.): Jahrbuch Westfä sche Forschungen, Bd. 43. Münster.
Wollasch, Hans-Joachim (1971): Werthman, Kreutz und die Anfänge der Hauptv tretung Berlin des Deutschen Caritasverbandes. In: Jahrbuch des Deutschen (ritasverbandes, 155-183.
Wollasch, Hans-Joachim (1972): Caritasverband und katholische Kirche in Deuts land. Zur Bedeutung des „Anerkennungsbeschlusses" der Fuldaer Bischo konferenz vom Jahre 1916. In: Jahrbuch des Deutschen Caritasverbandes, 59-7
Zucker, Lynne G. (1987): Institutional Theories of Organization. In: Annual Revi of Sociology, Vol. 13, 443-464.
Zürn, Michael (1996): Über den Staat und die Demokratie im europäischen Meh benensystem. In: Politische Vierteljahresschrift, 1, 27-55.
Zweifel, Peter/Eichenberger, Reiner (1988): Der Korporatismus der niedergelasser Ärzte. In: Gäfgen (Hg.), 159-180.

GPSR Compliance

The European Union's (EU) General Product Safety Regulation (GPSR) is a set of rules that requires consumer products to be safe and our obligations to ensure this.

If you have any concerns about our products, you can contact us on ProductSafety@springernature.com

In case Publisher is established outside the EU, the EU authorized representative is:

Springer Nature Customer Service Center GmbH
Europaplatz 3
69115 Heidelberg, Germany

Batch number: 10809466

Printed by Printforce, the Netherlands